TARÔ

ORÁCULO E MÉTODOS

ESTUDOS COMPLETOS DO TARÔ

VOLUME 3

NEI NAIFF

TARÔ

ORÁCULO E MÉTODOS

ESTUDOS COMPLETOS DO TARÔ

VOLUME 3

ALFABETO

Supervisão geral: Edmilson Duran

Projeto da capa: Décio Lopes

DADOS INTERNACIONAIS DE CATALOGAÇÃO NA PUBLICAÇÃO (CIP)

Naiff, Nei

Tarô: oráculo e métodos – vol. 3 / Nei Naiff – Editora Alfabeto – 2ª edição – São Paulo, 2019.

384 págs.

ISBN: 978-85-98307-80-0

1. Tarô 2. Oráculos 3. Relações Humanas I. Título

14-08203 CDD: 133.3359

CDU: 133.3:511

ALFABETO

EDITORA ALFABETO

Rua Protocolo, 394 | CEP 04254-030 | São Paulo/SP

Tel: (11)2351.4168 | E-mail: editorial@editoraalfabeto.com.br

Loja Virtual: www.editoraalfabeto.com.br

Se a vida é um jogo de cartas,
nascemos sem conhecer as regras

Nick de Saint Phalle (1930-2002)

ODE AO TARÔ

Fortune Teller, Johm Opie (Londres: 1800)
Museu de Belas Artes, São Petersburgo, Flórida, EUA.

CARMEN (ÓPERA EM 4 ATOS COMPOSTA POR GEORGES BIZET, estreou em Paris em 1875) é considerada uma das mais belas obras musicais já produzidas, tendo inúmeras adaptações para o teatro e para o cinema. O drama musical traça o triângulo amoroso entre a cigana Carmen, o cabo do exército espanhol Don José e o toureiro Escamillo. Sem culpa, sem medo, Carmen se entrega às paixões efêmeras, não vive do passado, tampouco do futuro. Os homens enfeitiçados por sua sensualidade e beleza a desejam para sempre. Os dois primeiros atos, que revelam a vida cigana com dança, canto, sedução e romance, são alegres, mas a atmosfera se torna densa e sinistra no terceiro ato, no qual é revelado o destino dos personagens por intermédio das cartas do tarô.

3º ATO, CENAS 19 E 20

Noite estrelada, lua cheia, ar fresco aquecido por imensa fogueira. Os ciganos haviam montado acampamento em um desfiladeiro e conversavam sobre o confronto que haviam travado com os soldados do rei. Na outra extremidade, sentadas em uma grande pedra e alheias ao conflito, duas ciganas desejam saber do próprio futuro. Alegremente, abrem um tecido florido no colo, embaralham o tarô e começam a escolher as cartas.

Frasquita: Embaralha.
Mercedes: Corta.
F: Bem, aí está!
M: Ai está! (...) Três cartas aqui.
F: Quatro acolá.
M: E agora, belas cartas, o futuro desvendai.
F: Dizei, quem nos trairá?
M: Dizei, quem nos amará?
As duas ciganas: Falai! Falai!
F: Vejo um jovem que me ama profundamente!
M: O meu é rico e bem velho, mas fala em casamento.
F: Coloca-me em seu cavalo e para a montanha me levará.
M: De um castelo real, ele me faz a soberana.
F: Dá-me amor, como me ama, a cada dia novas loucuras.
M: Ouro em quantidade, diamantes e pedrarias.
F: O meu se torna um grande chefe, cem homens lhe obedecerão.
M: O meu! O meu! O que vejo? Sim, ele morre! Fico viúva e rica herdeira!

As duas ciganas: Falai mais, belas cartas, o futuro desvendai.

F: Dizei, quem nos trairá?

M: Dizei, quem nos amará?

As duas ciganas: Falai! Falai!

F: Fortuna!

M: Amor!

Carmen: Deixe-me também tentar...

(Ela embaralha, se ajoelha e deita as cartas no chão. Deseja ver seu futuro com Escamillo, seu novo amor.)

C: Ouros, Espadas!

(Lentamente olha assustada para José, o antigo amante que ainda a deseja ardentemente e que está perto da fogueira.)

C: A morte... Está bem claro! Primeiro eu, depois ele... Para nós dois, a morte!

(Carmen observa o vazio, confusa, buscando, talvez, uma saída.)

C: Para evitar respostas amargas, as cartas tu embaralhas novamente. Mas é inútil, as cartas são sinceras, não mentirão. Se no livro lá do alto tua página é feliz, pode jogar sem medo. A carta sobre teus dedos anunciará sempre um alegre porvir. Mas se deves morrer, se a palavra é terrível, o destino escreveu. Jogue vinte vezes e a carta impiedosa repetirá: "A morte!" Se deves morrer, a carta sempre repetirá: "Morte!"

(Carmen joga novamente, dizendo alto:)

C: Outra vez, outra vez! Sempre a morte!

M: Falai mais, belas cartas, o futuro desvendai.

F: Dizei quem nos trairá.

M: Dizei quem nos amará.

C: A Morte!

F e M: Falai! Falai!

F: Fortuna!

M: Amor!

C: Morte!

(Todas as ciganas jogam de novo para confirmar o destino[1] tão adverso entre elas.)

F: Fortuna!

M: Amor!

C: Sempre a morte!

F, M e C: Outra vez! Outra vez!

[1] NOTA DO AUTOR. Sabe o que mais gosto nessa ópera? É o exemplo claro (e cruel) das consequências de se usar o livre-arbítrio de modo impulsivo, lutando somente pelos *direitos pessoais,* e se esquecendo dos *deveres sociais.* No início, Carmen faz o que bem entende de sua vida; viver o presente em puro êxtase é sua natureza, e não respeita as expectativas alheias, pois nunca havia sentido o poder do ciúme, da rejeição e da vingança. O tarô revelou apenas o resultado de seus atos. Por mais que tentasse encontrar outra resposta, o fado já estava traçado há muito tempo, desde o primeiro olhar inconsequente. O destino, por vezes, é criado e é impossível alterá-lo.

SUMÁRIO

Parte 3 – Amor 209

Parte 4 – Dinheiro 263

INTRODUÇÃO

Lembro-me com felicidade de quando comecei os meus primeiros rascunhos sobre o tarô, por volta de 1980. No começo, eram pequenos pensamentos, anotava as dúvidas e corria em busca de respostas em livros, palestras e cursos. Sinceramente? Não tinha pretensão em publicá-los, o objetivo era exclusivamente a atualização profissional, porque gostava de interpretar as cartas do tarô após a consulta de um mapa astrológico. Os anos foram passando e percebi que meus questionamentos eram os de milhares de pessoas, que todos desejavam aquilo que eu havia conseguido decifrar: *as chaves estruturais do tarô*, *as correntes de pensamento*, *as diferentes maneiras de se aprender*. Finalmente, na década de 1990, reuni minhas pesquisas e comecei a esboçar o projeto. Quando me dei conta de tudo o que havia desenvolvido, percebi que a obra seria muito extensa; então, dividi o assunto principal em três partes (estrutura, arcano e leitura), deixando outros temas para mais tarde.

A trilogia "*Estudos completos do tarô*" tem como objetivo ensinar o conhecimento básico das cartas (história, simbologia, sistematização, interpretação). Você pode estar pensando: *Básico? Com mais de mil e duzentas páginas? Nei Naiff está brincando!* Não, não estou. O que escrevi é o mínimo necessário para conhecer e lançar o tarô de forma correta, segura, sem devaneio místico ou informações desencontradas. Se o leitor chegar a dominar os três volumes com maestria poderá ser um excelente tarólogo e, talvez, um ótimo tarotista. Assimilando o conjunto desta obra, poderá oferecer boas respostas aos consulentes, estimular o próprio saber e desenvolver novas temáticas. Não, não adianta pensar que haveria outro modo mais simples, pois seria um sinal de que não leu ou ponderou as dezenas de livros (de outros autores) que explicam o mesmo assunto por meios tão díspares. Para esse caso, uma visão mais rápida do assunto, estude outro livro de minha autoria, *Curso completo de tarô*, um resumo desta trilogia. Acredito que essa seja a maneira mais rápida de dar os primeiros passos ou reciclar o conhecimento; contudo, será preciso retornar a esta obra o mais breve possível.

Ao conceber este trabalho, minha preocupação foi contribuir no preenchimento de lacunas ou na solução de ideias extremamente conflitantes sobre a origem histórica, o arcabouço simbólico, o conteúdo hermético e a função adivinhatória do tarô. Desde o início, ao escrever o primeiro volume, procurei fornecer ao leitor uma visão crítico-construtiva, baseada na comparação e na argumentação sobre a maior parte das obras publicadas desde o século XIX. Por exemplo, no tema "Tarô *versus* mitologia" (volume 1, páginas 217 a 221), foi apresentado que a IMPERATRIZ no tarô Nórdico (Clive Barrett) é simbolizada pela deusa nórdica Freia; contudo, essa mesma deidade também está relacionada ao IMPERADOR no tarô das Deusas (Kris Waldheer). Recentemente tomei conhecimento que Freia também está estampada no tarô Sombras do Norte (Howard Rodway) na carta SACERDOTISA. E para complicar o entendimento arquetípico dessa deusa (exposto nas literaturas de tarô, que fique bem claro) também encontramos (em diversos livros esotéricos) relação direta com a deusa romana Vênus e a deusa egípcia Isis que, por sua vez, são associadas em outros baralhos à IMPERATRIZ ou ao ENAMORADO, por alguns, e ao MAGO, por outros. A grande questão seria: a mítica Freia poderia se encontrar em cartas antagônicas e ser relacionada a deusas tão distintas? Naquele tópico *inexiste* a intenção de discutir o equívoco ou nortear o caminho apropriado, mas orientar o estudante sobre o cuidado ao assimilar opiniões alheias sem entender o tarô ou o próprio significado da mitologia a que foi aplicado em um tarô transcultural (imagética étnica ou mítica: volume 1, páginas 102 a 104).

Outro objetivo proposto foi apresentar, ainda no primeiro volume, as correntes de estudo do tarô para que o leitor pudesse filtrar, com rapidez e eficiência, o ritmo que deseja dar ao aprendizado regular (para benefício próprio) ou ao futuro profissional (ajuda a terceiros). Nem todos os autores escrevem sob um prisma macrocósmico, pois encontramos excelentes trabalhos que deveriam ser estudados tão somente após certo domínio do tarô clássico como os livros com conceitos herméticos (cabala, astrologia, alquimia) ou os de cunho mitológico (tarôs transculturais). De modo similar, usar qualquer baralho no padrão Rider-Waite ou Crowley, inclusive os próprios, antes de entender a razão da inversão numérica entre as cartas JUSTIÇA e FORÇA (8 ⇆ 11) ou da renomeação da CORTE (rainha, cavaleiro, príncipe, princesa), seria um obstáculo colossal para compreender o fundamento do tarô de modo rápido e prático (volume 1, páginas 233 a 235; volume 2, páginas 233 a 240).

O segundo volume buscou concentrar toda simbologia clássica (padrão marselhês) pela qual as imagens arquetípicas contemporâneas são ilustradas (tarologia) e de que maneira extraímos a linguagem para o autoconhecimento, para a leitura das cartas (taromancia) ou até para a criação de novos tarôs sem fragmentar o conteúdo espiritual. Retomando conceitos do primeiro volume também foi mais bem elucidada a diferença entre a corrente clássica (simbologistas) e a hermética (cabalistas), provendo ao leitor maior foco e capacidade de absorção do saber para a leitura das cartas. Foi esclarecida, por exemplo, a *razão* de haver interpretações adivinhatórias diferentes (em diversos livros de tarôs) para alguns arcanos menores, entre os quais, o Dois de Espadas e o Sete de Ouros (volume 1, páginas 380 a 383; volume 2, página 239); bem como, a estrutura oculta do tarô (*Elos e fluxos*, volume 2, páginas 41 a 54). Ainda, em toda trilogia tenho evitado usar termos metafísicos ou conceitos ocultistas, visto se tratar de um assunto que se revelou *desnecessário* para o entendimento do tarô, em um âmbito oracular ou divinatório. Se até o século XIX as artes místicas estavam nas mãos de poucos, atualmente isso se torna incoerente, pois no movimento da globalização temos tudo ao nosso dispor com um clique do mouse. Infelizmente, muito desse pensamento antigo e dessa literatura anosa ainda é publicado ou estudado em pleno século XXI, o que contribui para a permanência de termos amorfos e incognoscíveis. Qual o motivo desses estudos herméticos se (você) jamais se agregaria a uma sociedade secreta, a uma fraternidade esotérica ou a uma vida monástica? Atualmente, boa parte dos iniciantes gasta muito dinheiro e horas de estudo desejando entender a mitologia ou a cabala aplicada ao tarô, mas para a TAROMANCIA isso *não* é fundamental, *não* faz diferença alguma na interpretação, *não* acrescenta nada em uma tiragem, em um lançamento, em uma leitura oracular.

Nos dois volumes anteriores, o leitor teve a oportunidade de encontrar os conceitos mais inovadores publicados nos últimos tempos, reunindo o antigo e o novo sob uma visão macrocósmica. Sei que foi novidade para muitos e revelador para outros, mas o fato é que essa enigmática arte está evoluindo e devemos alçar nosso saber. O tarô apresenta um corpo histórico-filosófico (como já estudamos) impossível de ser dividido, pois representa conceitos arquetípicos que acompanham o seu tempo — razão da numerosa manifestação artística e literária que vai se agregando. Agora, neste último volume, o leitor aprenderá como aplicar todo o conhecimento de maneira técnica e clara, sem circunlóquios ou prolixidade. Após a consulta de mais de 5 milhões de usuários no *Oráculo Virtual*[1] e a publicação da série *Consulte* (Tarô, Cabala, Runas, Bíblia e I Ching) e do livro *Curso completo de tarô* (ganhador do prêmio Recordista 2011, em 10ª edição e com mais de 200 mil exemplares vendidos até meados de 2014), não há dúvidas: *podemos interpretar um oráculo de maneira técnica, sem o uso da mediunidade ou da linguagem hermética.*

A abordagem deste volume é inovadora. Pela primeira vez serão expostas, lado a lado, as metodologias latina, americana e europeia no trato da taromancia (técnicas de leitura desenvolvidas em diversos continentes). O leitor entenderá as regras de lançamento para as

[1] www.neinaiff.com/oraculo.

cartas invertidas, para a combinação aos pares ou, ainda, como ler o antigo método italiano. Nenhum segredo é ocultado, tudo é revelado de modo aberto e conciso. Essa informação se soma às inúmeras anteriores, reveladas na trilogia, e pode ser observada, sem modéstia alguma, como um dos maiores legados para o estudo do tarô — visto que esclarece dúvidas que perambulam, por décadas, no pensamento dos tarólogos de todo o mundo. Nos próximos capítulos, será explanada a importância da estrutura de uma tiragem (GEOMETRIA DIVINA) e do posicionamento das cartas, bem como de sua relação com a pergunta (TAROMANCIA) — como interpretar? Quais aspectos são superstições e quais são verdadeiros? Você descobrirá conselhos importantes para uma boa leitura. Qual método deseja lançar: o BÁSICO, O EUROPEU, O AMERICANO OU O ITALIANO? Quais as diferenças entre eles? Siga as regras e interprete corretamente o oráculo para seus amigos e clientes (PORTAIS SAGRADOS). E para encerrar a trilogia, elegi o nascimento histórico da taromancia (MANIFESTO PARA O FUTURO DO TARÔ), pois esta trilogia é toda dedicada ao assunto!

Splendor Soliz, século XVI
Biblioteca Britânica, Londres, Inglaterra.

Finalmente, a literatura do hemisfério norte e sul, a corrente de pensamento latino-europeu e a anglo-americana se unem para dar corpo e estrutura ao tarô — *podemos dizer que* O ESPÍRITO *se encontra no volume 1, a* ALMA *no volume 2 e o* CORPO *no volume 3, completando, assim, o ciclo oracular do tarô, cuja compreensão será trilhar pelas verdades ditas ocultas*. Tarô é um alfabeto para a leitura do livre-arbítrio e do destino! Tarô é adivinhação, é meditação, é magia, é terapia, é arte, é literatura, é música, é tudo o que se possa imaginar! Tarô é fonte inesgotável de estudos! Tarô é para todos! Tarô é Tarô!

PARTE 1

LABORATÓRIO E TÉCNICAS

Certa vez, em uma reunião esotérica, perguntei sobre o poder de um vidente, e o mestre respondeu com uma metáfora:

— Você está no topo de uma montanha, observando ao longe uma bela paisagem cortada por uma única via férrea na qual trafega um trem em alta velocidade. Depois de alguns segundos de contemplaçao também percebe que há outro trem vindo em direção oposta, e na mesma linha; contudo, uma grande curva não permite que os maquinistas possam perceber a catástrofe. Você fica atônito vendo e imaginando o que ocorrerá: uma colisão fatal! Todavia, se houvesse tempo para se comunicar com o maquinista, poderia evitar o desastre? Assim ocorrem as formas captadas por um vidente, ele "observa coisas, vê imagens", aquilo que os outros ainda não perceberam ou não sabem, mas nem por isso deixará de ser verdade; algumas são possíveis de se resolver e outras, não. **Aceite o fato de que prever não é sinonímia de poder!** — disse o mestre em voz alta, tocando um grande sino e encerrando a reunião.

Fui para casa pensando sobre isso e observando as pessoas na rua. Realmente comecei a perceber situações que algumas pessoas ainda não haviam visto. Um caso engraçado, naquela noite, foi quando parei no sinal fechado para os pedestres, e uma senhora quase ao meu lado não viu e adiantou um passo à frente; por segundos, percebi o carro em sua direção e a segurei. Ela me olhou raivosa, mas depois agradeceu. O que teria acontecido se eu fosse um mero espectador?

Um acidente, óbvio! Porém, a pobre senhora não sabia de seu destino naquele momento, somente eu. A explicação do mestre me fez notar que os resultados são previsíveis quando se conhece a trajetória e que, na realidade, um tarotista ou astrólogo tem esses elementos à disposição. Depois de muitos anos, quando cursava administração de empresas, escutei boquiaberto uma explicação de um professor de estatística: *a teoria da probabilidade*, uma espécie de forma de adivinhar o futuro por intermédio de leis matemáticas para as bolsas de valores, inflação, investimentos, vendas, produção, demografia. Ele terminou a aula resumindo:

— Probabilidade complementar: a probabilidade de um acontecimento não se realizar. Probabilidade composta: a de realização de um evento composto, probabilidade conjunta. Probabilidade condicionada: a de um evento aleatório cuja realização depende da de outros. Probabilidade total: a de um evento aleatório cuja realização é indiferentemente a dos eventos de um conjunto determinado.

Durante a aula comentei com o professor que a mente racional aceitava a perspectiva futura por meio da matemática, mas não acolhia uma análise do tarô ou da astrologia. O professor disse:

— Não passa de números, meu caro aluno!

— Mas números são símbolos, a sua condição primeira foi simbólica! Ora, uma equação matemática gera formas fractais! Se um matemático, engenheiro ou analista de sistemas pode ver "formas" e resultados por intermédio de números e probabilidades, por que um tarólogo ou astrólogo não poderia ver "situações" por intermédio de símbolos? Qual seria a diferença? Os matemáticos estudariam os dados sociais e encontrariam probabilidades; os astrólogos estudariam os astros e chegariam a tendências da vida — respondi.

— Tudo isso é bobagem, como alguém pode orientar nosso destino? — insistiu ele.

— Da mesma forma que o IBGE revela os possíveis ganhadores de uma eleição! — Terminei a frase rindo, aliás, todos na classe riram (não sei se de mim ou da situação).

Naquela semana cheguei à conclusão que não haveria denominador comum porque estávamos em "lados opostos" falando da mesma coisa: **o futuro.** A aula serviu de base para me alertar que é possível, por intermédio da ciência, obter "alguma" explicação razoável para o oráculo. Se é que há alguma ciência não empírica nisso.

O MISTÉRIO DO TEMPO

Desde épocas remotas, o homem se interroga sobre os mistérios da vida. Observamos, indistintamente, em todas as civilizações (mesmo as que não mantiveram contato entre si) modo semelhante para medir o tempo, de elaborar profecias, bem como criar mitos e fábulas para explicar a própria vida. Podemos dizer com absoluta certeza que o primórdio da humanidade viveu uma grande experiência arquetípica sobre o TEMPO, em seu mais amplo significado. A recordação de ciclos passados faz pressentir a existência de ciclos futuros, pois a memória do homem implica simultaneamente em recordação e planejamento. O âmbito psíquico sempre estará impregnado de fatos felizes ou tristes, de ação presente laboriosa e de expectativa de um amanhã enigmático.

Babilônia, Egito, Índia e Grécia tinham deuses e ícones relacionados com o *tempo*, e mesmo culturas bem distantes como chinesa ou maia, também, percebiam o *tempo* como uma divindade. De modo geral, para essas civilizações, o tempo era composto do que era "manifesto" e "não manifesto", ou seja, *aquilo que existe* e *o que existirá*. Nos mitos egípcios, o deus solar Rá despertava no alvorecer personificado como um escaravelho, mas à noite ele se transformava

Rá/escaravelho, detalhe do sarcófago do sacerdote de Wennefer
Museu Metropolitano de Nova Yorque, NY, EUA.

em um leão com duas cabeças — representando o Sol que se manifesta (dia) e não se manifesta (noite). No Egito também havia outras divindades responsáveis pelo tempo: Heh simbolizava o tempo in-finito do universo, e Osíris representava o tempo da vida humana. Para a cultura da África Central, as concepções não são diferentes: Urumilá, que criou o universo, é o senhor do tempo infinito, repar-tindo com a divindade encantada Tempo os ritmos da vida diária; Ifá e Oxum dominam o próprio futuro (previsão); já Nanã e Omulu determinam o tempo cíclico da vida (nascer-morrer). O culto a esses deuses garantia sempre a fartura dos reinos e um futuro auspicio-so; o contato divino era feito por intermédio de sacerdotes que, por sua vez, faziam uso da natureza para responder às questões oracula-res — fogo, água, pedras, conchas, folhas, nuvens, raios.

Na Índia, o livro sagrado *Bhagavad-Ghita* conta que o deus Krishna se revela perante o guerreiro Arjuna em sua forma mais terrível, que vê na divindade todos os deuses reunidos. Uma dessas formas, o deus Vishnu, diz ao guerreiro que o tempo faz tudo perecer e ser destruído; mas também revela que o deus Shiva detém outra parte do tempo: a construção e a sustentação das formas — assim, a vida é eterna e cíclica. A filosofia mística hindu considera o mundo terrestre irreal e que os ciclos do tempo enganam as almas não iluminadas, pois o dia é eterno (a infinitude de Deus).

Shiva Nataraja, século XI
Museu Metropolitano de Nova Yorque, NY, EUA.

No âmbito da cultura asiática (Índia, China ou Japão, por exemplo), política e religião eram aspectos distintos, cada cidadão tinha seu altar particular e o oráculo era livre. Talvez esse seja um dos

Calendário Maia
Museu Nacional de Antropologia
e História, Cidade do México.

fatores pelos quais a filosofia espiritual oriental ainda esteja tão bem preservada em sua totalidade — não houve guerras santas ou supremacia do poder religioso. No extremo oriente não encontramos a personificação de *um* deus referente ao tempo, mas de um conceito vital que o explica: *yin* e *yang* (ritmos cósmicos), acrescido de *che* e *chin* (a circunstância favorável e a duração do evento). A partir desses quatro princípios, os antigos chineses tinham uma concepção muito peculiar, diria até contemporânea — eles achavam que enquanto algo se encontrava em uma situação germinativa, os seres poderiam exercer influência sobre ele para fixá-lo na duração do tempo. Os sacerdotes-livres, que praticavam a leitura adivinhatória no casco da tartaruga, terminaram por criar o mais antigo sistema oracular ainda em uso: *I Ching*.

Entre os maias e os astecas, o tempo também estava ligado à energia cósmica criadora que emana da divindade Ometecuhtli, pai e mãe de todas as coisas. Esse deus-mor criou quatro deuses com um mesmo nome: Tezcatlipoca, porém cada qual domina um ponto cardeal, as estações do ano e os ciclos da vida. O hieróglifo que denomina o tempo no calendário maia se chama *kin*, e compõe-se de uma flor com quatro pétalas, fazendo alusão ao Sol e seus quatro ciclos, no caso, aos quatro deuses principais desse panteão. Sabe-se que esse calendário era sua forma oracular para determinar as estações, as colheitas e os rituais, baseando-se na religião e na astrologia que eles conheciam (diferente da aplicada pelos ocidentais).

Na Grécia antiga, o tempo contínuo e cósmico era identificado com o deus Oceano, o rio divino que circundava a terra e abarcava o universo em forma de torrente circular ou uma serpente que morde a própria cauda, com o zodíaco nas costas. Depois, o tempo diário e terreno fora identificado como Cronos (Saturno para os romanos) e, ambos, Oceano e Cronos, regiam a criação e a destruição do mundo em suas formas cíclicas: vida-morte, plantio-colheita, dia-noite. Para completar o significado divino do tempo em uma relação humana, identificaram o deus Éon como o fluido vital dos seres vivos (expectativa de vida e destino), de maneira que essa essência vibratória continuaria existindo mesmo após a morte. Os gregos também não foram diferentes das demais culturas, pois praticavam o culto aos deuses em troca de serem agraciados com um futuro melhor. Por sua vez, a cidade-oráculo de Delfos (vida política) era controlada pelos sacerdotes de Apolo Píton, mas a astrologia e a numerologia eram livres e se encontravam nas mãos dos filósofos. É interessante notar que os povos antigos tinham um conceito temporal natural e divino em total simbiose, mas essa condição *tempo-divindade* foi rompida pelo filósofo grego Heráclito (576-480 a.C.), sendo o primeiro a meditar logicamente sobre o tempo: *Não nos banharemos duas vezes no mesmo rio.*

Saturno, Ignaz Gunther, 1765
Museu Nacional de Munique,
Munique, Alemanha.

A partir do início da Era de Peixes, o tempo tomou dois conceitos: abstrato ou racional; pois o calendário cíclico da natureza se tornou independente do tempo cíclico divino, um verte para a ciência e o outro, para a religiosidade. Praticamente há mais de dois mil anos, o oráculo deixou de ser exclusivamente analisado por sacerdotes e, exatamente nesse ponto,

Relógio Big Ben (detalhe)
Londres, Inglaterra.

o *presságio* tomou uma posição intermediária entre o tempo humano e o tempo divino, entre ciência e religião. Embora digam que o tarô, a astrologia e a numerologia sejam ciências, na realidade estão se referindo mais ao termo **empírico** do que ao rigor científico; pois qualquer arte mística nunca será uma *ciência* no sentido exato da palavra porque jamais poderá ser avaliada de acordo com a lógica cartesiana. Sabemos que há um grande avanço na física quântica sobre a teoria da relatividade, inúmeras retóricas da quarta dimensao, estudos metafísicos e parapsicológicos sobre os acontecimentos futuros (*psi*), poderemos realizar inúmeras conjecturas e contraposições a respeito da "verdade científica" de um oráculo, mas seriam (sempre) especulações. Atualmente, o tempo-destino, ou a mensagem oracular, deve ser visto como filosófico, divino, pessoal e não há explicações a não ser para quem estuda o ocultismo ou quem faz a consulta adivinhatória. Querer "provar" aos curiosos a existência desse elo tempo-destino e carma-arbítrio é perder um precioso tempo na vida. ACEITA O TARÔ QUEM QUER! *A sabedoria se encontra em entender e se calar.*

ORÁCULO

Quando analisamos um lançamento de tarô devemos entender que estamos interpretando a relação do TEMPO no "presente momento" da pessoa e sua condição de "estar vivendo algo". O passado e o futuro serão situações não visíveis, não estarão aparentes na rotina ou não existem; dessa forma, a condição **presente** terá um significado muito mais amplo do que se possa imaginar. Por exemplo, *estar* trabalhando há dez anos em uma empresa, *estar* casado há cinco anos, *estar* doente há um ano, *estar* procurando emprego por dois anos, *estar* paquerando alguém por oito meses. Todos os exemplos, embora qualifiquem datas iniciais em tempos remotos, são situações que ainda perduram. Seja sob o aspecto físico, mental ou emocional, elas existem no cotidiano. Então, ao dizer que o tarô lê a ação presente, não nos reportamos ao dia de hoje, mas sim a um contexto mais extenso, uma espécie do resultado da questão analisada.

Porém, para o consulente, o futuro é amanhã, aquilo que virá nos próximos dias ou meses, cujo resultado ele desconhece, não percebe. Ora, muito desse **futuro** que espera ou que o tarô revela já está contido no presente momento! Sim! Vale a famosa frase: *Você constrói o seu futuro*! Contudo, devemos tomar cuidado com essa citação tão aclamada no jargão exotérico,[2] uma vez que algumas ações podem estar tão comprometidas que somente existirá um único resultado e, talvez, seja contrário ao desejado: o fracasso. No aspecto da relação temporal, o "presente" tem mais importância porque é nele que estruturamos bases sólidas para qualquer tipo de futuro. Sim! Vale a famosa frase: *Viver plenamente o aqui e o agora*! É preciso, também, tomar cuidado com esse ditado para não dispersar o futuro e dissimular o presente! Complicado, não é? Então, onde está o equilíbrio? Na junção das duas frases: VIVER PLENAMENTE O AQUI E AGORA, CONSTRUINDO UM FUTURO! Sim, mas o que uma consulta tem a ver com isso? Se não partirmos da premissa básica de que o tarô estará analisando a vida do consulente, não teremos a convicção da orientação de um determinado arcano.

Para entender melhor o ponto-chave de uma consulta, é preciso perceber qual a *importância* do momento presente em nossa vida;

[2] **Exotérico**, grafado com **x**, identifica pessoas que desejam apenas o conhecimento superficial do ocultismo ou aqueles que se interessam pelo básico de uma arte mística. **Esotérico**, grafado com **s**, aponta o oposto, são pessoas que buscam o autoconhecimento, entregando-se ao saber profundo do significado das coisas do universo humano e sagrado.

geralmente, o passado é algo que aconteceu ontem, horas, dias ou meses nos quais conhecemos as coisas boas ou más que se sucederam. Ora, muito do que o consulente considera **passado** é o *pleno presente em uma consulta de tarô* — mas ele pode achar que *não* porque os primeiros dez anos do casamento, por exemplo, foram maravilhosos e apenas os últimos cinco estão sendo péssimos, por isso deseja saber do futuro afetivo. Comecemos a separar duas coisas e a raciocinar: uma é o que se acredita ter e, outra, o que é a realidade. No caso, para responder à ansiedade do consulente não necessitaríamos do tarô e nem seria preciso ler este livro para responder: separação ou amargura! Pois o consulente vive um casamento de 15 anos que se encontra em dissolução; contudo, existe uma realidade: está casado. Outro fato cruel: o presente momento já foi considerado tempo futuro no passado, ou seja, ao se casar determinou a felicidade por toda a vida e cada dia do relacionamento serviu de base para o próprio futuro que resultou no presente. Se a relação está enfadonha é porque foi estruturada em questões opostas ao desejado inicialmente. Parece complicado. Sim! A vida é complicada mesmo e demanda tempo, muito tempo para aprendermos.

DESTINO

Uma consulta de tarô tem por objetivo analisar a potencialidade do caminho percorrido ou desejado, cujas respostas conterão a ação presente e sua consequência futura (entenda sempre o fator "presente" como os anos ou meses de uma situação na qual se vive). Ah! Mas, e o **destino**? Uma das maravilhas do tarô é revelar o livre-arbítrio perante o destino — será possível escolher à revelia? Sim ou não? Saiba que nem tudo o que se apresenta na leitura das cartas é fatídico! Nem todas as pessoas e oportunidades que cruzam o caminho são carmas ou sinas, nem tudo o que vivemos está "escrito nas estrelas". E, apesar de tudo isso, ainda há situações intransponíveis, cuja única opção é aceitar o obstáculo. Bem, na vida somente temos certeza de duas coisas: **nascimento** (N) e **morte** (M) — entre essas duas verdades há uma infinidade de acontecimentos bons e maus —, poderíamos dizer que entre esses dois pontos (N-M) existem acontecimentos cármicos (C) ou do destino (D) que devemos resolver e, entre eles, está o arbítrio (A). Também valem as famosas frases: *A felicidade é fruto das decisões. A dor ocorrerá na vida, mas o sofrimento é opcional. Não podemos mudar a realidade; porém, é nossa opção a forma de administrá-la.* Assim, poderíamos estabelecer um gráfico da vida:

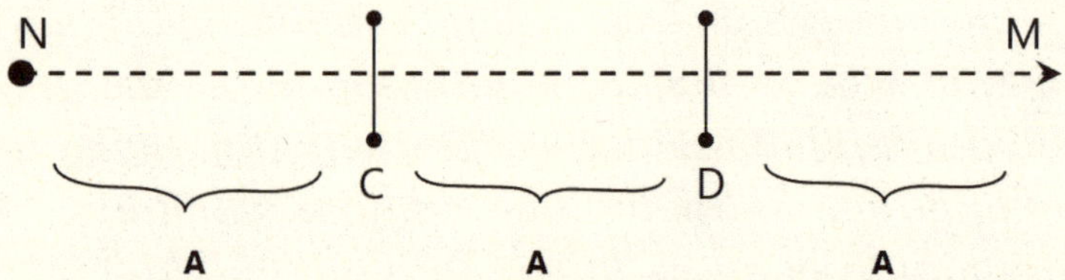

Mas esse tarólogo fala muito de filosofia, não poderíamos ir mais rápido? Estou ansioso para ler o tarô, quero ver o futuro — deve estar pensando o leitor. Tenha calma, não basta decorar um único significado do arcano para uma boa leitura, é por isso que muitos erram na interpretação. *As cartas não mentem jamais!* — já dizia uma antiga cigana; porém, o tarotista pode se enganar em uma análise caso não entenda o arcano-símbolo, a tiragem aplicada e, principalmente, o valor de um oráculo. Então, voltemos à questão do destino e apreciemos o quadro a seguir, considerando: ABERTO = ativo, flexível, integrante; FECHADO = inativo, inibido, recluso.

<table>
<tr><td>DESTINO ABERTO +
INDIVÍDUO FECHADO</td><td rowspan="2">DESARMONIA</td><td rowspan="2">Geralmente é quando somos procurados para uma consulta, pois a vontade pessoal não aceita as imposições da vida e de terceiros.</td></tr>
<tr><td>DESTINO FECHADO +
INDIVÍDUO ABERTO</td></tr>
<tr><td colspan="3"></td></tr>
</table>

Destino aberto + Indivíduo aberto	HARMONIA	Raramente somos procurados para uma consulta, pois há consciência do indivíduo a respeito de seus próprios limites bons ou maus.
Destino fechado + Indivíduo fechado		

Ah! Quero saber do meu destino! — dizem todos em algum momento da vida. Bem, retomemos alguns pontos mencionados no volume 2 (*Para que serve o tarô?* página 33): é comum pensar que as cartas respondem a tudo ou que os oráculos laboram qualquer coisa. ERRADO! Cada arte espiritual tem seu campo e limite de atuação que, sob um aspecto generalizado, podemos classificar:

Astrologia Numerologia Quirologia	SER	Analisam a tendência da vida sem observar o livre-arbítrio humano. Expressam potencialidade de eventos, mas não determinam qual a reação do indivíduo perante o fato em si.
Tarô Cartas I Ching Runas	ESTAR	Analisam a condição humana sem ressaltar a tendência da vida. Anunciam a potencialidade de eventos considerando o estado do indivíduo perante o fato em si.

Exemplo: um consulente deseja saber sobre o futuro afetivo. A astrologia indicou que aquele período era extremamente favorável para iniciar um novo romance ou encontrar um bom parceiro, pois os caminhos estavam abertos. Contudo, essa fantástica arte não dispõe de elementos para analisar o modo como o passado foi registrado na alma do indivíduo ou, ainda, quais seus reais sentimentos naquele momento. Bem, essa mesma pessoa, ainda confusa, foi a um tarólogo para confirmar a história, e as cartas revelaram o seguinte: um novo romance surgiria, mas o coração e a alma estavam tão amargurados com acontecimentos antigos que ele próprio rejeitaria a promessa de felicidade. Assim, os oráculos são distintos e se complementam. REAVALIE ATENTAMENTE: a astrologia não poderia responder com eficácia e rapidez se esse consulente *namoraria* alguém, mas poderia analisar as *tendências* de sua vida afetiva; entretanto, essa última questão estaria mais bem qualificada para os oráculos de classificação ESTAR. Por outro lado, o tarô não seria aplicável para responder algo que ainda não se encontra na vida presente do consulente, pois essa apreciação seria mais bem considerada pelos oráculos de categorização SER.

- *Quando terei filhos? Quando casarei? Quando encontrarei a luz espiritual? Como estão os caminhos do meu destino e meu livre-arbítrio?*
    - Essas questões são mais bem respondidas pelos oráculos do **SER**, que se reportam às situações abstratas e subjetivas no tempo-espaço.

- *Vou comprar o carro este ano? Vou namorar com o João? A religião que professo é meu caminho? Vou ter um filho no próximo ano?*
    - Essas questões são mais bem respondidas pelos oráculos do **ESTAR**, que se lançam a situações objetivas e definidas na alma humana em um dado momento.

INTUIÇÃO

Você pode ter pensando em algum ponto desta trilogia: *Por que devo aprender tudo isso? Eu só quero jogar, não existe um modo mais simples? Já me disseram que tarô é pura* ***intuição****, que não precisamos de manuais, basta olhar a figura colorida e falar o que vier à cabeça!* Então, por que você está lendo este livro? Revenda-o para um sebo, ora! Raciocine: *se o tarô fosse "pura intuição", não estariam sendo publicados livros há 300 anos, tampouco precisaríamos de instrutores, cursos ou palestras; somente no século XX foram editados mais de três mil títulos de livros de tarô no mundo! Também foram criadas associações e fraternidades baseadas no tarô, houve dezenas de eventos mostrando as diversas modalidades de uso para os arcanos.* Há mais de 25 anos ministro aulas e tenho amizade com dezenas de renomados tarólogos no Brasil e no exterior, bem como conheci outras centenas de bons profissionais nos eventos que organizei, e não tenho notícias de um excelente tarotista ou tarólogo-professor que não estivesse mergulhado em livros e cursos. Outro aspecto para o qual chamo atenção: um vidente, um sensitivo ou alguém intuitivo utilizaria qualquer ferramenta para sua predição, tais como bola de cristal, luz de vela, conchas. Para esses paranormais, as cartas de tarô também seriam uma espécie de ponte transcendental. Não conheço um vidente que ministre curso ou tenha escrito algum livro de tarô, uma vez que paranormais/médiuns não necessitam estudar símbolos e metodologia, devido à maravilhosa dádiva cármica que receberam. O tarô não é somente o mundo místico e intuitivo, pois para aprender a ler as cartas basta ter força de vontade. **Note e anote:** *O que posso assegurar é que a prática com o tarô desenvolve a intuição e fortalece os elos espirituais em longo prazo, mas sempre embasado no estudo e na pesquisa.*

Porém, essa questão já foi elucidada em vários tópicos dos volumes anteriores e o que restou a ser esclarecido é a hipótese de que *bastaria* olhar/observar a imagem da carta, como se fosse um quadro para, então, interpretá-la. Tudo isso, claro, sem ter lido um único manual de tarô, nunca ter feito um curso, nem ter entrado no digno mérito da vidência ou da mediunidade. Bem, vale lembrar que, entre as editoras de diversos países, encontramos mais de quinhentos tipos de baralhos de tarô à venda. Ora, cada um é relativamente diferente do outro, nem todos seguem a simbologia clássica e, entenda que, caso pudéssemos apenas "ver-intuir-falar", em um determinado momento o tarô deixaria de existir. O resultado seria o caos simbólico, ou seja, *qualquer figurinha coloridinha seria um tarozinho bonitinho e tudo o que foi escrito não teria mais validade* — esse tópico também já foi abordado no volume 1, no qual discutimos que a estrutura deve ser respeitada em todo conteúdo clássico ou análogo ao padrão marselhês. Na verdade, muitas vezes para ler um determinado tarô transcultural, por exemplo, é necessária alguma análise mais apurada e, nesse caso, precisamos de um bom conhecimento simbólico — e como sabemos disso? Estudando, somente estudando!

Por outro lado, ao empregar um pensamento reducionista, usando apenas o reconhecimento visual das **imagens desenhadas**, nega-se todo conteúdo semiótico (simbólico, imagético, arquetípico), oracular, espiritual e, inclusive, suprime-se o direito espiritual de os deficientes visuais lerem as cartas. Opa! **Cegos jogam tarô?** Sim, e melhor que muitos cuja visão é perfeita. Em 1998, em Madri, vi alguns deficientes lerem o tarô — e não era por intuição, era uma leitura por intermédio da significação do arcano! O nome da carta estava gravado em braile e a imagem visível deixava de ser primordial. Depois, em 2003, tive uma aluna em São Paulo (SP), Liana Conrado, que

Tarô em sinais em braile
Santeria Milagrosa, Madri, Espanha.

gostava de ser chamada de "cega mesmo", a quem ensinei com uma didática nova (pranchas com tiragens em relevo e os arcanos por significação). Supersensível e inteligente, eu não precisava explicar mais de uma vez sobre o conceito arquetípico do arcano. Ela jogava com maestria. Impressionado? Eu também fiquei, e toda essa experiência rompeu mais um paradigma: *a necessidade de imagens reais, desenhos coloridos e perceptíveis aos olhos.*

Ainda no âmbito desse conceito instigante e revelador, eliminei minha dependência estética ou física do baralho, pois as cartas em si, o papel desenhado, não tem poder algum sem o conhecimento do tarotista. Então, iniciei um experimento: abria os 22 arcanos maiores do tarô de Marselha ou o de Crowley, por exemplo, em conjunto com os 56 arcanos menores do tarô Mitológico ou o de Rider-Waite (e vice-versa). Alguns meses depois, fui mais além, adquiri 78 baralhos diferentes, entre antigos e contemporâneos, escolhendo um arcano de cada para montar um único tarô contendo 78 cartas diferentes (estilo, ilustração, tamanho) para uso exclusivo em minhas consultas. A experiência se revelou maravilhosa e, finalmente, compreendi que tarô não é a carta em si, mas **a representação de algo imaterial, superior, inacessível ao mundo físico, somente ao nível mental-espiritual, o fundamento do que seja uma imagem arquetípica.** Não influi o que se usa ou como seja ilustrado, tudo funciona, e até papeizinhos numerados ou apenas o nome da carta escrito também poderiam ser lançados/interpretados, desde que soubéssemos a total significação do arcano. Não importa se enxergamos ou não, pois, se tivermos os elementos necessários à decodificação da imagem acústica (a relação simultânea de significado e significante), encontraremos a resposta.

Bem, eis que surge um **paradoxo**: por que escrevi o primeiro volume desta trilogia todo dedicado ao estudo da estrutura simbólica? Qual a razão de pesquisarmos tanto os símbolos das cartas e sua história se ao final não são necessários? Bem, estudar é uma parte (e uma arte!) e praticar é outra (à parte!). Porventura um médico careceria do manual de procedimentos cirúrgicos durante uma cesariana? Por acaso um motorista deveria parar o carro, pegar o código de trânsito para entender alguma placa de sinalização? ÓBVIO que não. Caro leitor, lembra-se do início de sua alfabetização (ba-be-bi-bo-bu, babá, bebê...)? Hoje você consegue ler com desenvoltura sem pensar no processo de aglutinação dos vocábulos, sem precisar das inúmeras figurinhas (de uva, de ovo, de bebê, de coelhinho etc.) apresentadas na primeira infância. Sempre, em qualquer meio, primeiro assimila-se, depois sintetiza-se. Sei que você também deve estar pensando: *se intuição não é um fator crucial, tampouco mediunidade, menos ainda a visão da retina, então,* **o que é importante***?* Entenda, o que importa é tudo isto junto e misturado: pesquisa, conhecimento, prática, experiência, vontade, saber, autoconfiança, autoconhecimento, autoestima, percepção, sensibilidade, transcendência. Não se engane: ler o tarô requer muito estudo e dedicação antes de sua prática. E tenha cuidado: perde-se tempo e dinheiro trilhando por supostos caminhos mais rápidos. Pena.

PROJEÇÃO

Você já deve ter ouvido falar, ou ouvirá um dia, que a consulta é uma **projeção** pessoal e, como tal, todo futuro descrito nas cartas poderá ser mudado! Nesse aspecto, solicito o máximo de cuidado, pois somente alguns arcanos estabelecem essa condição, nunca qualquer um em qualquer posição! Não se trata de uma visão fatalista, mas de uma análise com a vida real, cujo exame é o objetivo da taromancia. Bem, vamos observar essa questão. *Ih! Lá vem mais filosofia!,* você já deve ter pensado novamente. Calma, estamos quase chegando ao cerne do que é um oráculo.

O ser humano tem um mecanismo natural de não aceitação de perdas, reveses ou derrotas, por menores que sejam! Nascemos com a visão do bem-estar eterno, damos todas as justificativas para os nossos atos, por mais filantrópicos ou hediondos que sejam; assim, todos nós temos uma explicação para a busca da felicidade ou a realização de um desejo. Porém, o tarotista, que também é um ser humano, poderá influenciar uma consulta de acordo com seus próprios valores. *Influenciar como?* Ele irá dirigir a leitura das cartas, fragmentar o conteúdo ou deturpar o resultado. Ora, é natural que o estudante de tarô não aceite as mensagens negativas de uma situação, pensando que tudo poderá ser contornado no futuro ou que as cartas saíram erradas (ledo engano).

Esse problema da "projeção e livre-arbítrio" é complexo e volto a afirmar que, em alguns casos, existe; porém, o que percebi nesses anos de leitura e contato com muitos profissionais e estudantes é que o erro começa na percepção do próprio arcano, estendendo-se para a consulta. Creio que o equívoco principal seja observar a carta isoladamente ou de forma autônoma como tendo "começo, meio e fim"; esquecendo-se de que ela faz parte de um conjunto simbólico maior, no qual cada arcano representa apenas um passo da história que tem seu "começo, meio e fim". Por isso, dizem que o *tarô é um livro sagrado* — os arcanos são as páginas, o conjunto forma a história da vida e, para ser mais objetivo, uma página nunca elucidará o conteúdo do livro. Uma consulta serve para determinar em qual momento o consulente se encontra em uma determinada situação: no **começo**, no **meio** ou no **fim**? Acontecerá como planejou ou de forma inusitada? Estará realizando ou perdendo os objetivos? Tudo bem, podemos ter uma visão otimista da vida ao ler o tarô: *tudo passa* ou *tudo acaba bem*! Só que nem sempre ocorre como desejamos ou planejamos (essa é a problemática da vida que aborrece a todos nós). Se em uma consulta o tarô revela, por exemplo, prejuízo financeiro, que projeção há nisso? Como posso ser o próprio algoz se desejo tanto melhorar de vida? Quem engana quem? Se ganho cem e devo duzentos, como eliminar esse excesso sem pagar? Impossível, a dívida é inevitável. Não se trata de fatalismo, mas de bom senso com a realidade. Há cartas que determinam "possibilidade" e outras, "assertividade"! Vejamos algumas. JUSTIÇA: recomendaria a ter cautela nos gastos, pois haveria probabilidade de se reverter o quadro. TORRE: indicaria que as perdas são inevitáveis; deseje ou não, o prejuízo já se estabeleceu. CARRO: apontaria melhorias e o surgimento da prosperidade. O tarô revela o que existe:

se está errando, ele adverte; se está acertando, diz que tudo se resolve; se o resultado for terrível, sugere não seguir adiante. Simples assim.

Positivamente, o tarô não é uma projeção, nem especulação! Havendo resposta negativa ou um conselho totalmente adverso ao desejado, não pense que seria tão simples a alteração daquele resultado. Comumente ouço de alguns consulentes que se soubessem de toda verdade, poderiam solucionar o problema. Outros dizem que conhecendo os reveses seria mais fácil enfrentar as dificuldades. Não, não seria mais simples. Não temos a memória emocional daquele problema em particular porque ele reside no futuro; portanto, não saberíamos como resolver, talvez conseguíssemos minimizar a dor ou o choque não fosse tão grande. Perda é perda, não importa se sabemos ou não de forma antecipada. A dor ou a frustração surge. O mesmo vale para os ganhos: a felicidade somente chega durante o ato da aquisição, mesmo que o tarô revele isso um ano antes! Ninguém sente alegria antes de o evento se concretizar; no máximo, alguma modesta satisfação (e, mesmo assim, repleta de dúvidas!). Imagine alguém desiludido ouvir que no prazo de alguns meses encontraria um novo amor? Lógico que não sentirá alegria em saber desse futuro, pois ainda deseja o romance antigo! Geralmente, em alguma consulta, o tarô elimina a ansiedade, mas, em outros casos, ele pode gerar muito mais conflitos. *Ninguém quer perder, todos querem poder!*

REALIDADE

Na estrutura do tarô existem arcanos que qualificam todo tipo de situação, isso é um fato e deve ser respeitado. Há coisas boas e outras nem tão agradáveis. Certos arcanos expressam que algumas situações dependem do consulente (Imperador, Justiça, por exemplo), outras, de terceiros (Roda da Fortuna, Temperança, por exemplo) e, há ainda, as que se apoiam no destino (Sol, Julgamento, por exemplo). Certos arcanos são reversíveis (Mago, Mundo, por exemplo) e, outros, irreversíveis (Morte, Torre, por exemplo). Quando o tarô diz NÃO é NÃO; TALVEZ é TALVEZ; SIM é SIM! Podemos dar mil conselhos ao consulente, devemos ser otimistas, mas deturpar ou iludir, jamais! Para entender realmente o que o tarô pode expressar em uma *consulta* não estude mitologia, nem cabala, escolha alguns destes roteiros e os observe longamente:

1. Na parte da manhã, visite um necrotério e, à tarde, vá a um batizado.
2. Visite o museu de belas artes e, depois, siga direto a um hospital de oncologia.
3. Faça uma visita à penitenciária, depois passeie pela praia.
4. Passe suas férias em Luanda e em Paris, dez dias em cada cidade.
5. Assista a um casamento na igreja e vá a um tribunal de família.
6. Observe a sala de emergência de um hospital e volte para o lar.
7. Contabilize seus gastos e observe longamente um mendigo.
8. Assista a um comício político, depois a um sermão na igreja.
9. Visite os alcoólicos anônimos e, em seguida, os bares da cidade.
10. Fique uma semana sem comer nada e se farte na outra.

Percorrendo esse pequeno circuito da vida cotidiana, você perceberá que não há poder da mente, oração ou fé que mude nossa realidade perene. Verdade: temos todo o poder de mudar nossas vidas; contudo, até um determinado ponto! Assim, teremos sempre dois tipos de análise final: UMA QUE É MUTÁVEL E OUTRA, IRREVERSÍVEL. Uma anuncia ser possível chegar à realização pelo livre-arbítrio (os arcanos do *caminho da vontade* enfatizam essa condição, por exemplo) e a outra determina a supressão pelo próprio destino (alguns arcanos do *caminho da dor* revelam essa situação). Apesar de estabelecer na teoria essas duas correlações (por experiência em consulta), afirmo que uma vez efetuada a resposta pelo tarô, ela é imutável e está cristalizada, assim resolvida:

a) Se as cartas revelaram que os caminhos estão **abertos**, ninguém conseguirá interferir na conclusão desejada, unicamente o consulente.
b) Se as cartas indicam que haverá **obstáculos**, ninguém poderá reverter os efeitos adversos, somente o consulente.
c) Se as cartas sugerem que é **livre-arbítrio**, ninguém conseguirá influenciar, somente o consulente poderá dar continuidade.
d) Se as cartas advertem a **impossibilidade**, ninguém poderá solucionar, nem o consulente obterá o desejado.

> Por diversas vezes quis analisar de outra forma, jogava para confirmar determinadas respostas; mas, com o passar do tempo, sempre ocorria o que o primeiro lançamento havia estabelecido. Assim, o oráculo com o tarô fala da vida como ela é: boa, má, dinâmica, triste, feliz, próspera.

Um dos aspectos mais discutidos no mundo místico-exotérico diz respeito às considerações sobre *conselho*, *orientação* e *autoconhecimento* contra os conceitos de *presságio*, *adivinhação* e *oráculo*; praticamente essas duas correntes de pensamento se chocam em retóricas, sem contar as inúmeras formas de instrução sob o aspecto do aprendizado inicial por intermédio da cabala, numerologia, mitologia e astrologia — assuntos fartamente discutidos no volume 1. Chega a dar arrepios quando um iniciado surge com perguntas, pensando ser de esclarecimento rápido, mas, para mim, tende a ser uma longa tese para que ele entenda ideologias sobre a mesmíssima coisa! Outra chave-mestra para compreender os arcanos é saber que seus símbolos revelam duas situações simultâneas e distintas: **PRESSÁGIO** (oráculo, adivinhação, resposta ou tendência do assunto) e **CONSELHO** (orientação, direção ou atitude a ser tomada para a questão). Invariavelmente, todos os 78 arcanos contêm esses dois aspectos, cujas qualidades podem ser vistas claramente no **ATRIBUTO BÁSICO E DIVERSO** (leitura para todo os planos de presságio) e no **SINTOMA E NÚCLEO** (orientação e aconselhamento) de cada carta analisada no volume 2.

Alguns resumos taromânticos para o plano material: SOL sugere que tudo está perfeito e que o consulente conseguirá eficazmente o que deseja (presságio), também revela que deve continuar confiando em si, mas sem o excesso de otimismo ou que, em alguns casos, necessite desse comportamento (conselho). ÁS DE OUROS indica que a realização será bem-sucedida (presságio), mas também solicita que se mantenha inabalável frente a pequenos obstáculos que surgirão (conselho). *Observe que os aconselhamentos foram para permanecer exatamente como se encontra e os presságios foram enfáticos na realização.* Continuando: TORRE indica que os objetivos serão anulados por terceiros e que o consulente nunca chegará ao resultado desejado (presságio), mas também revela que a perda remeterá a novos caminhos melhores e se torna necessário o perdão (conselho). Entenda mais este: CINCO DE OUROS indica que algo está se distanciando ou se perdendo o controle desejado (presságio); mas também sugere que se escolha um novo caminho, caso contrário haverá desperdício e desengano (conselho). *Note que os arcanos pressagiam a irrealização e indicam aconselhamento para a transformação imediata de valores pessoais.*

Olhe sempre uma consulta com seriedade, aceitando as respostas. O fato de elaborar uma pergunta, lançar o tarô, não gostar da resposta, abrir novamente para confirmar o resultado e, mesmo assim, fazer outra tiragem para ver outra resposta, confunde o tarotista e desnorteia a primeira abertura, que será sempre a verdadeira. **Taromancia não é magia**, pois o fato de lançar as cartas até retirar os arcanos que deseja, não reflete que se esteja fazendo com que as situações aconteçam de acordo com o livre-arbítrio. Sempre aconselho ao consulente: *nunca pergunte ao tarô o que não deseja saber*, o que vale para mim também!

GEOMETRIA DIVINA

Fiquei extremamente feliz ao receber a notícia de que um artigo escrito para o jornal esotérico *Ganesha* (Rio de Janeiro) faria parte de uma coletânea para o livro *Ganesha, uma ponte para o infinito*[3]. A matéria publicada era parte integrante do curso *Geometria divina e a metodologia no tarô*[4] — a pupila dos meus olhos. Em 1991, iniciei os primeiros cursos avançados de tarô no Brasil, cujo conceito era o de compartilhar o saber entre estudantes e profissionais dispostos a fazer um processo maiêutico, interrogando tudo o que havia sido *escrito* sobre o tarô. Ideias borbulhavam em minha mente, muito do que havia aprendido não funcionava na prática, alguns arcanos acenavam em direção diversa ao que se lia nos livros — necessitava, desejava dialogar, refletir, sintetizar. Além de escrever esta trilogia, fazer congressos e fóruns foi outra maneira que encontrei para compartilhar ideias. Hoje, somam-se milhares de pessoas que pensam como eu, buscando entender o tarô como uma arte pura, rica em simbolismos próprios e livre do ranço metafísico do século XIX.

Poucos estudantes têm algum interesse no estudo da principal via do sistema oracular do tarô: o modo de expor a **TIRAGEM** (lançamento, forma, desenho, técnica de abertura, exposição das cartas, *layout*). Geralmente, a utilizam como se contivesse disposições aleatórias e analisam sem um princípio condutor; intuem novas tiradas

---

[3] Antunes, Renato (org.). *Ganesha, uma ponte para o infinito*. Rio de Janeiro: Ganesha, 1993.

[4] O curso avançado *Geometria Divina* (que estudaremos neste tópico) e *Estrutura Numeral* (descrito nas páginas 113 e 165 do primeiro volume) passaram a ser ministrados somente para meus alunos. Em outros cursos avançados — **Mandala, Previsão, Relação, Amor, Sexo, Finanças, Saúde, Meditação, Magia** —, continuei ensinando pessoas que não haviam sido minhas alunas.

ou alteram a estrutura das existentes, mas ninguém consegue explicar qual a razão de uma tiragem ser analisada de tal modo ou de outro. Com essas questões, a maior parte dos tarotistas fica confusa quando aprende determinado lançamento, diferente em diversos livros como, por exemplo, a Cruz Celta ou a Roda Astrológica. **Note e anote:** Nem todas as tiragens ensinadas abertamente (livros, cursos, palestras) seguem a metodologia deste tópico. *Qual está correta?* Todas pela estrutura — *forma geométrica*; poucas pelo sistema ou ritmo de leitura — *nominação da casa e direção de leitura*. Saiba que todos as aberturas funcionam corretamente no mundo espiritual, entretanto, quanto mais próxima do exposto neste capítulo, mais eficaz será a resposta.

Bem, que tal adicionarmos um pouco de conhecimento ao formato do lançamento para entendermos melhor a importância da construção das tiragens? Vejamos: o que é geometria divina? **GEOMETRIA** (palavra de origem grega: *medição da terra*) é o instrumento fundamental que permeia e tece as bases de quase tudo, não existindo absolutamente nada que não esteja fundamentado nessa ciência. Na Antiguidade, era uma arte tão sagrada que somente alguns escolhidos sabiam usá-la. Representava um misto de matemática, engenharia, física, astronomia, astrologia, numerologia, filosofia. Nem todo sacerdote era um *geômetra*, mas todo geômetra era um sacerdote! Esse conteúdo múltiplo para importante profissão perdurou até meados do século XVI e se encontra relacionado ao axioma hermético: *Quod est inferius est sicut quod est superius, et quod est superius est sicut quod est inferius, ad perpetranda miracula rei unius*[5] (Tábua esmeraldina, século VIII).

Assim, imitando a arte divina ao formar a natureza, o homem cinzelou a pedra construindo seus templos e moradias, pois existia a necessidade de unir a funcionalidade com a beleza do universo. Intuiu

[5] Tradução livre: *O que está em cima é como o que se encontra embaixo, e o que se encontra embaixo é como o que está em cima, juntos realizam o milagre universal.*

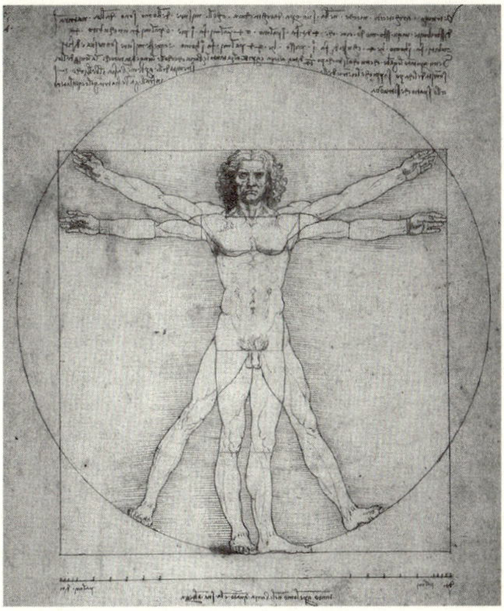

Homen Vitruviano, Michelangelo, 1490
Galeria da Academia, Veneza, Itália.

que, com o círculo (*símbolo do macrocosmo, divindade*) e o quadrado (*símbolo do microcosmo, homem*), formaria toda estrutura e medição necessária a uma edificação, observando nessas proporções a manifestação de Deus, a Terra em sua mais perfeita simetria. Todas as construções sagradas, da Antiguidade até o século XVI, foram concebidas da seguinte forma: escolhia-se um local, uma data (geralmente o solstício de verão) e, durante o nascer do sol, o geômetra fincava seu cajado no solo, cuja sombra projetava outro ponto no terreno, descobrindo-se, assim, o eixo que representaria a entrada do templo (leste) e a direção do altar (oeste). Depois, o ponto do cajado e o ponto encontrado no final de sua sombra serviriam para traçar dois círculos e, por intermédio da interseção (bissetriz), se encontraria o eixo Norte-Sul. Por fim, o geômetra estabelecia o quadrado necessário para a fundação e toda construção seguia proporcional à sua base e relativa às direções cardeais: paredes, portas, janelas, cúpula, teto, absolutamente tudo deveria ser harmônico um com o outro (proporção áurea de Pitágoras, o número de ouro). São exemplos de edificações baseadas na geometria divina: o tabernáculo de Jeová, o santuário de Shiva, o templo de Amon-Rá, o Parthenon, as catedrais góticas da França, entre outras centenas.

Nos oráculos mais antigos predominava a interpretação das figuras geométricas vistas no fogo, na areia, nas nuvens, nas vísceras. As formas geométricas também têm grande importância nos ritos mágicos ou religiosos e, não mero acaso, o neófito deve estar com o corpo em relação ao eixo Leste-Oeste para gesticular figuras geométricas e proferir as palavras mágicas, como lançar o círculo mágico ou formar o pentagrama de proteção. A integração divindade-terra criou os símbolos de fé (ank egípcio, cruz de Cristo, estrela de Davi, Tao chinês, pentagrama etc.), pois se referem à forma geométrica a que foi associado — o símbolo do círculo, da cruz, da estrela. Com o passar do tempo, tudo se tornou análogo e uníssono à geometria sagrada: *o templo*, *o ritual*, *o oráculo*.

COMPASSO

Como seriam os projetos se não houvesse tanto um direcionamento mental quanto físico? E se não existissem os pontos cardeais e os números? Já imaginou a vida social sem planos, metas e objetivos? É simples: o homem nômade não tinha habilidade necessária para se estabelecer, construir, crescer, prosperar. Sempre andava a esmo, sem direção, procurando um paraíso repleto de alimentos para extrair tudo e depois partir em busca de outro, e mais outro. Quando finalmente adquiriu o saber da geometria, da proporção e da quantidade, foi capaz de planejar e construir o próprio oásis! Contudo, ninguém ergue uma casa começando pelo telhado, tampouco colhe uma fruta sem plantar a semente! Para as tiragens do tarô (lançamento, técnica, layout) não seria diferente, pois o processo de leitura é semelhante: se não houver um direcionamento lógico e ascendente, não se chegará a um resultado satisfatório e, caso não obedeçam à direção numérica, a análise poderá ser contraditória. Portanto, a sequência dos arcanos em uma tiragem deve ser interpretada passo a passo (1 – 2 – 3 etc.), salvo raras exceções. **Note e anote:** Não se abrem todas as cartas de uma só vez para observar qual será o último arcano, isso será perda de tempo, pois todas são extremamente importantes em uma leitura.

O aspecto mais admirável da geometria divina em uma tiragem é sua forma de construção — onde começa e onde termina, a imagem exata como é estabelecida. Se repararmos bem na direção que o lançamento sugere, será possível verificar a construção de uma figura geométrica, muito importante para a compreensão do oráculo. Dessa forma simbólica extraímos o **ritmo de interpretação**, um compasso necessário para estabelecer uma boa leitura. A cadência oracular possibilitará ao tarotista qualificar qual tiragem poderá ser mais bem indicada para uma determinada situação, bem como a ampliação dos conceitos dos arcanos durante um lançamento. O ritmo, na verdade, revela o movimento direcional dos arcanos — qual vai para qual e de que forma —, mostrando particularidades ocultas.

Ritmos do círculo e do triângulo

1. Nas formas ternária (triângulo) ou decenária (círculo), que simbolizam respectivamente o equilíbrio e a elevação, a sequência de cartas no sentido **horário** ou para o lado direito[6] do tarotista se refere ao futuro ou presente-futuro, será a parte ativa da situação, o exterior, o avanço, a emanação, a projeção ou a energia criadora dos arcanos. A sequência no sentido **anti-horário,** ou para o lado esquerdo do tarotista, indica ações

[6] Dúvidas? CARTA = fotografia. TIRAGEM = espelho. Esse assunto foi abordado no volume 1, página 95.

passadas ou presente-passado, será a parte passiva, o interior, a recepção ou a energia fecundada dos arcanos.

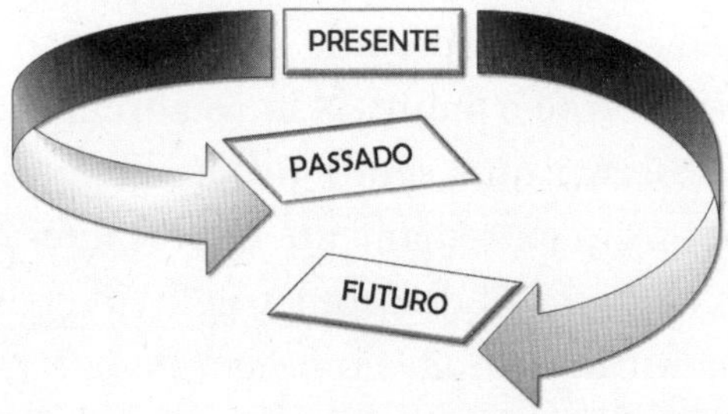

2. A parte superior do raio do círculo, ou do ápice do triângulo para cima, revela o desconhecido, o ativo, a projeção, as ações do presente para o futuro; o raio inferior, ou o ápice para baixo, representa aquilo que é conhecido, o consciente, o passivo, as ações do presente para o passado.

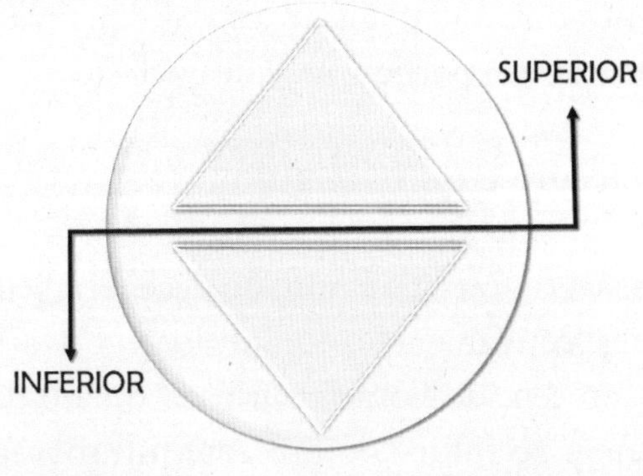

3. Uma tiragem com forma circular **vazia** (sem carta no meio ou eixo de coordenação) terá característica atemporal, situação passada ou futuro longo; com uma carta no meio (símbolo do ponto central, eixo), terá atributos temporal, ativo, presente manifesto e futuro próximo.

4. O ápice do triângulo para a **direita** simboliza força exterior, alterável, presente-futuro, projeções; com o ápice para a **esquerda,** indica força interior, inalterável, presente-passado, consciente.

Ritmos do quadrado e da cruz

1. Nas formas binária (cruz) e quaternária (quadrado), que simbolizam os choques dos opostos (ativo-passivo), tudo o que estiver na parte **superior** é conhecido, claro, consciente, ação do presente; tudo o que estiver na parte **inferior** é desconhecido, inconsciente, avanço futuro.

2. O traço **horizontal** indica situação presente, passiva, inalterável; o traço **vertical**, alterável, futuro, ativo. O ponto **central** indica força, desejo, equilíbrio, união dos fatos.

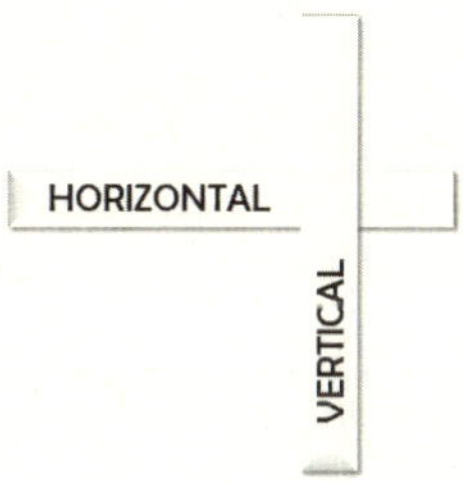

Qual a razão de um tarotista conseguir ler melhor um lançamento que outro? Que motivo haveria de uma abertura funcionar por quem a cria e não ser possível ter boas respostas nas mãos de outros oraculistas? Por que algumas tiragens não funcionam perfeitamente? Conhecer a geometria sagrada lhe permitirá entender qual tiragem está mais bem concebida. Por exemplo, se em um lançamento em forma circular as cartas inferiores se referirem ao futuro, estará construído de forma equivocada! Se na leitura em forma de cruz a carta inferior se referir ao passado, estará fragmentada! Se a carta do lado esquerdo dessa mesma forma se referir ao futuro, a leitura poderá ser falha! A forma de construção de um lançamento também tem sua **força simbólica** e, como tal, deve seguir o simbolismo oculto e esotérico. Portanto, o **sistema de leitura** e o **ritmo de interpretação** é que fornecerão alma e dinamismo à estrutura da tiragem, juntos somam elementos seguros para uma análise de tarô. Onde quer que a geometria tenha sido usada, consciente ou inconscientemente, seu poder, sua energia e seu simbolismo ainda se fazem presentes. A seguir observaremos o significado de cada forma geométrica que compõe uma tiragem; optei por explicá-las sob a ótica dos antigos ocultistas para a compreensão do sentido gnóstico e hermético que elas traduzem.

CÍRCULO

Conceito: trata-se, com certeza, da primeira figura geométrica desenhada pelo homem, visto que essa forma se encontra em abundância na natureza e é de fácil percepção visual: o Sol, a Lua, a flor, a copa de uma árvore; tudo é arredondado, abaloado ou em semicírculo na visível superfície terrestre. Sol e a Lua eram considerados divindades e nada mais natural que o círculo representasse algo divino e superior ao homem, com princípios de renascimento eterno, sem começo nem fim. Assim, as primeiras obras, antes do homem se tornar sedentário, eram em formas circulares: a moradia redonda com pedras abaloadas, os templos megalíticos, as danças circulares em volta do fogo.

Simbolismo: o círculo apresenta propriedades de perfeição, homogeneidade, beleza; simboliza o céu cósmico, o macrocosmo, o universo, a totalidade, o mundo espiritual e humano em conjunto; também, a manifestação divina como modo de preservação do poder latente. Poder ser retratado pelo uraeus egípcio, orobórus grego, guirlanda, mandorla.

Estrutura: as tiragens em desenho circular não são indicadas para perguntas objetivas ou situações determinadas; eles contêm em si posições que estabelecem várias áreas da vida sem a necessidade de questionamentos. Assim, toda estrutura oracular em forma circular canalizará aspectos simultâneos da vida material, sentimental, mental e espiritual em completa interação.

Tiragens: Roda Astrológica (Mandala).

TRIÂNGULO

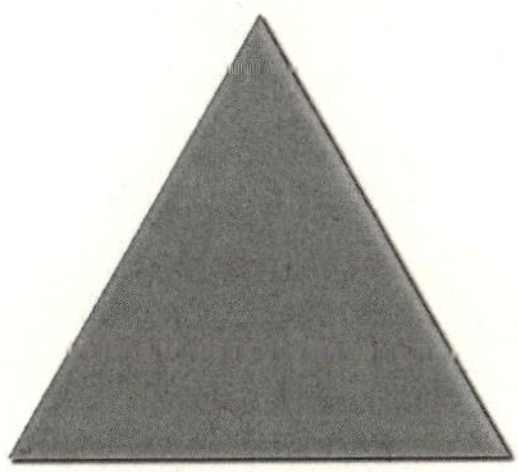

Conceito: todo reino orgânico cresce visivelmente para cima (linha reta) em busca de luz, como se desejasse chegar ao céu, encontrando o criador (círculo). Para os antigos sacerdotes, a divindade solar (círculo) banhava com sua luz-energia a própria criação (linha reta), então, entendiam que o triângulo (formado entre a criação e sua sombra) seria o equilíbrio entre o Homem e Deus. Na cosmovisão antiga, a superfície terrestre se encontrava no centro do universo, portanto, ao vislumbrarem a imagem de um triângulo, acreditaram ter encontrado a fórmula mágica para se chegar ao divino. Assim, a segunda manifestação em edificações fora construir formas triangulares: zigurate (cultura babilônica, sumeriana), pirâmide (cultura egípcia, maia, olmeca), pagode (cultura chinesa, japonesa, indiana).

Simbolismo: analisamos no volume 1 (página 145) o princípio do ternário, o mesmo se aplicará aqui — o homem está baseado mentalmente na estrutura binária (linha reta), mas procura no ternário (triângulo) o equilíbrio necessário para ascender espiritual e mentalmente. Por isso, o ternário (triângulo) é a marcha universal para a totalidade e o encontro com Deus (círculo). Podemos analisar genericamente o símbolo do triângulo como harmonia, proporção, beleza, desenvolvimento, evolução.

Estrutura: as tiragens triangulares são indicadas para conselhos ou situações determinadas; elas contêm em si proporções que estabelecem direcionamentos a serem tomados. Comumente, essas formas não são indicadas para perguntas objetivas, somente situações. No geral, além das tiragens em forma triangular, também encontraremos triângulos ocultos, mas, nesses casos, indicam apenas a evolução dos fatos correlacionados (Roda Astrológica, Labirinto). O triângulo evoca outras formas análogas: a estrela e a pirâmide.

Tiragens: Estrela de Davi, Pirâmide, Semana.

QUADRADO

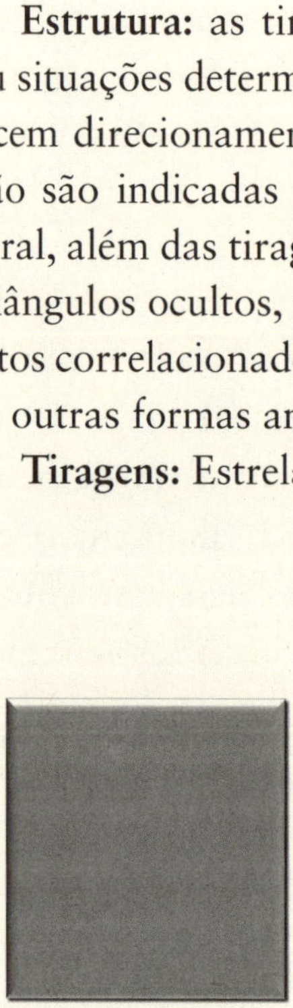

Conceito: a partir da descoberta do triângulo, foi possível ao homem planejar, arquitetar e construir todo tipo de edificações. É lógico que até esse estágio houve muitos séculos ou milênios. Atualmente é muito fácil elaborar teses ou tentar desvendar algo; porém, mesmo com toda tecnologia à disposição ainda se leva muito tempo para a conclusão. Imagine, então, um homem nômade para o qual não havia nada além do horizonte e do zênite celeste para contemplar. Acredita-se que o quadrado é a única figura geométrica esboçada originalmente pelo homem, visto que essa forma não se encontra na natureza visível — montanha, buraco, árvore, flor ou fruta não apresentam a configuração de um *quadrado*! Embora seja visto como um símbolo estritamente terrestre, humano e material, ele (quadrado) nunca será opositor da forma celeste e espiritual (círculo), mas complementar.

Simbolismo: o quadrado é a manifestação do círculo, segundo a visão do ocultismo. Assim, sendo a Terra (quadrado) o centro do universo (círculo), nada mais natural que os altares religiosos, os templos, as moradias, aldeias e cidades fossem, em sua base ou parte inferior, formados por um quadrado perfeito, duplo ou triplo e sempre construídos sobre colinas ou planícies arredondadas ou tendo abóbadas no centro de sua estrutura — o homem sempre procurou se harmonizar com o divino. O quadrado é uma figura que traduz a ideia de solidificação, estabilização e perfeição. Não mero acaso, o cubo é a representação da pedra filosofal dos alquimistas.

Estrutura: as tiragens em forma de quadrado são para análises práticas e dinâmicas fundamentadas na condição terrestre e material; o quadrado analisa questões opostas e separadas, diferente do círculo que indica como uma interfere na outra. Também, similar ao círculo e ao triângulo não é adequado para perguntas objetivas, pois o quadrado encerra em si denominações próprias em suas casas oraculares. Também encontramos quadrados ocultos nas tiragens em forma circular, indicando novas perspectivas de orientação.

Tiragens: Conselho do Grande Mestre, Quadrado Pessoal, Labirinto.

CRUZ

Conceito: não sabemos qual foi o último elemento na criação da geometria divina, se a figura da cruz ou do quadrado, talvez a cruz tenha sido até o primeiro! Contudo, ela não é considerada simbolicamente a mais importante, mas seria natural que precedesse todas as formas geométricas, visto que provavelmente os nômades seguiam a linha do sol e de alguma estrela. Elucubrações à parte, a cruz é o símbolo da direção cardeal e espiritual. Em todas as cidades antigas, templos e locais sagrados obedeciam rigorosamente aos pontos cardeais: a porta principal seria sempre voltada para o leste, de onde emerge a luz do sol, já os santuários, altares e depósitos sagrados eram construídos ao oeste, no qual reside a escuridão (noite) para ser iluminada. No eixo norte-sul haveria janelas e portas para a saída dos devotos e transeuntes, pois significam a energia divina flutuante, dual e intermediária entre o céu e a Terra. Atualmente ainda podemos observar um pouco da geometria divina em igrejas góticas — a porta principal e frontal somente é aberta nas horas do culto e se encontra direcionada para o leste, nordeste, sudeste (jamais para o norte, sul, oeste, noroeste, sudoeste); as portas laterais estão permanentemente abertas, as janelas são sempre laterais, a sacristia é nos fundos, o altar-mor está embaixo da abóbada principal.

Simbolismo: a cruz divide o círculo em quatro partes, indicando ser o mundo intermediário (cruz, direção) entre o céu (círculo, divindade) e a Terra (quadrado, humano). A cruz é o sinal universal de dualidade ou de harmonia e com a estrela (triângulo, evolução) se tornou um dos símbolos mais antigos ainda vivos.[7] Pérsia, Índia, Egito, China e Creta foram os primeiros locais a utilizá-la para estabelecer uma direção, não só física quanto espiritual. Longe de ser um símbolo de sofrimento liderado pelo cristianismo, a cruz aponta mais para o equilíbrio interior do que para o sacrifício. É a decisão pessoal por um dos quatro elementos, dos pontos cardeais ou a harmonia entre eles que seria o ponto de intercessão da cruz.

Estrutura: todas as tiragens em forma de cruz são excelentes para perguntas de qualquer natureza, pois analisam todos os elementos que envolvem uma questão objetiva ou genérica, os prós e contras, indicando um resultado, uma orientação ou uma solução.

Tiragens: Peladan, Cruz Celta, Encruzilhada, Templo de Marte.

---

[7] Dúvidas? Releia o tópico *Vivo ou morto*? Volume 1, página 40.

ESTRELA

Conceito: a estrela é formada por vários triângulos, não sendo uma forma básica da geometria sagrada, entretanto, encerra em si características tão profundas que comumente é usada para expressar inúmeros conceitos espirituais, inclusive em lançamentos de tarô.

Simbolismo: o caráter celeste faz com que seja naturalmente o símbolo do espírito e, particularmente, do conflito entre as forças espirituais (luz) e materiais (trevas). A escuridão da noite (semelhante ao nosso destino e aos pensamentos) traz dentro de si algo não visível, mas perceptível; pois a luz das estrelas revela um ponto fixo nessa imensidão negra, trazendo o brilho, a referência e a direção. A cada hora, no entanto, ela se encontra em um local diferente no céu à noite, sempre oferecendo novos rumos, como um farol da luz divina que clareia a alma.

Estrutura: todos os lançamentos em forma de estrela norteiam, esclarecem e revelam uma direção da questão; essa configuração apresenta características semelhantes às do triângulo que, por tangenciá-lo, assume as mesmas características de leitura. Encontramos três tipos de formas estelares:

1. PENTAGRAMA (estrela de cinco pontas): no antigo Egito, era o ideograma do espírito humano, da oração e da fé; na Era Copta, estava relacionada ao significado universal da ciência e do conhecimento; na Idade Média, era o símbolo perfeito do poder humano no mundo espiritual. Michelangelo pintou as proporções humanas por intermédio de uma estrela de cinco pontas. Hoje é o símbolo perfeito do microcosmo e da Terra.

2. HEXAGRAMA (estrela de seis pontas), também chamada de escudo de Davi, selo de Salomão ou estrela flamejante: este tipo de estrela, dois triângulos entrelaçados ou seis traços a partir de um ponto central, aparece em várias civilizações, sempre encerrando o equilíbrio entre as forças superiores e inferiores, a união entre a divindade e a humanidade, o espírito e a matéria. O hexagrama com um ponto central indica, segundo a tradição hermética, a criação do mundo, pois se reportaria aos sete planetas, aos sete metais, às sete cores do arco-íris, às sete notas musicais. Simbolicamente, era o sonho de todo sábio ocultista da Renascença: a redução do múltiplo ao uno, a chave universal das ciências divinas. Hoje é o símbolo perfeito do macrocosmo e do universo.

3. RESHIT (estrela de sete pontas): foi desenvolvida na cultura caldeia como símbolo do universo e, posteriormente, o povo hebraico formulou a criação do mundo segundo a cabala. Na Grécia Antiga, também foi utilizada por Orfeu e Pitágoras para representar a lira cósmica e a música das esferas, que significavam a harmonia planetária, terrestre e humana. Ela representa a vontade de Deus e sempre anuncia um ciclo completo de involução ou evolução.

Tiragens: Estrela de Davi, Jogo da Semana, Conselho do Pequeno Mestre.

ORÁCULO E DIVINAÇÃO

Por que muitos desistem de estudar ou de lançar as cartas? Qual a razão de um tarotista ter menos assertividade que outro? Seriam inúmeras as respostas, entretanto, o que mais frustra um iniciado é *não* entender uma tiragem após ter estudado todos os arcanos. Por outro lado, também encontramos tarotistas que reproduzem eloquentemente as mesmas palavras em qualquer tiragem, mas o consulente não entende a interpretação. Lendo muito ou apenas o essencial, o tarô é uma arte cuja veracidade da orientação ou da previsão só será revelada com o tempo. Entretanto, no início é comum (e creio ser normal) haver dúvidas sobre diversos ângulos que envolvem uma consulta, por isso a perseverança na taromancia é fundamental. No âmbito desse caminho, tenho encontrado diversas pessoas que conhecem muito sobre o tarô, seus símbolos e sua história, mas não dispõem da prática da adivinhação (e também me confessaram que não a desejam). Ora, tenho dito a inúmeros alunos que estudar o tarô não serve apenas ao oráculo, mas ao autoconhecimento ou, simplesmente, para sustar o tempo ocioso. Por outro lado, nem todos estudam para viver dessa ocupação, há os que apenas desejam usar o tarô para amigos e familiares ou, meramente, para si. Tudo é válido. Esse é um dos motivos pelo qual tenho classificado desde a obra *Curso completo de tarô*[8] e enfatizado no primeiro volume desta trilogia (páginas 202 a 205) dois termos: TARÓLOGO e TAROTISTA — o pesquisador e o praticante. Então, retomemos ao âmago deste capítulo: interpretação e prática, cuja essência será fornecer elementos básicos para uma leitura direta e correta, tendendo o mais próximo possível da verdadeira mensagem do oráculo. Estudando este tópico, o leitor estará apto a praticar de

[8] Naiff, Nei. *Curso completo de tarô*. Rio de Janeiro: Best*Seller*, 2002.

modo claro e preciso um lançamento do tarô, entendendo como ou o que falar durante uma consulta. Para iniciar, é importante saber que existem diversos fatores que bloqueiam uma boa leitura, e alguns até passam despercebidos. Vejamos os CINCO mais comuns:

- PRIMEIRA FALHA — *acreditar que um tarô é melhor que outro.*

  É comum, no início da jornada espiritual, esperar encontrar um "tarô mágico", o mais poderoso ou conceptual de todos. Esse assunto já foi fartamente discutido no volume 1 (VARIAÇÃO ARTÍSTICA, páginas 99 a 106), no volume 2 (QUAL O MELHOR TARÔ?, páginas 22 a 29) e no tópico INTUIÇÃO deste volume (páginas 38 a 42). Aconselho a revisão desses conceitos fundamentais. *Recapitulando*: os tarôs são manifestações artísticas de uma única matriz arquetípica; conhecendo a imagética do clássico, leem-se todos, sem exceção!

  Acrescento: a escolha de um tarô se deve, essencialmente, ao gosto pessoal, nada mais; no entanto, o uso de tarôs temáticos (transculturais ou fantasias) pode ser de grande valia em determinadas tiragens como em aberturas relativas ao amor, usar cartas com imagética afetivo-sexuais; em questões de autoconhecimento, abrir arcanos com símbolos herméticos; em tiragens gerais, como a Roda Astrológica, empregar os tarôs clássicos. De qualquer modo, tudo isso são sugestões, pois o importante é sempre utilizar o que mais lhe agrade.

- SEGUNDA FALHA — *ter um local especial para lançar o tarô, no qual o consulente deve estar presente.*

  Ora, se somente posso usar o tarô em locais específicos, significa que o universo divino não se manifestará em outros? Quer dizer que se o consulente não estiver presente, não existirá leitura? E se ele perguntar sobre o filho que mora longe, também não haverá respostas? Vejamos: onde se encontra o conceito da fé ou do poder mental? Se Deus somente protege aos que estão dentro da igreja, quer dizer que estamos desprotegidos fora dela? Ora, Deus somente pertence à religião católica? Mas todo homem não é filho de Deus? Ele não é onisciente, onipresente? "Solicitai e serás atendido?" Onde se encontra nossa intuição ou projeção astral? Será que não podemos acessar qualquer plano em qualquer lugar a qualquer hora? Se estiver dentro de um ônibus, não poderei rezar porque não é um local sagrado? *Claro que podemos fazer tudo isso em qualquer lugar*! Então, por que essa mania de ensinarem que não se deve usar o tarô em lugares não próprios? Os neófitos se esquecem de que lidamos com o universo transcendental no qual não existe porta, parede, janela, cozinha ou banheiro; sim, podemos captar o mundo espiritual em qualquer lugar, hora e local. Quem garante que alguém ao perguntar sobre o filho, este não esteja em um local supostamente impróprio? Nesse caso, o tarô não responderia com perfeição? Claro que revelaria, afinal estamos interpretando o campo energético dessa pessoa, os registros cármicos, as leis do destino. Atesto: *podemos ler o tarô em qualquer lugar, de modo presencial ou virtual.*

- TERCEIRA FALHA — *confiar em uma fonte geradora de poder, algo como um cristal, uma taça ou uma adaga consagrada.*

  O estudante acredita que se não houver esses elementos figurativos do plano espiritual, as cartas não funcionarão, não responderão corretamente. Entenda que o tarô não está relacionado a uma doutrina[9] ou linha espiritual específica e,

[9] Não há **dogma**, tampouco **tradição** alguma em relação ao tarô, pois, se houvesse, os arcanos (imagens e significados) estariam inalterados, existindo um único tipo de tarô e uma única forma de ensiná-lo — e, convenhamos, isso não ocorre! Há inúmeras formas artísticas para expressar a estrutura simbólica e sua instrução pode ser elaborada por intermédio de seus próprios símbolos ou da analogia com a mitologia, a cabala, a astrologia, entre tantas possibilidades. Inclusive, artes mais contemporâneas como a música popular, a literatura e a fotografia também estão sendo empregadas no ensino do tarô. Atualmente encontramos o uso das cartas que transita da adivinhação à magia, passando pela meditação ou terapia. O tarô se desenvolve a cada ano, a cada geração!

talvez, por essa condição tão livre, muitos tentam associar os próprios credos às cartas, dizendo que se devem usar aqueles elementos. Por isso encontramos em livros e entre os instrutores divergências de como "consagrar" o tarô para uma consulta ou o modo de montar a mesa para a leitura. Devemos observar esses rituais e símbolos de fé como algo pessoal e nunca um fator imprescindível. **Note e anote:** Pode-se usar o tecido, a estampa e a cor que desejar para enfeitar a mesa ou adorná-la com qualquer objeto — incensário, cristal, flor, mas coloque algo de que goste ou acredite. Não deite um pano branco unicamente porque viu ou leu que é bom ou mais cósmico, você pode nem gostar dessa cor! Eu nunca critiquei meus alunos por usarem o que desejavam em suas mesas de consulta; porém, deixo claro que o dia em que não tiverem esses elementos de crença pessoal à mão, eles deverão ter a mesma confiança na abertura. *Cuidado com o misticismo, ele só leva a erros, porque a condição do místico é crer cegamente e não avaliar com cuidado como um verdadeiro esotérico o faz* — use aquilo que realmente conheça o significado. Ninguém tem o poder de abrir o seu canal espiritual ou a sua intuição a não ser você mesmo, pelo próprio estudo e esforço! Jamais acredite em alguém que diga que irá consagrar o tarô para você, iniciá-lo(a) em um ritual de tarô ou lhe dar permissão de "mão de jogo", isso é pura vaidade espiritual.

- QUARTA FALHA — *olhar a imagem de uma carta de tarô esperando imediata intuição e interpretação.*

  Bem, isso sugere que qualquer pessoa leiga olharia um arcano e... Pronto! Imagens holográficas iriam aflorar diante dos olhos como uma multimídia esotérica repleta de vozes angelicais e visões do futuro (ao som de Enya, é claro!), ou seja, irromperia o poder sobrenatural ao alcance de uma piscadela. Se o iniciado tem essa peculiaridade (mediunidade), ele não precisa estudar nem usar o tarô. Mas se o estudante não é um vidente, esqueça que "olhar a carta é o suficiente", mas se continuar com esse pensamento saiba que isso atrapalha profundamente a leitura oracular. Vimos que cada arcano tem interpretação, manifestação, mensagem, temporalidade e orientação distintas uns dos outros; portanto, é essa condição simbólica que será a resposta. *Não precisa ser nenhum médium, vidente ou paranormal para aprender ou lançar o tarô, ele é aberto até ao mais cético que encontrar. Sem adicionar que a "intuição" pode ser uma característica que se desenvolve ao aprender tarô. Estudar ainda é o caminho mais seguro em todos os níveis.*

- QUINTA FALHA — *dizer a mesma coisa, o mesmo significado ao arcano, não importando o método ou a tiragem utilizada ou a questão formulada.*

  As condições interpretativas dos arcanos são infinitas e um lançamento serve para analisar a simbologia e o sintoma; portanto, é impossível ter sempre a mesma linguagem para qualquer posicionamento. A chave principal durante uma tiragem/lançamento está em classificar a pergunta com a manifestação do arcano, devendo tomar extremo cuidado em não misturar os ATRIBUTOS de cada plano. O arcano SACERDOTISA, por exemplo, é maravilhoso no plano mental e espiritual, mas inadequado em situações afetivas ou materiais, já em aconselhamento, recomenda discrição e, em posição negativa, alerta para a irreflexão (volume 2, página 88). Outras vezes, a carta é mal compreendida pelos estudantes: o arcano MORTE se encontra estigmatizado na cansada palavra "transformação" para qualquer posição ou pergunta! Dessa forma, retira-se dele o fluxo natural de prosperidade para as questões materiais ou a indicação de agressividade ou desamor no plano afetivo e, ainda, quando a decisão estiver nas mãos de terceiros (concurso, eleição), o consulente sempre perderá, uma vez que somente ele é o senhor do próprio destino (volume 2, página 162).

COMO PERGUNTAR?

Observe atentamente se a situação ou a questão desejada é de ordem material, mental, sentimental, espiritual ou para todos os planos (volume 1, página 110). Entender a relatividade da questão é um passo importante na escolha de uma tiragem, pois a pergunta revelará a qualidade (elemento, atributo) do arcano para a resposta. Por outro lado, a técnica de abertura também terá certa relevância ao expor o lado "positivo" ou "negativo" de uma situação. Por exemplo, se a pergunta é objetiva e simples, como, "*Irei viajar ainda este ano?*", poderíamos escolher a tiragem Peladan, respondendo de acordo com os atributos materiais do arcano. Caso fosse uma análise geral, utilizaríamos a tiragem Roda Astrológica (Mandala) ou Grande Conselho, cujas casas (posições) detêm um atributo em particular. Não se preocupe com toda essa teoria, pois com o tempo e a prática isso se torna tão simples como andar de bicicleta. Com relação ao TEMPO de uma questão, ele está intimamente ligado a vários fatores — encontramos tiragens que dependem de perguntas e, outras, cuja temporalidade está implícita em alguma casa da tiragem (estudaremos melhor a temporalidade mais adiante). **Note e anote:** Elimine sempre a ambiguidade ou a imprecisão, inclusive a subjetividade. NUNCA pergunte ao oráculo se, por exemplo, *devo sair ou ficar em casa? Permanecerei trabalhando ou serei demitido? Comprarei ou não o carro? Ele quer continuar casado ou deseja o divórcio? Serei feliz neste namoro? Terei sucesso/alegria no meu trabalho?* — seja OBJETIVO, indague desta maneira: *Devo sair? Serei demitido? Comprarei o carro? Ele quer se separar? Vou casar com tal pessoa?*

Serei promovido este ano? Vejamos os três principais aspectos que envolvem uma escolha COERENTE para uma questão:

1. PERGUNTAS OBJETIVAS ATEMPORAIS

Os lançamentos para *perguntas* geralmente não têm direcionamento temporal explícito em suas casas, cabendo ao consultor acrescentar um "período" à pergunta, se desejar. Abordaremos neste primeiro item as questões que podem ser respondidas sem a importância de um tempo predeterminado. Por exemplo: *Serei promovido?* Por ser atemporal, a resposta vale até a conclusão do fato, não há projeção ou o fator possibilidade, a não ser que as próprias cartas determinem tal situação. O mesmo vale para: *Meu namorado me ama?* Pois se deseja algo do presente momento. Para esses casos, podemos empregar tiragens como: Peladan, Conselho.

Agora, observe o modo de perguntar:

- **Devo** (ter condição de, ser favorável) namorar fulano?
  Implica em um pedido de ***aconselhamento*** *e a resposta nunca revelará o que acontecerá.*
- **Conseguirei** (realizar, obter, possuir) namorar sicrano?
  Indicará o resultado final, uma ***previsão****, sua resposta é fixa, podendo haver algum aconselhamento relativo ao próprio arcano.*

2. PERGUNTAS OBJETIVAS TEMPORAIS

Ao se fixar em um determinado período, tanto o conselho quanto o resultado da pergunta valem somente para o tempo estipulado; contudo, alguns arcanos interferem no tempo (aceleram ou postergam). Por exemplo: *Serei promovido ainda <u>este ano</u>?* — se houvesse EREMITA, duplicaria o período; TEMPERANÇA, aumentaria em três ou quatro vezes; CARRO diminuiria um pouco (talvez uns 30%); RODA DA FORTUNA reduziria pela metade. Observe que os dois primeiros arcanos são lentos e, os dois últimos, rápidos[10] — tudo sendo relativo ao tempo questionado. PENDURADO, TORRE e JULGAMENTO negariam o período perguntado e não esclareceriam quando haveria a promoção. Podemos empregar tiragens como: Peladan, Conselho.

- **Devo** (ter condição de, como proceder, ser favorável) comprar o carro este mês?
  Sugere um pedido de conselho apenas para o período requerido e a resposta nunca será o que acontecerá.
- **Conseguirei** (realizar, obter, possuir) comprar o carro este ano?
  Indica o resultado final apenas no período solicitado, uma previsão, podendo ser seguido ou não de aconselhamento relativo ao próprio arcano, mas a resposta é fixa e conduz à conclusão.

3. ANÁLISE DE UMA SITUAÇÃO ESPECÍFICA

Aqui se refere a um conjunto de fatores agregados a uma única situação (casamento, saúde, viagem, trabalho etc.), mas sem uma questão objetiva. Geralmente a própria tiragem tem qualidade temporal implícita em alguma de suas casas, como veremos adiante; portanto, não necessitamos adicionar o fator tempo a essas questões. Assim, escolheríamos tiragens distintas se o consulente quisesse saber se venderia a casa naquele ano (pergunta objetiva temporal) ou desejasse saber do processo de venda da casa (situação específica); da mesma forma que deveríamos optar por técnica diversa ao perguntar se fulana gosta de beltrano (pergunta objetiva atemporal) ou ao questionar o relacionamento entre sicrana e fulano (situação específica). Vejamos mais exemplos para fixar bem as diferentes formas de perguntar e escolher uma técnica de abertura/tiragem. *A cirurgia*

10 Dúvidas? Releia o tópico *Vibração oracular*, volume 2, páginas 55 a 70.

que farei na próxima semana será benéfica? (pergunta objetiva temporal). *Como está a saúde de minha mãe?* (situação específica). *Viajarei para a Europa no mês que vem?* (pergunta objetiva temporal). *Como serão minhas férias?* (situação específica). *Meu marido é fiel?* (pergunta objetiva atemporal). *Como está meu casamento?* (situação específica). *Conseguirei pagar minhas dívidas este ano?* (pergunta objetiva temporal). *Como está meu trabalho/atividade profissional?* (situação específica). A análise de uma situação terá sempre um significado mais amplo do que a de uma pergunta. Podemos usar tiragens como: Cruz Celta, Estrela de Davi.

4. Exame geral, vários planos simultâneos

Neste caso, o questionamento do consulente não implica em pergunta ou em alguma situação específica, refere-se ao conjunto de áreas da vida pessoal como a vida material, a afetiva, a profissional e a familiar, tudo em uma única jogada. Existem aberturas que analisam todos os planos simultaneamente sem necessitar que ele pergunte ou exponha algo; essas técnicas contêm algum fator temporal implícito também. A maior parte dos tarotistas inicia uma consulta por esse tipo de lançamento, para depois detalhar (se for necessário) com algumas perguntas objetivas. Podemos empregar tiragens como: Roda Astrológica, Grande Conselho do Mestre.

COMO ESCOLHER A TIRAGEM?

A escolha de uma abertura também implica como se usará o tarô para esclarecer todos os pontos espirituais. *Ora* — o leitor deve estar pensando —, *não é somente embaralhar e lançar?* Respondo: Sim, mas existem diversas escolas e correntes de ensino que ora se baseiam em símbolos, ora em cabala, ora em mitologia, certo? Sem contar que alguns livros ensinam a lançar com os 22 maiores, outros com o tarô completo (78 cartas) e, dentre esses, ainda há variações (uns usam cartas invertidas e outros, não). No século XIX se pensava que quanto mais sofisticado ou mais metafísico fosse, melhor seria a resposta ou o "poder da tiragem". Mas atualmente temos a consciência de que o segredo de uma boa interpretação está na escolha da técnica mais adequada à questão formulada, pois cada caso exige uma abertura diferente. Será perda de tempo abrir o tarô completo para uma questão de *aconselhamento* turístico (Devo viajar no próximo verão?). Por outro lado, será inútil escolher apenas uma carta para analisar uma pergunta *complexa* (Por que ele não se casa comigo?).

A TIRAGEM OU LANÇAMENTO é a **chave do oráculo**, sendo o único veículo que dará expressão ao arcano. Tem-se dado demasiada importância ao significado dos arcanos e, como já explicado no capítulo anterior (*Geometria divina*), muito pouca atenção às técnicas de lançamento ou leitura. *Sem uma técnica de abertura correta não há interpretação segura do tarô.*[11] Ajustar a melhor tiragem para uma pergunta, situação ou análise geral é de suma importância para uma resposta rápida e apropriada. Por exemplo: se o consulente deseja saber sobre a venda de uma casa, devemos optar por uma técnica de questões simples (Peladan, Conselho etc.). Se ele não tem perguntas iniciais mas gostaria de saber da vida como um todo, seria melhor uma abertura da Roda Astrológica do que empregar a Cruz Celta (veremos nos próximos capítulos aspectos detalhados de cada uma). No entanto, se ele deseja apenas um conselho sobre como proceder em determinada situação, bastaria apenas uma carta.

> Ainda, acrescentando a premissa da escolha de uma tiragem, vale lembrar que qualquer abertura/método pode ser usada para toda corrente[12] de estudo (simbologista ou

[11] Aqui devemos separar o vidente ou o intuitivo do místico-esotérico em geral. Claro que existe aquele que consegue ler o tarô apenas com o plano mediúnico, mas esta não é a regra, sim a exceção.

[12] As correntes de estudo com o tarô surgiram entre o final do século XIX e início do século XX, uma trilhou mais para o tronco linguístico anglo-americano e germânico e outra permeou mais as línguas latinas e russas. Para maiores informações, releia o capítulo Gênese do Tarô, volume 1, páginas 335 a 377.

cabalista da escola francesa ou da inglesa) e quanto mais usar uma determinada tiragem ou linha de pensamento, mais habilidade terá naquela informação específica. Outro dado interessante é que as correntes de estudo também criaram formas de aplicar os 78 arcanos — uma faz uso do conjunto arcano maior e menor (aos pares na mesma posição) e a outra, não (a carta é individual na tiragem); uma das correntes emprega a leitura de carta inversa (embaralha em forma circular) e a outra, não (mistura em forma linear). Todas são usadas com resultados satisfatórios por milhares de tarólogos e tarotistas ao redor do mundo, de maneira que todas estão corretas. Veremos cada uma delas nos próximos capítulos. Na primeira edição desta trilogia (Editora Elevação: 2000-2003), criei alguns termos importantes para os leitores entenderem as técnicas de abertura e agrupamento de cartas que permeiam o mercado mundial do tarô, mas havia explicado muito pouco. Agora, nesta edição revista e ampliada (Editora BestSeller: 2012-2014), cada qual será apresentada em capítulo específico com as devidas elucidações, todavia aconselho o leitor a se especializar em apenas uma delas: o **método europeu** (página 143), o **americano** (página 177) ou o **italiano** (página 197).

COMO INTERPRETAR O ARCANO?

Temos agora o terceiro passo, a derradeira resposta. A posição no lançamento revelará o mistério simbólico. Observe a equação: PERGUNTA (QUAL ELEMENTO?) + POSIÇÃO DA CARTA (TIRAGEM) + ARCANO (TAROMANCIA) = **INTERPRETAÇÃO** . Entenda que o valor oracular de uma carta é a última informação (embora seja a primeira que estudamos!); o arcano vem revestido do sentido da questão (elemento/plano) e de sua posição na técnica de abertura escolhida (casa), e isso é que o faz mudar sensivelmente no âmbito da decodificação. Talvez por essa dinâmica peculiar se diga que "cada caso é um caso", uma vez que não podemos empregar uma única palavra ou uma simples consideração à carta como regra definitiva. *O arcano pode refletir centenas de possibilidades, mas somente durante a consulta a carta revelará sua verdadeira faceta.* Confesso que sempre tive essa dificuldade: o que falar dentre os inúmeros conceitos? Até que um dia, lá pelos idos de 1990, ao descobrir determinadas estruturas simbólicas (relatadas no volume 1 desta trilogia), passei a separar as palavras e os conceitos (escritos nos livros) em planos relativos aos quatro elementos (Terra, Ar, Água, Fogo), que, por analogia, se referem às condições MATERIAL, MENTAL, SENTIMENTAL e ESPIRITUAL. Nunca mais tive dúvidas e, desde então, tudo sai perfeito nas consultas.

Por exemplo: Enamorado, tiragem Roda Astrológica, casa 5 (a manifestação da carta está no plano sentimental). Então, a interpretação ocorreria com os atributos de *amor*, *afeto ou carinho* pelo parceiro. Nesse caso, não usaríamos atributo de outro plano, que expressaria um erro fatal na resposta (volume 2, página 113). Observe que essa mesma carta na casa 2 da tiragem Peladan indicaria a condição negativa para a questão formulada, ou seja, *desacordo*, *fracasso ou briga*. Todos os conceitos que *não* forem relativos ao plano analisado devem ser excluídos do contexto; portanto, seria um desacerto dizer no primeiro exemplo que "há dúvidas no amor" ou, no segundo caso, "que há escolhas a serem feitas". Atributos como "dúvida, escolha, indecisão, hesitação" somente serão pertinentes se a questão for relativa ao plano mental/verbal e, nesse caso, a carta deveria ocupar a posição 1, 3 ou 9 da Roda Astrológica.

> Tal divisão fez toda a diferença em minha carreira profissional. Se na década de 1980 eu tinha dificuldade em manter meus consulentes (pela falta de experiência), depois tive exaustão em atender tamanha demanda (trabalhava sete dias na semana!). Atualmente, tenho uma clientela que torna quase impossível a inclusão de novos atendimentos, e quando não posso ajudar, sempre indico pessoas em quem confio plenamente. Anseio que um dia isso também ocorra com você, leitor e amigo do tarô. Por essa razão, sempre ensino a metodologia dos quatro planos, acrescidas de informações de conselhos, obstáculo e inversão de valores. *O conhecimento deve ser compartilhado com todos, não entre e por um grupo de pseudoescolhidos*. Tudo o que se encontra nesta trilogia está baseado em minha prática profissional (desde 1983) até o lançamento da primeira edição desta obra pela editora Elevação (2000), e durante esse mesmo período realizei mais de 10 mil consultas, tive 1200 alunos em sala de aula e 6 mil on-line. Claro que as informações são oriundas dos grandes mestres do tarô, das dezenas de livros que estudei, mas encontrei muita opinião (prejulgamento) combinada com estruturas clássicas, que bloqueavam o verdadeiro saber. Já relatei no decorrer desta trilogia que nem todos que ilustram cartas ou escrevem sobre os arcanos são tarólogos ou tarotistas profissionais, sendo boa parte artistas ou entusiastas — mas nem por isso há demérito. Aponto tal fato para que estejamos sempre *alertas* com o que estudamos nos livros ou lemos em algum blog ou artigo on-line, sem adicionar a possível compra de um tarô "novo e revolucionário".

Durante o estudo ou uma tiragem, nunca tema a imagem de uma carta, uma vez que NÃO EXISTE ARCANO BOM OU MAU, POSITIVO OU

Pendurado
Drica Voivodic e Nei Naiff, 1999.

NEGATIVO. O livro mágico da vida — o tarô — só pode ser interpretado ou entendido durante a interpretação de um lançamento. O arcano somente adquire um *valor relativo ao destino* durante a consulta, nunca antes. O arcano em si, a carta desenhada, é meramente uma imagem, um símbolo sem poder algum até que se faça alguma pergunta. Então, embaralhamos, escolhemos e posicionamos na tiragem para obtermos a resposta. *A chave da interpretação é a pergunta e o lançamento que, juntos, qualificarão o atributo bom ou mau do respectivo símbolo-arcano*. Por exemplo, pode ser um ERRO dizer que PENDURADO conseguirá realizar seu objetivo por intermédio da resignação, que tudo é passageiro e que um dia será feliz pelo voluntarioso sacrifício! Observe sempre o atributo simbólico: o arcano 12 *nunca* conseguirá realizar nada no plano material, mental ou afetivo, somente no plano espiritual (volume 2, página 155).

Para entender melhor, observe as respostas com o PENDURADO:

1) Irei namorar a Maria? *Não*!
2) Estou na religião certa? *Sim*!
3) Os mestres espirituais irão me ajudar? *Sim*!
4) Minhas preces serão ouvidas? *Sim*!

Mas também, observe:

5) Vou me separar? *Não*!
   - Esse "não" é bem-vindo, não é? Quando se quer isso, é lógico! E quando se deseja a separação? Muitas angústias virão com esse arcano!

6) Vou ser demitido? *Não*!
   - Esse "não" é bem-vindo, não é? Quando se deseja isso, é claro! E quando se almeja a demissão? O consulente terá de pedir, pois o empregador não dará!

Mas, por que na hipótese da pergunta número cinco o consulente teria problemas se desejasse a separação e na número seis, não? Entenda o que envolve as questões: a quinta indagação depende do acordo de duas pessoas casadas, cúmplices na rotina e que lutam, cada uma, pelo próprio desejo; na sexta, nada impede que o empregado solicite a demissão. Quando analisamos as respostas, devemos ter consciência do que envolve a questão: sexo, idade, estado civil, tipo de profissão, status, religião, leis jurídicas (veremos isso mais adiante).

Analise rápida:

7) Vou me curar? *Não*!
8) Meu amigo será meu sócio? *Não*!

Reflita em mais este:

9) Antônio gosta de mim? *Sim, mas não pode ficar ao seu lado...*

O quê? Ele gosta de mim e não pode ficar ao meu lado? O amor vence barreiras! — se achar isso com essa carta, reveja o *Diagrama da Vida* retratado no primeiro volume desta trilogia (capítulo 3) e leia melhor o arcano 12 no segundo volume (página 149). O tarô analisa a vida real e não a que desejamos. O tarô responde o que for solicitado, por isso a "pergunta/questão" tem importância fundamental em um oráculo. Para finalizar, observe bem a semântica das duas **questões** e as referidas **respostas:**

10) Devo *ficar* em meu trabalho? Sim!
11) Devo *sair* de meu trabalho? Não!

A chave para interpretar corretamente o tarô se encontra principalmente na expressão **exata** de uma pergunta e da posição das cartas no lançamento. Afinal, se existem tiragens e questões diferentes para cada caso, e cada pergunta e tiragens encerra dentro de si outros princípios estruturais, por que lê-los aleatoriamente? A análise oracular está em "vestir" o arcano da determinada posição que ele ocupa no lançamento, devendo sempre ter em consideração a questão formulada. Se autores e instrutores de tarô estabelecem palavras-chave ou algum resumo, é apenas no intuito de direcionar a percepção para o conceito arquetípico mais apropriado ao arcano. Por isso, é preciso ter cuidado ao relacionar aquela posição com determinada manifestação do arcano, pois se fixar em um único atributo divinatório pode resultar em respostas equivocadas para o que foi perguntado.

BASICAMENTE, uma análise deverá seguir o seguinte raciocínio — SE A QUESTÃO OU A POSIÇÃO DA CARTA (NA TIRAGEM) SE REFERIR AO:

- PLANO MATERIAL (TER, elemento Terra — possuir, obter alcançar, ganhar), **então**, se reportará apenas ao atributo **material**[13] do arcano, *esqueça o resto!* Exemplos: irei me casar/namorar? Comprarei um carro? Viajarei? Pagarei a dívida? Serei promovido? Como está minha saúde? — Em tiragens com

[13] Dúvidas sobre a divisão dos elementos? Releia o tópico QUATRO ELEMENTOS, volume 1, página 107.

posições relativas ao dinheiro, trabalho, casamento, saúde, realização, contrato, compra/venda etc.

- PLANO MENTAL (SER, elemento Ar — pensar, planejar, comunicar, relacionar), **então**, se reportará apenas ao atributo **mental** do arcano, *esqueça o resto!* Exemplos: devo confiar em fulano? Tenho capacidade para competir? O que sicrano pensa? O que beltrano fala sobre mim? Meus planos estão corretos? — Em tiragens com posições relativas a planejamento, projetos, idealizações, relacionamento, expressão verbal etc.
- PLANO SENTIMENTAL (ESTAR, elemento Água — desejar, sentir, sonhar, conviver), **então**, se reportará apenas ao atributo **sentimental** do arcano, *esqueça o resto!* Exemplos: ele me ama? Como está a vida afetiva? Qual o maior desejo de sua vida? Existirá harmonia afetiva? — Em tiragens com posições relativas a amor, afeto, desejo, tipo de sentimento etc.
- PLANO ESPIRITUAL (FICAR, elemento Fogo — evoluir, harmonizar, transcender, autoconhecer), **então**, se reportará apenas ao atributo **espiritual** do arcano, *esqueça o resto!* Exemplos: serei compreendido? Tenho proteção espiritual? Existe perdão? Estou na religião correta para mim? — Em tiragens com posições relativas ao mundo espiritual, transcendental, religião, crença etc.

SIMULTANEAMENTE, se desejar, integre na leitura a ORIENTAÇÃO revelada pelos SINTOMAS ou pela ADVERTÊNCIA (TAROMANCIA, NÚCLEO), mas essa associação somente é válida para os ATRIBUTOS BÁSICOS, assim resolvidos:

- *Advertência* = conselho natural para o arcano, além do atributo específico.
- *Sintoma principal* = orientação e aconselhamento para atingir um futuro melhor.

- *Sintoma secundário* = possibilidade de acontecimentos caso não siga a orientação do sintoma principal, mas se deve evitar o máximo que isso ocorra.

Exemplo:

Temperança
Drica Voivodic e Nei Naiff, 1999.

(1) TEMPERANÇA (casa 2 da Roda Astrológica, consulente empregado). Analisamos pelo atributo material do arcano (casa 2, dinheiro): *lentidão na realização financeira, algo atrapalha os resultados desejados, dificuldades para comprar ou vender* (atributo material). *Deve-se ter paciência, manter o projeto, pois a realização vem em longo prazo* (advertência). *Apesar da dificuldade, tudo se organizará, siga em frente, não fique aguardando os acontecimentos, seja mais tenaz* (sintomas).

(2) TEMPERANÇA (casa 5 da Roda Astrológica, consulente casado). Consideramos o atributo sentimental para o arcano (casa 5, amor): *tranquilidade ou tédio afetivo, pouco*

libido ou entusiasmo sexual (atributo sentimental). *Deve-se ter ponderação, manter o casamento, pois a felicidade vem em longo prazo* (advertência). *Apesar do marasmo, tudo se aquecerá, siga em frente, não fique aguardando os acontecimentos, seja mais tenaz* (sintomas).

EXCEPCIONALMENTE, algumas tiragens contêm aspectos ou casas que não podemos classificar nos atributos básicos por se tratarem de conceitos complementares de uma consulta ou, ainda, de valores específicos de uma tiragem. Portanto, iremos acrescentar as seguintes e últimas classificações concernentes aos arcanos:

- Se a carta se encontra em uma posição **negativa** ou está **invertida**, *então*, se reportará apenas a essa condição, *esqueça o resto!*
- Se a carta se encontra em uma posição de **obstáculo** ou de **oposição**, *então*, se reportará apenas a essa condição, *esqueça o resto!*
- Se a carta se encontra em uma posição de **orientação** ou de **conselho**, *então*, se reportará apenas a essa condição, *esqueça o resto!*

Voltemos ao exemplo da carta TEMPERANÇA, agora para questões afetivas e com análise de ATRIBUTO DIVERSO:

(3) Peladan, casa 2 (negativo) — *indica que há discórdia, desunião ou volubilidade no presente momento.*
(4) Cruz Celta, casa 9 (obstáculo) — *falta de reflexão, dificuldade para entender os problemas, ansiedade.*
(5) Roda Astrológica, casa 12 (conselho) — *aceitar os limites do tempo, ter paciência e serenidade, não brigar nem discutir.*

PRESTE ATENÇÃO: se estiver usando o método americano, qualquer casa em que o arcano apareça invertido, a leitura será a mesma de uma casa negativa. Neste caso, surgindo na casa 5 da Roda Astrológica (amor), não a leríamos pelo atributo sentimental uma vez que a carta indicaria *discórdia*, *desunião*, *volubilidade*.

Em princípio pode parecer que tanto os aspectos negativos quanto os de obstáculo sejam muito similares, mas há uma grande distinção entre eles e ambos são extremamente úteis durante uma consulta. Entender essas análises é praticamente reaprender o tarô ou avançar em um estudo mais profundo.

- A carta que estiver **INVERSA** (com sua imagem ao contrário) ou em uma casa **NEGATIVA** (qualquer tiragem) revela que a situação ou a pessoa se encontra atuando em um aspecto oposto ao do atributo principal do arcano (ESSÊNCIA, DEFINIÇÃO). MORTE, por exemplo, indica que a questão está imobilizada, inerte, impossível de ser resolvida naquele momento; IMPERATRIZ sugere que existe desinteresse, negligência, futilidade ou vaidade. O uso dessa leitura é mais bem tratado na página 177 (MÉTODO AMERICANO); entretanto, os valores do atributo negativo ou invertido de cada carta já foi elucidado no volume 2 para todos os arcanos.

- A carta que surgir em casa de **OBSTÁCULO** revela que a situação ou pessoa não possui a força natural da carta (ESSÊNCIA, DEFINIÇÃO) e que seria fundamental assimilá-la para o equilíbrio da questão (neste caso, é obrigatório!). MORTE indica que existe falta de desprendimento, de resolver o passado ou ter novas perspectivas; IMPERATRIZ sugere falta de atenção e/ou preservação da causa.

- A carta que estiver em casa de **CONSELHO** revela que a situação ou pessoa deveria ter o comportamento natural da carta para o bem-estar da questão (neste caso, é livre-arbítrio). MORTE indica que é necessário fazer reformulações, solucionar o passado, planejar o futuro; IMPERATRIZ sugere manter o autocontrole sobre tudo, ter confiança em si.

Note e anote: Posição de "obstáculo" revela uma situação **existente**, perceptível e de cunho comportamental. Por exemplo, ao dizer "eu sei que a pessoa tem um gênio difícil", se reconhece o problema, mas não se pode resolver. Ao passo que posição de "conselho" sugere uma situação **inexistente**, não perceptível, mas seria conveniente assimilá-la. Por exemplo, ao falar "eu não sabia que era tão difícil", a pessoa assume que precisa se preparar para conviver com o problema.

Assim, aprendemos um passo importante na leitura das cartas ou no processo adivinhatório — classificar em que *elemento* se encontra a pergunta, encontrando o mesmo *elemento* na carta ou interpretando o atributo relacionado à posição que a carta ocupa em uma tiragem (PERGUNTA + TIRAGEM/POSIÇÃO + ARCANO = INTERPRETAÇÃO).

TEMPO E PREVISÃO

Um dos campeões de dúvidas (ou curiosidades) de estudantes é o **tempo** de consumação de sua leitura (conclusão, solução). Excetuando-se um bom clarividente, a tiragem de tarô obedecerá a certas regras para que se tenha uma noção aproximada do período futuro. Esqueça datas precisas, dia e hora, isso está nas mãos de poucos médiuns e, mesmo assim, eles não escolhem o que podem ver. A vidência é essencialmente autônoma, pois o mundo espiritual não avisa datas e locais ao sabor da vaidade humana. Então, como seria possível arriscar este precioso enigma: **quando se realizará?** Retornamos novamente às técnicas apresentadas, argumentações e muita, mas muita atenção na tiragem que for lançada.

Se tivermos perguntas, algumas já estarão com a temporalidade subentendida, como: *ele deseja se casar comigo?* — o tempo presente é muito claro. Colocar um período na pergunta (empregando uma tiragem apropriada) é o melhor modo de limitarmos a ação em um espaço-tempo como: *encontrarei alguém para namorar ainda este ano?* O segundo ponto a ser observado é que alguns lançamentos já contêm tempos declarados como as casas 6 e 10 da Cruz Celta, que representam seis meses futuros cada, totalizando um ano de previsão. Neste último caso, não se poderia perguntar "quando" por se tratar de uma técnica para analisar uma situação presente e sua trajetória em doze meses. Alguns lançamentos também revelam o passado, como a casa 1 e 5 da Cruz Celta ou as casas 1, 2, 3 e 4 do Grande Mestre. Também encontramos tiragens que analisam com maestria o presente, como todas as casas da Roda Astrológica, à exceção da casa 10, que indica a tendência/resultado futuro (no prazo de três meses). Existem tiragens que pontuam bem os acontecimentos de cada mês, como Mapa da Fortuna ou, ainda, entender o arcano-regente no lançamento Regência Mensal.

Dentro desses fatores podemos encontrar arcanos que, por sua natureza arquetípica, adiam ou antecipam fatos. Eremita, por exemplo, retarda e Carro abrevia. Então, Carro na casa 6 da Cruz Celta (cuja casa indica os acontecimentos para os próximos seis meses), além de indicar o progresso e boas realizações, revela que será em menos tempo. No entanto, se houvesse Eremita ou Temperança, indicaria que, advindo pequenos entraves e dificuldades, o processo se resolveria após os seis meses indicados, talvez doze ou dezoito. Também encontramos cartas que impedem o tempo, como Torre ou Morte, indicando não haver solução naquele período. Entenda que não temos obrigação de acertar datas, mas de fixar um provável tempo do acontecimento, nem antes, nem depois. Outras cartas são neutras, como Imperador, Estrela ou Mundo, que não modificam a temporalidade da tiragem ou da pergunta.

> **Note e anote:** O arcano somente interfere no tempo (para mais ou para menos) quando estiver em posições que indiquem *futuro*, *caminho*, *desenvolvimento* ou *resultado*, também a relação com perguntas que estabeleçam algum tempo; então, **NÃO** use essas características temporais em outras posições ou tiragens que não se relacionem diretamente com o *tempo*. Quais arcanos diminuem ou alongam

o tempo? Reveja VIBRAÇÃO ORACULAR, volume 2, páginas 55 a 70, com atenção especial aos tópicos *arcano lento* (prorrogação) e *arcano dinâmico* (aceleração).

PESSOA *VERSUS* ARCANO

Ao longo de minha carreira espiritual, tenho atendido às mais diversas classes sociais bem como a todas as faixas etárias. Com relação à condição social, não observei diferença na linguagem do arcano, uma vez que, tanto para um grande empresário quanto para uma faxineira, encontrava angústia ou felicidade idêntica em relação ao mesmo assunto. De forma semelhante, tanto fazia atender quem morasse em um condomínio de luxo ou em um bairro carente, localizava algo em comum na alma dessas pessoas. Sinceramente, em uma consulta de tarô, o *status* não era o que modificava a leitura de carta. Em questões afetivas, por exemplo, TORRE ou TRÊS DE ESPADAS identifica o mesmo tipo de sofrimento, independentemente da classe social! Da mesma forma que SOL ou DEZ DE COPAS revela alegria semelhante em pessoas ricas ou pobres.

Imperador
Tarô Clássico Nei Naiff.

Contudo, foi durante o atendimento em uma feira esotérica em 1990 que, em seis consulentes sucessivos com idade e estado civil diferentes, vislumbrei a estranha e sutil diferença na linguagem oracular, pois encontrei duas cartas na mesma posição dos seis lançamentos da Roda Astrológica! Primeiramente, interpretei o aspecto básico que havia apreendido, depois eles interpelaram, inserindo alguns pontos para que eu compreendesse melhor a situação. Ao final do dia, refleti sobre a coincidência dessas consultas (algo que sempre fiz para assimilar melhor as diversas tiragens); ainda, ao terminar, captei uma chave valiosíssima para entender o oráculo. Então, por um ano, passei a prestar mais atenção a tais aspectos em todos os atendimentos, que somaram mais de quinhentos naquele período de feiras místicas no Rio de Janeiro.

No entanto, foi em uma aula de prática da Roda Astrológica (Mandala), em 1992, que consegui expor esse conceito em razão de uma aluna achar "engraçadinho" o filho de cinco anos ter a carta IMPERADOR no plano mental (casa 1) e, depois, em outra abertura, ficar muito "preocupada" ao ver a carta LUA (na mesma posição) para o filho de 12 anos. Ora, foi nesse momento que realmente percebi a importância em compartilhar o conhecimento adquirido. Será que poderíamos considerar a mesma leitura ou aconselhamento com o arcano IMPERADOR para uma criança, um adolescente e um adulto? Aqui não se trata de mudar o valor da carta, mas de mensurar a relação **pessoa *versus* arcano**. Uma criança ou um adolescente teria competência/condição para ter um pensamento igual ao IMPERADOR: moralista, intolerante, autônomo, autossuficiente? Claro que não, algo estaria errado! Pois, no mínimo, teríamos uma criança birrenta, egoísta, inflexível, problemática, rude, sem educação. No entanto, para um adulto, aquelas características poderiam ser acolhidas sem maiores consequências. Após explicar essa analogia, minha aluna entendeu o que se passava com o pequeno filho e nos explicou que ele nunca aceitava "não" como resposta, quebrava os brinquedos quando não era o que desejava, gritava ou a empurrava quando não aceitava uma ordem.

Naquele episódio em sala de aula, com relação à **faixa etária**, ficou claro que uma mesma carta pode ser natural em adultos, mas inapropriada para jovens (o inverso é verdadeiro). Ora, uma pessoa de 40 anos, por exemplo, com atitudes opressoras ou pensamentos rígidos defenderia o próprio comportamento com base na experiência de vida; porém, uma criança de seis anos não teria consciência nem discernimento para manter tal conceituação — por isso, o IMPERADOR é bem colocado para um adulto, jamais para uma criança. No entanto, para esse mesmo adulto não seria admissível viver o arcano LUA no plano mental/verbal, uma vez que não conseguiria discernir o falso do verdadeiro, tornando a própria rotina um caos. Bem, já para um adolescente, viver essa mesma carta nesse mesmo plano, seria natural, uma vez que é comum um jovem ter algum conflito existencial ou confundir o certo com o errado, não é verdade? Também encontramos arcanos bem ajustados em ambas às faixas etárias: ESTRELA, MAGO e SOL, por exemplo. Porém, o que dizer do PENDURADO no plano mental? Simples: comum para crianças, anormal para adultos! Observe que mantemos o valor arquetípico da carta, o que estamos mensurando é *quem* a está vivendo. Ao analisar isso, você terá mais propriedade na interpretação e na orientação oracular.

Vamos um pouco mais além? Falemos, então, de **estado civil**, para o qual também encontrei diferença na análise. Será que um arcano teria a mesma intensidade para uma pessoa solteira e outra casada? Sentiriam e pensariam iguais no tocante a um relacionamento? Óbvio que não. Reflita: seriam iguais os deveres de um namoro de um mês e os de um casamento de igual período? Claro que o conceito de "relacionamento futuro" seria bem diferente entre esses pares. Se o arcano MAGO, por exemplo, significa o *início*, o *novo*, o *princípio*, então, para pessoas SOLTEIRAS, diríamos que há flertes, olhares, jogo de sedução, convites para sair. Mas o que falaríamos para quem já estivesse NAMORANDO? Talvez planos para o futuro afetivo, morar juntos, viajar em férias. E se fossem CASADOS? Bem, poderiam desejar filhos, nova viagem de lua de mel, melhorias na vida conjugal. A relatividade (consulente/carta) é de suma importância para uma análise segura, pois MAGO jamais busca algo diferente, sua tônica natural (sentido arquetípico) NÃO é ousar, tampouco terminar ou modificar o que possui. Não confunda algo "novo" com algo "diferente". Inovar não é abandonar. Essas características arquetípicas pertencem a outros arcanos. Uma análise mais apurada deste tema (estado civil) está no capítulo AMOR, neste volume.

E se o amor já revelou nuances sobre a leitura de um arcano, o que poderíamos falar quando o assunto for **dinheiro** ou **trabalho**? Novamente, devemos ponderar: *o consulente é contratado*, *autônomo*, *desempregado*? *O dinheiro advém de seus esforços ou de terceiros*? São detalhes que fazem a diferença em uma análise oracular. Vejamos: se uma pessoa tivesse um emprego fixo, então, a carta CARRO relevaria *promoção* (casa 6 da Roda Astrológica, por exemplo); contudo, se fosse desempregada, essa mesma carta indicaria uma *contratação*! Ora, para uma pessoa endividada: *pagamento do débito*; mas se não houvesse dívida: *melhoria financeira*. Agora, note que se fosse alguém aposentado, dona de casa ou estudante, diríamos que não há problemas financeiros ou que haverá um período de sorte. Vamos mais adiante? E se esse mesmo arcano estivesse inverso (em qualquer casa) ou em uma posição negativa para uma pergunta financeira ou profissional? Simples: *fracasso*, *perda*, *dívida*, *prejuízo* etc. Bem, observe como as simples palavras *vitória*, *progresso* e *desenvolvimento* se alteraram com a comparação.

SEGREDO DO TARÔ?

Você já deve ter entendido que a *posição* da carta no lançamento e o *perfil* do consulente são de suma importância para uma boa leitura oracular, certo? Então, nunca os menospreze! Estude, estude, estude! Entenda sua própria vida e a compare com o tarô!

Se eu fosse escrever todas as particularidades de uma carta, teríamos centenas de tomos para esta obra ou milhares de *terabytes* em um e-book. Sabe quantas possibilidades interpretativas existem ao usarmos os 78 arcanos em um lançamento da Roda Astrológica (Mandala)? Quase um septilião de combinações! Mas não é somente isso, pois, se abríssemos a Cruz Celta, teríamos mais outros diferentes quatro quintilhões! Seria impensável para qualquer ser humano "gravar" tais possibilidades, tampouco escrevê-las, pois demoraríamos décadas registrando! E, sinceramente, em mais de 25 anos de carreira, não me lembro de ter tirado todas as milhares de combinações possíveis, algumas nunca vi. No fundo, seria inútil tamanho estudo, razão pela qual aprendemos apenas o básico, noções claras de como usar, falar e desenvolver novas linguagens. Talvez, nesse ponto resida à famosa "intuição" ao descrever situações nunca detalhadas em livros, mas que descobrimos em algum arcano ao observar e raciocinar a lógica misteriosa. No fundo, tudo está lá, gravado nos símbolos, mas alterado de acordo com a idade, o estado civil, o gênero, o *status*, o tipo de pergunta, a posição na tiragem. Retome o estudo de INTRODUÇÃO À SIMBOLOGIA (volume 1) e, também, considere o próximo capítulo, no qual esmiuçamos melhor essas diferenças para alguns tipos de lançamentos. Como sempre digo, *o tarô é uma fonte inesgotável de estudos*!

EMBARALHAR E ESCOLHER

Você pode fazer uma consulta em qualquer lugar. Não existe um local específico ou mais importante para analisar as cartas; entretanto, quando a questão for muito complexa ou demandar muito tempo, aconselho a lançar em um ambiente tranquilo. Para tal, utilize sempre um tecido, de qualquer cor, sobre o local escolhido, por dois simples motivos — (1) para evitar que as cartas se sujem rapidamente e (2) para melhor visualização dos símbolos. Bem, ainda sobre o tecido, cada indivíduo deve escolher a cor que mais lhe for conveniente. Por exemplo: um médium dirá que o branco é melhor, um cigano talvez

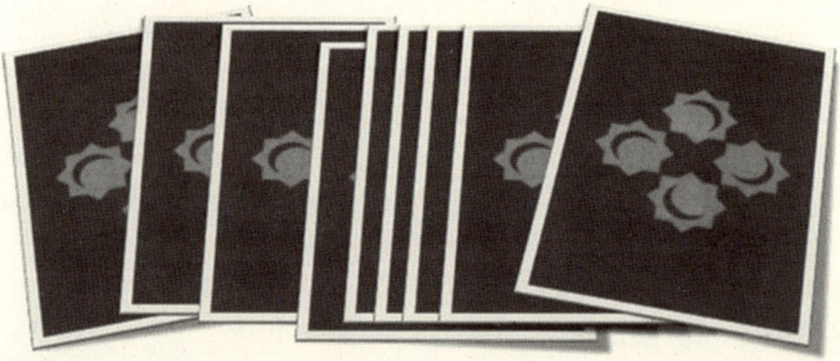

prefira a cor vermelha e um devoto dos mestres ascensionados quiçá escolheria a cor violeta. Use o que achar melhor, o que mais lhe for significativo, não há regras para isso. E se nada for importante, use o tecido que achar mais bonito! Xadrez, listrado, seda, veludo, algodão, tanto faz! O mesmo ocorre com os "famosos rituais do tarô" na lua cheia ou algo semelhante — não há preceitos, ninguém possui o poder de "consagrar" as cartas para torná-las mais "poderosas", uma vez que não será o papel desenhado o mais importante, mas sim a alma, o coração e o saber do tarotista. *A autoconfiança e o conhecimento ainda são o melhor caminho para evitar equívocos e dissabores. O estudo estimula a intuição, mas o contrário não é verdadeiro* — pense em tudo isso com carinho. Então, estando apto a abrir as cartas, devemos, antes de iniciar uma abertura para alguém, respirar lenta e profundamente, acalmar a mente e o corpo, não se agitar, tampouco ter pressa. É fundamental estar tranquilo para atendê-lo (caso esteja realizando uma consulta para si mesmo, inicie a partir do item 2). Entre em sintonia consigo mesmo. **Relaxe, seguindo a sequência:**

1. Explique rapidamente o que é ou qual a serventia do tarô.
2. Anote em uma ficha ou caderno os dados do consulente: nome, endereço.
3. Oriente-se, pergunte se é uma questão geral ou algo específico.

4. Escolha o método e a tiragem mais apropriados.
5. Pegue os arcanos do tarô.
6. Fixe a mente no que deseja.
7. Misture as lâminas calmamente e, enquanto embaralha, aproveite para relaxar a mente e o coração. Mantenha o tarô, de agora em diante, de modo que nem você nem o consulente vejam os símbolos. Deixe a imagem sempre virada para baixo.
8. Distribua os arcanos sobre a mesa, ainda voltados para baixo (denominamos: FECHADO), em linha horizontal ou em forma de leque, de acordo com a sua preferência.
9. Solicite ao consulente para escolher a quantidade de arcanos necessários para o lançamento escolhido. Essa maneira atribui maior idoneidade à leitura, pois o consulente não poderá dizer que escolhemos determinadas cartas ou manipulamos o lançamento.
10. Tenha o cuidado de arrumar a sequência da escolha de acordo com a sequência da tiragem escolhida (ainda com os símbolos fechados) — a primeira carta na primeira posição, a segunda carta na segunda posição, e assim por diante.
11. Recolha o restante dos arcanos, deixando-os de lado (fechado).
12. Todo esse "ritual de abertura" parece ser difícil ou demorado, mas não passa de **dois minutos** e é muito simples de ser executado.
13. O passo mais importante se inicia agora: analise o primeiro arcano, decodifique o simbolismo daquela posição de acordo com o atributo, explique a mensagem; depois, o segundo e assim por diante. Procure, nessa fase, *não abrir todos os arcanos de uma única vez*, há muitos símbolos e, geralmente, tendemos a supervalorizar os que julgamos melhores. No final, leia tudo de forma geral, se desejar.
14. Teve dúvidas? Passe adiante ou não tenha "vergonha" de consultar os livros sobre o assunto. Afinal, depois de as cartas

terem sido escolhidas, tudo se fixa na mesa: Sol é Sol, Torre é Torre, cuja interpretação é relativa à pergunta e à posição na tiragem.

15. Depois da interpretação, anote a formação do lançamento, a pergunta, a data. A importância do apontamento (*journaling* ou diário) se refere ao estudo prático do tarô ou, ainda, para manter um histórico do consulente. No início da prática ocorrem interpretações equivocadas ou, ainda, não entendemos as configurações. Mantendo um cadastro é possível, com o avançar do tempo, corrigir as leituras.
16. Terminada a consulta, junte todos os arcanos em qualquer posição. Não há obrigatoriedade em guardá-lo em altar, caixa especial ou lugares místicos. Lembre-se que esses são aspectos pessoais, escolha o que mais lhe convier; contudo, preocupe-se apenas em mantê-lo em um lugar seco e arejado para as cartas não deformarem.

CONSELHOS IMPORTANTES

- É preferível manter o plano intuitivo juntamente com o conhecimento técnico. Não devemos esquecer de que somos seres imperfeitos e complexos: pensamos de uma forma e agimos de outra, portanto, estamos sujeitos a falhas. Nossa mente objetiva está sempre interferindo na subjetiva e, consequentemente, em uma decodificação errônea dos símbolos. Se tiver dúvidas durante uma consulta, não hesite em consultar um livro!
- Não force uma leitura espiritual. É preferível uma interpretação curta, objetiva e concisa a uma longa, complicada e tendenciosa. Evite prolongar uma consulta, pois, na maioria das vezes, a interpretação é pequena mesmo. Tenha a humildade de compreender a natureza da vida: ela é simples, nós é que a complicamos.
- Para que falar de morte, separação, doença fatal? Mesmo que tenha absoluta certeza desses acontecimentos, apenas prepare

a pessoa fornecendo coragem e otimismo para a mudança que se aproxima. Enquanto houver esperança, encontraremos um caminho.

- Nunca existirá tarô "fechado" para o consulente. Quando não conseguir interpretar ou elucidar adequadamente uma questão, saiba que não estava preparado ou não conseguiu decodificar o símbolo. Observe se não formulou a questão de maneira errada, tente de outra forma ou adote outro método. Igualmente, se estiver lendo o tarô com a clarividência/clariciência, saiba que muitas vezes o oráculo se fecha para o próprio médium, jamais para o consulente! O tarotista-vidente ou o cartomante não estava preparado para entrar no mundo espiritual. Por essa razão, sempre prefiro as análises técnicas as intuitivas.
- Evite utilizar perguntas mentais do consulente (pensa que eu respondo!), pois raramente ele sabe como formular apropriadamente uma questão, podendo tornar confusa ou errada a resposta. Solicite que elucide de forma bem objetiva o que deseja e procure a maior precisão possível, evitando ambiguidade.
- Jamais tente adivinhar a condição social do consulente: estado civil, profissão, nome etc. O tarô nunca revelará isso! As cartas analisam tão somente o que for solicitado, os arcanos fazem parte de um alfabeto simbólico que deve ser interpretado a cada lançamento.
- Cuidado, o tarô é livre de dogma ou doutrina, é acessível para todo e qualquer indivíduo, independente de credo, gênero ou etnia. Médiuns ou céticos, intuitivos ou racionais, sensitivos ou ortodoxos, todos podem e devem aprender essa arte relacionada à vida humana.

Jamais se esqueça da seguinte equação:

PERGUNTA + POSIÇÃO + ARCANO = RESPOSTA
A pergunta ou situação se adapta a uma tiragem específica; os arcanos escolhidos estarão manifestados na área perguntada e posicionados em campos de ação na técnica de abertura. Não forneça uma resposta baseada unicamente no significado geral da carta (NÚCLEO), observe a posição que ocupa na montagem e sua relação com a questão/pergunta (ATRIBUTOS).

Lembre-se:

A tiragem (abertura) é a chave oracular para formar o livro do destino (a sequência das cartas escolhidas).

PARTE 2

MESA E UTENSÍLIOS

ACHO CURIOSO E ATÉ ENGRAÇADO QUANDO ALGUM TARÓLOGO OU tarotista não admite ser chamado de *cartomante*. Afinal, o tarô é ou não é um jogo de cartas para adivinhação? O que o faz diferente para ser dissociado dessa palavra? *Ah, cartomancia é coisa de cigano*! — É o que dizem. Replico: por anos os próprios ocultistas (místicos de carteirinha) e boa parte da literatura enfatizou que foram os próprios ciganos que trouxeram o tarô do Egito para a Europa (embora a história não confirme tal ideia). Então, por que tal desdém desses mesmos ocultistas? Ora, o que fazemos senão uma perfeita e bem sofisticada cartomancia? É ilusório pensar que os lançamentos/tiragens são orientação filosófica ou unicamente de autoconhecimento, eximindo o tarotista da situação chistosa de "adivinhador" (face ao mundo social) — isso reflete preconceito e autonegação. Acho bizarro (muito bizarro mesmo!) um astrólogo ou um numerólogo não aceitar o tarô ou apontá-lo, também, de forma jocosa ou, ainda, o próprio tarotista dizer que o tarô não é um baralho e que ele (o tarólogo) não faz "adivinhação"! Ora, o simples fato de empregar tais oráculos, comentando o estado emocional do consulente sem ao menos o conhecer, por si só já representa uma adivinhação — um ato mágico e misterioso baseado em análises simbólicas. Busquem a origem latina e a definição das seguintes palavras: *adivinhação*, *divinação*, *vidência*, *oráculo*, *presságio*, *augúrio*, *vaticínio*, *profecia*, *predição*, *cartomancia*. Sim, desejam mudar conceitos linguísticos para se sentirem mais confortáveis perante a sociedade inquisidora não esotérica, incluindo os próprios amigos e familiares. Costumam exortar: *para que falar que o tarô é uma arte adivinhatória ou oracular? É pejorativo, vamos dizer que é uma análise simbólica e somente para o autoconhecimento*! Concordo que **também** desenvolvemos tais definições durante uma consulta, que o aconselhamento é parte integrante de uma consulta e que o estudo desenvolve o autoconhecimento; no entanto, não podemos excluir a função primária do tarô: oráculo, divinação, previsão! Goste ou não do termo ou dos conceitos, tarólogos e tarotistas interpretam cartas ou baralhos, orientando ou prevendo. E, independente do que se pense dessa arte, ser CARTOMANTE tem reconhecimento dos órgãos públicos como atividade laboral. Você sabia? Não? Comecemos, então, pela *Organização Internacional do Trabalho*,[14] uma agência da Organização das Nações Unidas (ONU), que reúne representantes dos 183 países-membros para discutirem e elaborarem diretrizes das ocupações no mundo. Esse órgão reconhece, desde 1989, o *cartomante e afins* como atividade profissional para que cada país legisle a ocupação de acordo com sua Constituição. Ora, em pouco mais de um século saímos de uma condição "marginalizada" para sermos catalogados sob o código 5152 na *Classificação Básica Internacional de Ocupações* (ISCO), cuja pauta reconhece o serviço remunerado para cartomantes, quiromantes, astrólogos, numerólogos e qualquer outro que realize previsões e orientações sobre o futuro. Há muito mais preconceito social do que a ausência de um reconhecimento jurídico; no entanto, não podemos confundir "ocupação remunerada" com "profissão regulamentada". O primeiro se refere à produção de bens e serviços, no qual a própria demanda determina o processo laboral, como fotógrafo, modelo, vendedor etc. Já na segunda categoria estão aquelas definidas por lei e com uma regulamentação própria, de direitos e garantias, tais como advogados, médicos, taxistas etc. No Brasil, em particular, estamos a meio caminho. Em 2002, cinco anos após a revogação do Art. 27 do Decreto-Lei 3688, que proibia a predição do

[14] Acesse www.ilo.org.

futuro e práticas congêneres, o Ministério do Trabalho (por intermédio da *Classificação Brasileira de Ocupações*) passou a reconhecer o *cartomante*, o *vidente* e o *tarólogo* como ocupação remunerada (código CBO 5168-05), criando normas de conduta, ética profissional e abrindo espaço para uma possível regulamentação futura. Novos direitos e deveres podem ser revistos, agora sob o olhar da lei. Já pensou em se aposentar como tarólogo?[15] Goste ou não, aceite ou não, é fato que caminhamos para a organização jurídica de nossa profissão. Mais um bom motivo para estudarmos, uma vez que a CBO já determinou pré-requisitos à época da regulamentação profissional: Ensino Médio completo (antigo 2º Grau ou nível Colegial), acrescido de prática comprovada de cinco anos de atendimento ininterrupto (atestado de clientes ou de lojas místicas que o empregaram) ou duzentas horas-aulas (professor, escola esotérica, congresso, simpósio etc.). Calma, tudo isso ainda tramitará pelos órgãos públicos e *nenhuma entidade jurídica* ainda está apta a gerir nossa classe, tampouco qualquer grupo entusiasta de tarólogos — necessitamos de leis estaduais e federais para abrir um Conselho Regional, por exemplo). Em todo caso, não custa nada ir se preparando, não acha?

[15] Veja o caminho em www.neinaiff.com/leis (orientação válida somente para o Brasil).

MÉTODO BÁSICO

Tenho enfatizado ao longo dos últimos vinte anos, em cursos, palestras e livros (neste também), que os estudantes e escritores de tarô têm priorizado exaustivamente os milhares de possíveis significados dos arcanos, mas poucos têm refletido sobre como um lançamento modificaria a linguagem da carta. Estamos muito adiantados no processo semiótico de significação do arcano, mas inversamente atrasados no emprego dessas mesmas informações durante uma consulta. Em grupos on-line e mídias sociais, chegam às raias de calorosas discussões herméticas do que poderia expressar um arcano, sempre sofisticando com propriedade intelectual ou eloquente entusiasmo; no entanto, encontramos raros artigos ou livros expondo a prática taromântica, mesmo que para a simples autoajuda. Na última década temos visto algumas obras maravilhosas dedicadas às tiragens, mas também poucas têm relatado ou descrito o modo de empregar a linguagem do arcano durante um lançamento. Sugerem exemplos, mas não apontam como chegaram àquelas conclusões.

Vamos ser honestos: o significado básico (princípio arquetípico) dos 78 arcanos já foi bem construído pela geração de tarólogos-tarotistas do século XX. Ora, será que algum tarólogo-estudante ainda duvida que, na taromancia, o sentido elementar do arcano CARRO simbolize *progresso/realização* e o do arcano MORTE, *mudança/reforma*? Ou que essas mesmas cartas em uma posição inversa ou negativa de alguma tiragem apontem, respectivamente, *malogro* e *inércia*? É o que os mais de três mil livros escritos sobre o tarô (no mundo) têm dito quase de maneira unânime. Então? Tenho certeza de que a antiga geração de tarólogos-mestres já contribuiu com um significativo avanço no trato capital do tarô; agora, acredito que competirá aos futuros estudantes e profissionais explorarem tais informações, saindo de um campo hermético ou empírico para adentrar em uma área mais conceitual, objetiva e contemporânea. Vamos tentar?

A partir deste tópico, colocaremos em prática a TAROMANCIA e todos os saberes revelados nesta trilogia. Aprenderemos a filtrar os diversos atributos, empregando apenas o necessário durante a leitura, tendo segurança na interpretação. Leia atentamente todas as informações. Primordialmente estou classificando de MÉTODO BÁSICO qualquer lançamento que faça uso exclusivo dos 22 arcanos maiores e, sinceramente, todo tarotista-estudante deveria treinar por alguns meses essa técnica até que não precisasse mais ler o valor da casa de uma tiragem, tampouco o significado do plano analisado do arcano. Esse processo é importante para uma boa formação da linguagem oracular e domínio do atributo do arcano maior (principal) para, então, adicionar o do menor (auxiliar), fazendo uso de outros métodos mais elaborados. Nesse método, embaralhamos e escolhemos os arcanos e, caso surja alguma carta invertida, desvire-a; pois essa técnica será exposta mais adiante. Aprimore-se, entenda e siga em frente.

Tarô Clássico Nei Naiff

PORTAIS SAGRADOS (1)

O **portal** ao qual me refiro é a tiragem (abertura, lançamento, forma, *layout*) e não há outro modo de transpô-lo sem usar as seguintes chaves: PERGUNTAR, EMBARALHAR, ESCOLHER, MONTAR,

INTERPRETAR. No âmbito dessa abertura, o único momento sagrado, e diria até mágico, é o ato de embaralhar e escolher as cartas, não há nada mais valioso do que aquele instante profundamente revelador da existência de uma força espiritual superior. Acaso poderíamos mudar o símbolo ou a linguagem da carta após sua escolha? Nunca. Enfim, o restante das chaves pode ser realizado de maneira técnica, com certa intelectualidade e transcendência. Entenda: *um arcano sem uma direção oracular não tem expressão alguma e somente adquire vida quando exposto em uma abertura oracular.*

A parte estrutural das tiragens mais usuais será fornecida neste tópico, com exemplos somente com os arcanos maiores (para uma compreensão mais rápida e segura da tiragem e da formação de suas casas), depois, nos tópicos seguintes, retomaremos as mesmas tiragens com o tarô completo nos métodos *europeu*, *americano* e *italiano*. **Note e anote:** É fundamental dominar a característica de cada tiragem (função) e o significado exato de cada casa (valor). Pratique e decore a composição do lançamento. Esse entendimento deve ser tão autônomo quanto andar de bicicleta ou conduzir um veículo. Portanto, ao ler um arcano, saiba exatamente o valor da posição para entender rapidamente a direção de seu atributo (material, obstáculo, conselho etc.). Isso tornará a leitura mais fluídica, rápida e eficaz.

CONSELHO

Tiragem simples para orientação e aconselhamento em uma determinada situação: reflexão, autoanálise, meditação. Solicite o conselho, embaralhe e escolha uma única carta — esta tiragem não revela o que irá acontecer ou quais os resultados. A carta indica a atitude que o consulente deve assumir para obter o melhor em relação ao desejo; às vezes, a felicidade se encontra em ser perseverante ou não fazer nada, em outras, desistir seria o mais sensato. Toda vez que um lançamento apresentar uma casa específica para *conselho*, *desafio*, *carma* ou *orientação*, o arcano escolhido terá a mesma leitura: O MODO COMO O CONSULENTE DEVE SE COMPORTAR. Bem, é um conselho, não quer dizer que o consulente agirá dessa forma! Contudo, seria muito proveitoso e útil se ele pensasse a respeito. Vejamos vários exemplos taromânticos para uma mesma questão: *Devo comprar a casa da rua das Camélias, 57?*

The Tarot of Dürer
Lo Scarabeo, Itália.

a) IMPERADOR: Deve ser firme e objetivo na compra.

b) SOL: Deve ser otimista e continuar com o investimento.

c) JUSTIÇA: Deve ser cauteloso e reavaliar a aquisição.

d) TORRE: Deve desistir dessa casa e procurar outra.

- *Observe que estamos revelando conselhos e não acontecimentos; assim, se o consulente comprasse a casa sem atender aos conselhos ocorreria o seguinte: nos arcanos 4 e 19, absolutamente nada, pois o conselho foi para seguir adiante; no arcano 8, poderia haver problemas no financiamento, escritura ou com obras posteriores, pois o arcano sugeriu que o consulente observasse os detalhes da compra; já no arcano 16 haveria sérias dificuldades com o imóvel e lhe traria prejuízos.*

PEQUENO MESTRE

Baseado no triângulo e no pentagrama, não necessita de pergunta. Essa tiragem serve como orientação e aconselhamento para situações gerais do presente momento, mas não irá revelar os resultados, nem detalhar a origem. É uma abertura interessante para autoavaliação, também é apropriada como instrumento de busca do autoconhecimento. Sua validade é mensal. Observe nas ponderações a seguir como os mesmos arcanos têm linguagens distintas dependendo de sua posição e sua manifestação (leitura pelo ATRIBUTO de cada posição).

1 — MATERIAL: Como se encontra a vida material?
- Exemplos — SACERDOTE: *estruturada*; TORRE: *bloqueada*.

2 — MENTAL: Como se encontra o pensamento?
- Exemplos — SACERDOTE: *rígido*; TORRE: *desorientado*.

3 — SENTIMENTAL: Como se encontra o sentimento?
- Exemplos — SACERDOTE: *sincero*; TORRE: *decepcionado*.

4 — ESPIRITUAL: Como se encontra o mundo espiritual?
- Exemplos — SACERDOTE: *fervoroso*; TORRE: *fé cega*.

5 — CONSELHO: Como se deve proceder perante os planos apresentados?
- Exemplos — SACERDOTE: *deve se organizar*; TORRE: *deve se libertar*.

Vejamos um exemplo taromântico completo de um consulente que solicitou aconselhamento para o momento de vida.

CARRO revela que a situação material está em **desenvolvimento** e não há dificuldades aparentes. Contudo, esse crescimento material não é percebido corretamente porque a RODA DA FORTUNA indica que o consulente está com ideias **dispersas**, instáveis, sem um foco ou um objetivo que o ajude a prosperar. JUSTIÇA sugere que ele se encontra muito distante de tudo, **frio** e sem expectativas, não querendo se envolver com nada. TEMPERANÇA avisa que se encontra com **proteção** espiritual e nada de negativo irá atrapalhar sua vida, devendo aproveitar as oportunidades para resolver tudo o que deseja ao longo do tempo. O conselho relata que deveria se comportar como PENDURADO: manter-se calado, não tomar atitude alguma, **aguardar** os acontecimentos, não fazer nada.

Ancient Tarot Lombard
Lo Scarabeo, Itália.

- *As duas casas mais importantes, nessa tiragem, são as posições 2 e 3, que compõem o aspecto psicoemocional, a base de nosso estado de ânimo e motivação para todos os planos de vida. A posição 4 (espiritualidade) geralmente não é reconhecida pelo consulente, que muitas vezes tem uma autoimagem diferente da realidade praticada. Por exemplo:* Torre *indica fé cega que tende a prejudicar o ritmo de vida, mas o consulente acredita que está totalmente correto.* Imperador *sugere estar ausente do mundo espiritual, não professa ou pratica ato de fé algum, mas o consulente pode dizer que ele tem, sim, uma religião. No primeiro caso, há um excesso e no segundo, uma diminuição.*

GRANDE MESTRE

Baseado no quadrado, essa tiragem serve como orientação e aconselhamento para as situações gerais de um período. O sistema de análise dos atributos dos arcanos segue o mesmo padrão da tiragem anterior, esse lançamento é uma ampliação do tempo e a inclusão de uma previsão ou resultado das ações. *Ótimo como fonte de estudo direcionada para o autoconhecimento ou uma orientação holística para a vida*. Utilize 13 arcanos, montando na exata sequência numérica.

1, 2, 3, 4 — LINHA DO PASSADO.

- Equivale a aproximadamente três meses de acontecimentos.

5 — CONSELHO.

- O que fazer para equilibrar as situações atuais?

6, 7, 8, 9 — LINHA DO PRESENTE.

- O que se passa atualmente? O que vive?

10, 11, 12, 13 — LINHA DO FUTURO.

- Equivale aos próximos acontecimentos em um período de três meses.

As casas também terão os seguintes valores:
1, 6, 10 — Plano MATERIAL.
2, 7, 11 — Plano MENTAL.
3, 8, 12 — Plano SENTIMENTAL
4, 9, 13 — Plano ESPIRITUAL.

Medieval Tarot
Lo Scarabeo, Itália.

Instruções: leia por coluna vertical: 1-6-10, 2-7-11, 3-8-12, 4-9-13 e, por último, a carta de posição 5 (conselho), mantendo um ritmo de leitura como se um fosse o resultado da outro. Assim teremos, por exemplo, a leitura do plano material no passado/presente/futuro (entenda-se: como foram os três meses passados, como está sendo o mês em curso e como será o próximo trimestre). Também se deve observar na sequência vertical como se transforma o arcano de um período a outro. Ainda, na horizontal, leia o que havia no passado recente dos quatro planos, o que há no presente e o que haverá no futuro próximo. Analisemos um exemplo taromântico completo:

Mago, Roda da Fortuna, Pendurado (casas 1, 6, 10): no passado recente houve muitas **oportunidades positivas** no plano material, mas no presente momento estão **instáveis** ou o consulente não soube lidar com as chances ofertadas; no futuro próximo, o imbróglio atual tende a **não** se resolver, ocorrendo muitas dificuldades ou impossibilidade de alguma solução rápida.

- *Se na posição 10 houvesse o arcano 5, por exemplo, ele indicaria que a instabilidade presente iria se dissipar no futuro porque haveria certa organização, ordem e reclassificação.*

Estrela, Carro, Força (casas 2, 7, 11): no passado recente os pensamentos estavam bem **aclarados** com o desejo; atualmente, o planejamento ainda se encontra **determinado** em seu objetivo e tende a continuar no mesmo ritmo de **autocontrole** e boa administração.

- *Se na posição 11 houvesse o arcano 10, por exemplo, ele indicaria que a determinação e a confiança absoluta iriam se dispersar no futuro, mudaria de planos e se tornaria incoerente.*

Imperatriz, Lua, Enamorado (casas 3, 8, 12): no passado recente o plano sentimental se encontrava **alegre** e jovial; no presente, está profundamente **apaixonado**, com grandes expectativas e continuará sob este mesmo aspecto romântico e **amoroso**.

- *Se na posição 12 houvesse o arcano 16, por exemplo, ele revelaria que a atual paixão iria terminar brevemente, havendo grande decepção. Contudo, esse arcano é cármico, e também indicaria que sob o aspecto espiritual não poderia haver a continuidade... Coisas do destino...*

Sacerdotisa, Sol, Eremita (casas 4, 9, 13): no passado recente o aspecto espiritual estava em completa **devoção** e entrega com o destino; no presente, há continuidade da força espiritual e da **fé** que se estenderá para o futuro próximo com muita meditação e **sabedoria**.

- *Se na posição 13 houvesse o arcano 13, por exemplo, ele revelaria que a espiritualidade seria rompida surgindo o ceticismo e o questionamento sobre a existência de um verdade espiritual.*

Justiça (casa 5): esse arcano solicita muita **cautela** nas ações ou que se conjecturem as responsabilidades assumidas, pois se reporta à lei da causa e efeito. Sugere que seja mais **lógico**, tendo conduta imparcial, sendo um período de avaliar o todo e não o particular.

- *Essa casa é a última a ser analisada; contudo, antes de ser aberta, deve-se saber do consulente se deseja um aconselhamento geral ou particularizar para um determinado plano que foi analisado nas colunas verticais. No exemplo citado, essa carta talvez fosse melhor para o plano material que se revelou mais frágil, as outras colunas se encontraram em escala crescente de harmonia. Nunca se esqueça de que a casa de conselho indica o que o consulente DEVE fazer.*

ESTRELA DE DAVI

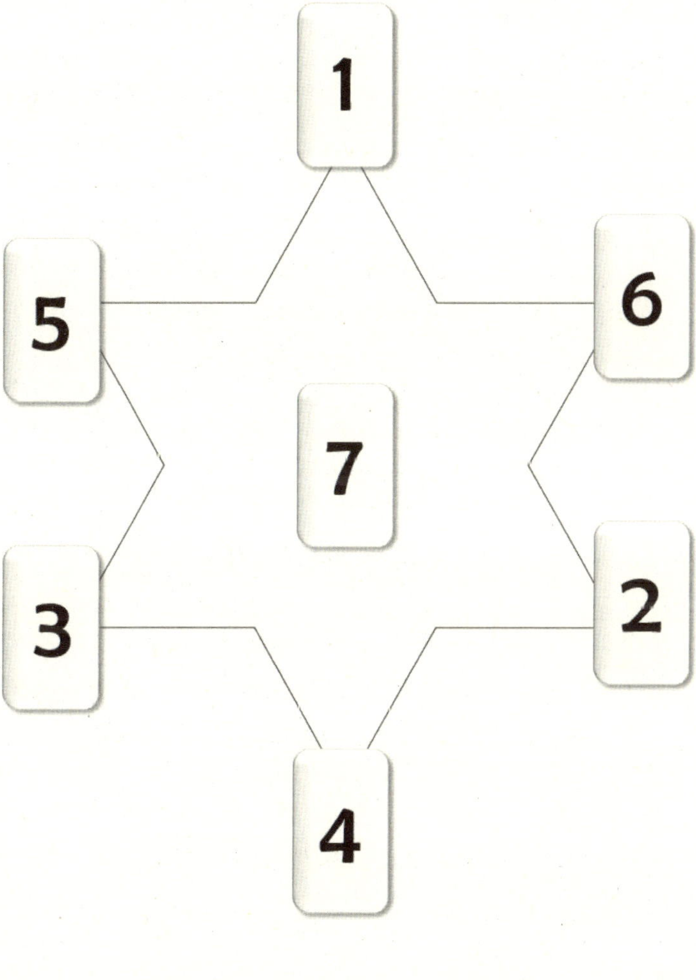

Estrutura baseada no triângulo e no hexagrama, essa tiragem necessita de uma situação específica para ser analisada (trabalho, relação, saúde, compra, viagem etc.). Abertura indicada para saber como um determinado evento se desenvolve e de que forma ele se relaciona com o destino da pessoa. Utilize sete arcanos. A leitura é realizada como se fossem dois triângulos entrelaçados: 1-2-3 (períodos temporais), 4-5-6 (fatos e questões envolvidas) e 7 (aconselhamento da situação).

1 — PASSADO da situação: como iniciou?

- *Lê-se o atributo/plano relativo à questão. Por exemplo, se for afetivo, devemos analisar o lado sentimental da carta. Então,* FORÇA *sugeriria que no passado havia amor e magnetismo. Se a questão for espiritual e houvesse o arcano* MORTE, *indicaria que no passado havia muito ceticismo e falta de fé.*

2 — PRESENTE da pergunta: como se encontra?

- *Atributo relativo à questão formulada.*

3 — FUTURO em longo prazo da pergunta: como ficará?

- *Atributo relativo à questão formulada.*

4 — PRÓXIMOS ACONTECIMENTOS, futuro próximo: o que ocorrerá?

- *Lê-se <u>sempre</u> o atributo material do arcano, por exemplo:* FORÇA *indicaria que no futuro próximo as situações permaneceriam em absoluto domínio e controle;* MORTE *indicaria que haveria mudanças de atitudes por parte do consulente.*

5 — INFLUÊNCIAS EXTERNAS, de terceiros ou do social.

- *Atributo material* (*sempre*).

6 — OBSTÁCULO. Qual o problema da situação?

- *Atributo obstáculo/oposição* (*sempre*).

7 — CONSELHO. Como deve agir?

- *Atributo orientação/conselho* (*sempre*).

Wheel of the Year Tarot
Lo Scarabeo, Itália.

Vejamos um estudo taromântico completo para um consulente que estava inseguro no casamento, desejava muitas respostas e perguntava contraditoriamente: *É melhor continuar casado ou devo me separar? Serei feliz, encontrarei outra pessoa?* Quando temos muitas perguntas para uma mesma questão é melhor analisá-la em tiragens para situações e não para perguntas. (O plano relativo das casas 1, 2 e 3 será o material, pois se refere ao compromisso social, a um contrato entre pessoas e não aos sentimentos delas).

ESTRELA (casa 1) indica que no passado havia muitas perspectivas e realizações no casamento, no qual a **harmonia** era parte integrante da relação. RODA DA FORTUNA (casa 2) revela que atualmente a relação se encontra **indefinida**, instável, sem perspectiva positiva, tampouco apresentando solução clara. TEMPERANÇA (casa 3) sugere que a tendência futura é a **conciliação**, certa trégua nos conflitos e permanência da vida matrimonial. Em resumo: continuariam casados, não haveria separação pelos feitos atuais, porém sem uma solução definida sobre a instabilidade atual.

MORTE (casa 4) revela que brevemente haverá, por parte do consulente, uma **mudança** radical de atitude e comportamento perante seu matrimônio. SACERDOTE (casa 5) indica que terceiros tentam ajudar a **organizar** o casamento, talvez alguma influência familiar em desejar o equilíbrio do casal, a reorganização familiar. IMPERADOR (casa 6) revela que o obstáculo do relacionamento está no **descontrole** sobre as opiniões (ambos desejam ter razão), falta de observação prática da situação matrimonial.

SACERDOTISA (casa 7) sugere que o consulente deve **refletir** muito sobre seu relacionamento e a forma como está agindo, que medite e reconheça suas necessidades e falhas pessoais para uma boa convivência; às vezes, é melhor se calar diante de adversidades ou aceitar a parceira exatamente como ela é, sem desejar qualquer mudança por parte dela.

PELADAN

Um dos raros lançamentos de origem conhecida, essa técnica foi desenvolvida pelo abade francês Josephin Peladan (1850-1915), fundador da Ordem Cabalística Rosa Cruz, em Paris, em1883. Baseado no símbolo da cruz, tiragem excelente para perguntas objetivas temporais, reporta-se às potencialidades presentes e futuras da questão formulada. Nessa técnica de leitura, uma de minhas preferidas, usamos cinco cartas, lendo a situação presente (1-2), o caminho futuro (3-4) e a visão do consulente (5). **Note e anote:** Durante o século XX houve variações dessa tiragem, com propostas oraculares ou terapêuticas diferentes umas das outras. Cada uma a seu modo, todas estão corretas; por isso, sempre observe os valores das casas, os significados e o uso a que foi recomendada.

1 — POSITIVO

O que está favorável para a situação atual?

- *Cuidado com a interpretação da palavra "positivo" no linguajar popular, pois essa casa se refere à condição de o atributo "existir, estar ativo ou operativo". Leia o atributo de acordo com o elemento da pergunta. Por exemplo: em uma pergunta de ordem material,* PENDURADO *indicaria que* ***existe impossibilidade*** *ou obstáculos intransponíveis no momento (qualidade positivada para a questão), talvez negasse a pergunta de imediato; se houvesse o arcano* CARRO, *revelaria que* ***há perspectivas favoráveis*** *no momento, tudo estaria bem direcionado, tendendo à realização.*

2 — NEGATIVO

O que não existe na situação atual?

- *Cuidado também com o vocábulo "negativo", uma vez que essa posição indica a condição de "não existir, estar passivo ou inverso". Leia sempre pelo atributo negativo/invertido. Por exemplo: voltando à mesma questão e às cartas anteriores,* PENDURADO *indicaria* ***não existir*** *problema algum ou obstáculo no momento (qualidade inexistente da questão), observe que nessa posição ele se tornou benéfico; já* CARRO *revelaria que* ***não há aspectos benéficos*** *no momento, não há determinação para que ocorra imediatamente, falta dinamismo — note que o arcano 7 se tornou prejudicial.*

3 — CAMINHO

Qual a direção que a questão tomará?

- *Essa casa mostra como será o desenvolvimento da situação do momento da consulta até a data solicitada. Leia o atributo de acordo com o elemento da pergunta. Lembre-se de que essa tiragem/lançamento necessita de uma pergunta objetiva temporal (uma data deve ser declarada, principalmente para situações de ordem material). Por exemplo:* Mago *revelaria que a partir daquele momento até a conclusão dos fatos haveria muita* ***expectativa*** *e desejo;* Temperança *indicaria que o desenvolvimento seria* ***enfadonho*** *e tedioso, mas sem nenhuma definição emocional em curto prazo.*

4 — RESULTADO

Como será o desfecho final da questão?

- ***Cuidado*** *ao observar o arcano dessa casa como superior aos demais porque nem sempre ele é atuante e verdadeiro. Leia o atributo de acordo com o elemento da pergunta. Portanto, não se iluda ao abrir* Sol, *pois poderá ser nulo, por exemplo, se na casa 1 ou 3 estiver* Pendurado *ou* Torre. *As casas antecedentes são como portas e caminhos para o tesouro, caso estejam fechadas, o tesouro estará distante ou é impossível de ser encontrado. Nunca deixe de observá-las!*

5 — SÍNTESE

Como o consulente se encontra perante a questão?

- ***Cautela*** *ao analisar a síntese como continuidade da casa 4 ou, ainda, o futuro (em outras tiragens similares, não há problemas). O arcano dessa posição somente revelará o comportamento ou o interesse (real) do consulente diante do que perguntou, é a origem da pergunta. Leia essa casa de acordo com o tópico* Núcleo *do arcano (estabelecido para cada carta no volume 2). Já presenciei vários lançamentos em que as casas 1 a 4 revelavam a concretização e na última casa (5) havia* Torre *ou* Morte, *significando que a questão seria uma mudança indesejada na vida da pessoa, e que ela estava ciente disso! Em outros, observei o contrário: os arcanos indicavam obstáculos e a última carta sinalizava que o consulente não iria desistir, como* Imperador *ou* Diabo.

Tarot of the Mystic Spiral
Lo Scarabeo, Itália.

Vejamos dois estudos taromânticos com os mesmos arcanos. Aproveite e observe a mudança de linguagem de acordo com a pergunta (elemento), pois cada uma delas se passa em um universo diferente (atributo material ou sentimental); estude um a um com o segundo volume (*Tarô, vida e destino*) e entenda qual a razão de os mesmos arcanos ditarem SIM e NÃO. (Este é um bom exercício para entender como uma pergunta ou tiragem modifica a linguagem da carta!)

Questão: *Estou noiva. Vou me casar no próximo ano?*
Resposta: **SIM** (caso siga a advertência do arcano 8)!

Estrela (casa 1) revela que a situação se encontra bem direcionada para a conclusão, os caminhos estão abertos para a **união.** Carro (casa 2) indica que existem **dificuldades** momentâneas em marcar o matrimônio, talvez falta de dinheiro ou dia e local desejado. As duas primeiras casas (presente) indicam que há vontade, mas falta algo importante para concluir o desejado. Justiça (casa 3) revela que a situação carece de melhor análise e **ponderação** dos fatos; esse arcano sempre aconselha que sejam seguidas as leis jurídicas e sociais para um resultado satisfatório. Imperador (casa 4) indica que o casamento se estabelecerá de acordo como **desejado** se observada a casa 3 (direção para o futuro). Sol (casa 5) revela que o consulente deseja ardentemente se casar, as bodas seriam sua maior felicidade! Poderíamos resumir que o consulente está no caminho certo para a **união**!

Questão: *Estou namorando. Ela me ama?*
Resposta: **NÃO** (não existe amor, somente amizade)!

Estrela (casa 1) indica extrema atenção e carinho, mas tendendo à **amizade** sincera. Carro (casa 2) sugere **falta** de magnetismo e desejo ardente, talvez tentasse gostar, mas não consegue. Justiça (casa 3) revela que não há/existirá amor, mas forte **amizade** (são solteiros), ela não deseja se envolver mais que o necessário. IMPERADOR (casa 4) aponta que não haverá amor, somente uma relação sem envolvimento emocional, fria e **distante.** SOL (casa 5) revela que o consulente deseja ardentemente que ela o ame, seria a maior felicidade (talvez ele a ame de verdade)! Poderíamos resumir que há forte **amizade** e consideração, mas não há amor ou paixão, tampouco haverá.

CRUZ CELTA

Tiragem utilizada para situações que exijam todas as possibilidades de análise, sendo ideal para negócios, finanças, saúde, relacionamento, trabalho. Sua abrangência torna possível esclarecer e orientar perfeitamente tudo o que envolve a questão formulada. Escolha dez cartas, monte o lançamento e leia na sequência dos blocos 1-2, 3-4, 5-6, 7, 8, 9 e 10. Basicamente, os arcanos das posições 1, 2, 3, 5 e 7 revelam informações que o consulente já sabe (são aspectos que vivencia); no entanto, as cartas das posições 4, 6, 8, 9 e 10 indicam situações de que ele ainda não tem ciência (ações futuras, sem percepção dos fatos, sem memória emocional). A linha de leitura 4, 6 e 10 revela o desenvolvimento da questão, a sequência do futuro no prazo máximo de um ano. **Note e anote:** Há muitas variações dessa abertura, e aqui apresento o lançamento mais antigo que conheço. Ele se encontra bem estruturado e sempre tive ótimo resultado/resposta para mim e meus consulentes, mas se preferir outra técnica, é preciso respeitar a formação mística.

1 — ORIGEM

De que forma a situação começou? Leia conforme o atributo da questão solicitada: casamento ou namoro (material), trabalho ou dinheiro (material), amor ou desejo (sentimental), profissão ou estudo (mental), relação afetiva ou amizade (mental), religião (espiritual), concursos ou provas (mental) etc.

2 — QUESTIONAMENTO

Por que está formulando a pergunta? Leia conforme o atributo mental (sempre).

3 — CONSCIENTE

Como o consulente percebe a situação? O que ele sabe? Leia conforme o atributo da questão.

4 — INCONSCIENTE

O que desconhece? O que não sabe? Leia conforme o atributo da questão.

5 — PASSADO RECENTE
Como estava a situação? (Até seis meses antes.) Leia conforme o atributo da questão.

6 — FUTURO PRÓXIMO
Como ficará a situação? (Até seis meses adiante.) Leia conforme o atributo da questão.

7 — CONSULENTE
Estado mental e emocional em relação à questão. Leia conforme o atributo mental e emocional, juntos (sempre).

8 — SÍNTESE
Como se desenvolverá nos próximos meses? Leia conforme o núcleo/definição (sempre).

9 — OBSTÁCULOS
Qual o principal problema? Qual a advertência? Leia conforme o atributo obstáculo/oposição (sempre).

10 — FUTURO
Como se desenvolverá após os seis meses da casa 6? (Mais seis meses.) Leia conforme o atributo da questão.

Exemplo taromântico de um consulente que *estava muito preocupado porque não conseguia vender sua casa. Queria saber quando conseguiria tal propósito, o que estava errado e por que ninguém desejava comprá-la.* Observe que poderíamos responder por intermédio do Peladan, mas o consulente deseja inúmeras respostas da mesma situação, sendo preferível usar a Cruz Celta (tiragem para situações complexas, que necessite de várias orientações).

Harmonious Tarot
Lo Scarabeo, Itália.

Torre (casa 1) e Roda da Fortuna (casa 2) — a venda do imóvel é originada de uma grande **dívida** que deve ser saldada ou, talvez, da necessidade de honrar algum sério imprevisto (16); o questionamento ao oráculo se faz em razão de o consulente se encontrar sem parâmetros de respostas, tudo é **indefinido** para ele, não há convicção da venda (10).

Imperatriz (casa 3) e Temperança (casa 4) — o consulente tem **certeza** de que venderá sua casa nas condições e valores solicitados (3); porém, o oráculo **adverte** que não será no prazo previsto e nem da forma como planeja. Muitos acertos ainda devem ser feitos antes de efetuar a venda (14).

Imperador (casa 5) e Eremita (casa 6) — no passado recente o consulente tem ofertado o apartamento de maneira **intransigente**, sob sua única necessidade, e talvez não tenha aceitado contrapropostas ou não tenha observado o ponto de vista do comprador (4); no futuro próximo, no máximo em seis meses, a venda ainda não se efetuará, haverá poucas visitas e muitos **obstáculos** nas negociações (9).

Estrela (casa 7) — o consulente está tranquilo e **esperançoso** de que venderá o imóvel do modo desejado, talvez esteja perguntando ao oráculo somente para confirmar seu ponto de vista.

- *Já teríamos elementos suficientes para perceber que ele se encontra obstinado em sua meta (Torre, Imperatriz) e sob o ponto de vista pessoal tudo acontecerá como tem solicitado (Imperador); contudo, a parte que desconhece e que o oráculo alerta é que ele não está vendendo, está impondo (Imperador); e também que deverá resolver problemas com o imóvel antes da venda (Temperança, Eremita), talvez o valor, a reforma, a documentação.*

Morte (casa 8) — o desenvolvimento da venda nos próximos meses terá **mudanças** significativas por parte do próprio consulente, talvez oferte propostas mais vantajosas. Essa posição deve ser analisada com a casa 6, então, a sequência Eremita-Morte nos fornece uma visão de **superação**, alteração de planos ou mudança de paradigma ao longo dos próximos seis meses. Caso encontrássemos Sacerdotisa nesta casa, não haveria solução imediata, tudo permanecia exatamente como se encontra.

MAGO (casa 9) — o principal **obstáculo** é a falta de flexibilidade, não há negociação ou criatividade na venda, talvez o consulente não queira colocar em uma imobiliária, anunciar em jornais, colocar cartazes na vizinhança ou no prédio onde resida; talvez tenha feito melhorias para disfarçar algum problema estrutural, mas os compradores estão percebendo o erro.

- *Não compete ao tarólogo adivinhar exatamente a situação ao lidar com os arcanos maiores (método básico), mas sim dar uma gama de opções relativas ao arcano e sua posição, a precisão somente viria com os arcanos menores. No caso, o arcano Mago, que é um gênio da negociação, se encontra bloqueado, com suas características negativas bem acentuadas.*

DIABO (casa 10) — após superar o obstáculo da casa 9 e as mensagens das casas 4, 6, 8, a venda se efetuaria sem problema algum, a **realização** é garantida em longo prazo, talvez de seis meses a um ano, não antes.

- *Muitas vezes as respostas não são totalmente afirmativas, tudo dependerá essencialmente da posição do arcano e sua respectiva mensagem. Nesse exemplo, o consulente ainda não vendeu o imóvel por causa do próprio comportamento; contudo, não quer dizer que quando houver cartas altamente realizadoras signifique uma atitude honesta e boazinha por parte do consulente. Muitas vezes, a pessoa está agindo desonestamente e o tarô simplesmente responde que conseguirá o que deseja, pois cada caso é um caso; o tarô não tem cunho moral, ele é universal!*

RODA ASTROLÓGICA

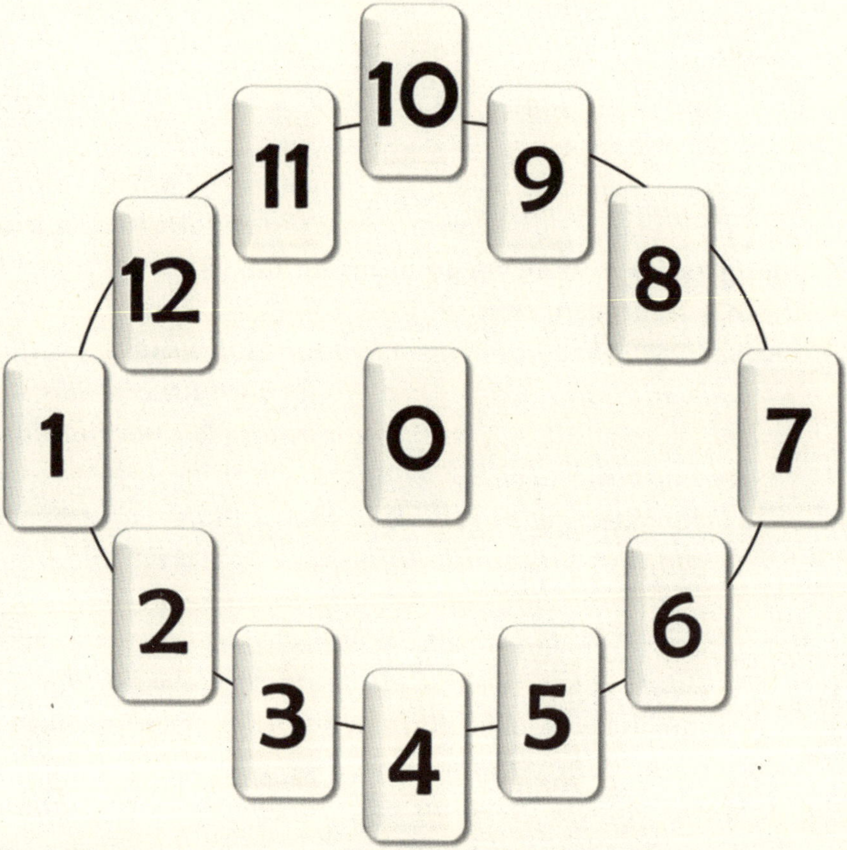

Roda Astrológica ou Roda Zodiacal é uma técnica de leitura adaptada da astrologia e amplamente usada desde o século XIX, mas não há necessidade de se estudar os signos zodiacais. No Brasil também é conhecida como *Mandala* (palavra hindu que significa iluminação, descoberta de si mesmo, *self*). Há diversas maneiras de aplicarmos esse conhecimento e cada casa zodiacal remete a dezenas de relações, mas são como camadas de interpretação, vários tipos de "rodas" ou engrenagens que trabalham em conjunto. Podemos fazer uma leitura para uma análise pessoal (que é a que nos interessa neste volume), uma análise empresarial (para autônomos), uma somente sobre saúde ou para os diversos membros de uma família (sendo necessários outros parâmetros). São infinitas as possibilidades. Contudo, é imprescindível dominar o conteúdo básico de cada posição para entender rapidamente o atributo do arcano. É uma das tiragens oraculares mais complexas e completas para o tarô, não necessita de perguntas, analise casa a casa por intermédio dos próprios significados em relação aos atributos da carta. Para essa tiragem, utilize 13 cartas, uma central e 12 ao redor, também há uma particularidade: todas as informações se reportam a um período aproximado de três meses.

Carta central — SÍNTESE
O caminho do destino para o consulente. O eixo central representa a atuação do destino sobre o consulente enquanto as casas restantes se reportam à conduta e situações que envolvem o consulente. *Leitura*: núcleo taromântico do arcano. Exemplo: Imperatriz — os caminhos da vida estão abertos e prósperos, tudo se encontra em desenvolvimento; Torre — os caminhos da vida estão em mutação, para tudo há obstáculos. Contudo, a análise dessa posição não se refere ao futuro do consulente, mas ao "caminho" que ele andará nos próximos meses enquanto tenta manter/construir a vida.

Casa 1 — PENSAMENTO ATUAL
Como está pensando e planejando a vida aqui e agora? Essa casa se refere unicamente ao plano mental no presente momento, as ideias que estimulam ou oprimem o consulente rumo ao futuro. Considere ser uma das posições mais importantes, pois alude às estruturas psíquicas que conduzem o dia a dia rumo ao futuro. Todas as outras cartas terão a casa 1 como força motriz e a casa 10 como moto-contínuo. Penso, logo planejo

e realizo! *Leitura*: atributo mental. Exemplo: CARRO — há um projeto bem determinado em conseguir algo; PENDURADO — há um projeto utópico, sonho irrealizável. No primeiro, aconselhamos a continuar com as concepções, e no segundo, a mudar urgentemente.

- *Para melhor leitura, é aconselhável ler as casas 1, 9 e 3 como ponto de partida, analisando a forma como pensa, planeja e se comunica. Na Roda Astrológica não há necessidade de ler casa a casa, passo a passo, como nas técnicas anteriores.*

Casa 2 — DINHEIRO

Como se encontra o aspecto financeiro? Essa casa se refere ao dinheiro circulante e disponível (orçamento), sem indicar bens e propriedades. *Leitura*: atributo material. Exemplo: SOL — indica que não há problemas financeiros; JUSTIÇA — sugere rever o orçamento, pois está solicitando cautela nos gastos.

- *Não confunda o desejo com a realidade, essa casa observa a condição financeira, nunca a satisfação ou insatisfação do consulente em relação às posses. Podemos fazer uma relação direta com a casa 6 (trabalho ou rotina).*

Casa 3 — COMUNICAÇÃO

Como está a verbalização e a expressão? O pensamento é expresso/articulado nessa posição; se a casa 1 é o cérebro, a casa 3 é a boca, e o melhor é fazer uma relação entre as duas casas. *Leitura*: atributo mental.[16] Exemplo: MAGO (casa 1) + SACERDOTE (casa 3) — o consulente está com muitas ideias novas, transmitindo de forma moderada, diplomática e social. Outro exemplo: IMPERA-

---

[16] O atributo mental é relacionado ao elemento Ar que, por sua vez, engloba tanto a elucubração quanto a comunicação ou a relação. Na explicação de cada carta, esse atributo contém essas duas análises. Havendo dúvidas estruturais, releia o volume 1, páginas 107 a 110, além do respectivo arcano que deseja analisar (volume 2).

DOR (casa 1) + SACERDOTISA (casa 3) — o consulente está com ideias bem determinadas, fixas, irreversíveis e não está dizendo nada para ninguém, encontra-se calado.

Casa 4 — LAR

Como está o lar, a residência? Essa posição se refere ao ambiente físico, à moradia, à rotina dos que vivem no mesmo lugar. *Leitura*: atributo material e sentimental. Exemplo: RODA DA FORTUNA — indica mudança de casa, venda, compra, reforma; todos estão ansiosos; ESTRELA — sugere que a casa está em ordem e a família está vivendo em harmonia.

- *Muitas vezes para elucidar melhor uma relação afetiva (casa 5 e 7) também analisamos essa casa em conjunto.*

Casa 5 — AMOR

Como estão os sentimentos? Essa casa se relaciona com a casa 7, ou seja, é o sentimento do consulente para com o parceiro: namorado(a), noivo(a), esposo(a). Jamais poderá ser analisada com aspectos extraconjugais, mesmo sendo solteiro(a), nem relacionamento passageiro. *Leitura*: atributo sentimental. Exemplo: TORRE — indicará decepção por parte do consulente em relação ao parceiro, altos e baixos afetivos, angústia, rancor; SOL — revela que ama profundamente o parceiro e se encontra romântica, carinhosa.

- *Se o lançamento for de uma pessoa solteira, o valor oracular se referirá apenas à condição de ela se encontrar "aberta" ou "fechada" a um novo relacionamento. Para maiores informações, reveja* VIBRAÇÃO ORACULAR *(volume 2, páginas 55 a 70). Exemplo*: TORRE — *fechado (arcano retrógrado) não deseja amar ou se relacionar*; SOL — *aberto (arcano realizador), deseja amar e se relacionar. Nesse caso, também se deve associar a casa 7 para verificar se poderá ou não encontrar alguém.*

Casa 6 — TRABALHO
Como está a profissão ou o trabalho? O ideal é associá-la à casa 2 (fluxo financeiro). *Leitura*: atributo material. Exemplo: CARRO (casa 2) + SOL (casa 6) — observamos um aumento dos recursos financeiros (Carro) oriundo, talvez, de uma promoção profissional (Sol), indicando também que o consulente está perfeitamente integrado ao trabalho, sendo muito capaz no que faz. Outro exemplo: TORRE (casa 2) + SOL (casa 6) — sugere prejuízos financeiros, dificuldades em saldar dívidas (16); contudo, haveria uma promoção, mas sem aumento salarial, somente por status profissional (19).

- *Dinheiro e trabalho são coisas distintas, pode-se ganhar muito e não gostar do ofício, ganhar pouco e adorar a profissão! Caso o consulente não trabalhe haverá duas possibilidades de análise. (1) Se procurar alguma ocupação, verifique a qualidade do arcano em abrir os caminhos ou algo similar. Exemplo:* MUNDO — *trabalho chegando, realização em breve;* PENDURADO — *dificuldade em arrumar algum emprego por três meses (tempo natural de previsão dessa tiragem/lançamento). (2) Se for estudante, aposentado ou alguém que não necessite trabalhar, a linguagem somente tenderá às condições da rotina. Exemplo:* MUNDO — *período positivo, repleto de realizações.* PENDURADO — *dificuldade na organização diária, impossibilidade da ação desejada.*

Casa 7 — PARCEIRO
Como está o outro em relação ao consulente? Essa casa se refere a(o) namorado(a), noivo(a), esposo(a), todo tipo de relacionamento afetivo social e fixo. Não devemos ler essa casa/posição para envolvimentos provisórios, sem base emocional e, inclusive, alguma relação extraconjugal. No caso de o consulente não ter parceria fixa, essa casa deve ser analisada com uma tendência a um

envolvimento próximo. *Leitura*: atributo mental. Exemplo: para um consulente casado, o arcano PENDURADO indicaria que o parceiro se encontra com dificuldades de se relacionar, esperando que o próprio consulente se comporte de outra maneira. Se fosse um consulente solteiro com o mesmo arcano, revelaria que não encontraria alguém nos próximos meses, que haveria dificuldades para se encantar por uma pessoa.

- *Outro dado importante para o consulente solteiro é observar o arcano que se encontra na casa 5 (amor). Exemplo:* JUSTIÇA *(casa 5)* + MAGO *(casa 7) — há indicação clara de que o consulente será pedido em namoro; porém, seus sentimentos frios e distantes não aceitarão a proposta. Também, para um consulente casado poderiam ser usadas as mesmas associações: o parceiro quer melhorar o relacionamento fazendo novas propostas, mas o consulente não deseja conversa, está distante do afeto.*

Casa 8 — ALMA

Como se encontra o registro emocional da vida? Nesta casa analisamos o estado emocional que o consulente não deseja tornar público, situações relativas ao passado ou expectativas futuras, como algum conflito, esperança, desejo etc. *Leitura*: atributo sentimental. Exemplo: MORTE — indica que há muito sofrimento gerado ao longo dos últimos meses; também, desconforto emocional, mágoa e rancor. EREMITA — descreve que se encontra em paz consigo mesmo, tendo autoconfiança; solução emocional de problemas antigos, causando alívio e equilíbrio interior. Em ambos os casos, as condições não são reveladas a terceiros, tampouco comentadas, sendo algo pessoal e particular.

- *A casa 8 (o plano sentimental interiorizado) é expressa na casa 5 (plano sentimental exteriorizado). Então, a casa 5 obtém dupla análise/sentido: o afeto pelo parceiro e a expressão emocional pela vida (que geralmente andam juntas). Exemplo:* Eremita *(casa 8)* + Sacerdotisa *(casa 5) — indica que o consulente está introspectivo e analisando como resolverá os problemas afetivos, há um sentido de tristeza e ressentimento sendo elucubrado. Mas há casos em que a casa 8 revela alguma decepção antiga* (Torre *ou* Pendurado, *por exemplo*), *mas a casa 5 indica um estado radiante e feliz* (Sol *ou* Imperatriz, *por exemplo*), *sugerindo, então, que as mágoas não interferem na rotina e na vida presente, mas o consulente continua com seu caráter emocional oculto.*

Casa 9 — PROJETOS

Quais os planos futuros, o que deseja em longo prazo? Nesta casa analisamos as expectativas do consulente, o que ele aspira de sua própria vida, algo pessoal e intransferível, como ter uma profissão, viajar. A casa 1 é o planejamento para o presente momento e a casa 9, para o futuro em longo prazo, devendo ser analisadas em conjunto. *Leitura*: atributo mental. Exemplo: Torre (casa 1) + SOL (casa 9) — revela que houve uma grande decepção e perdas irreparáveis, por isso se encontra frustrado e confuso (16); contudo, mantém os ideais e projetos futuros com muita clareza e otimismo (19). Outro exemplo: Imperador (casa 1) + Carro (casa 9) — tanto os planos atuais quanto os futuros seguem uma única linha de raciocínio: vencer ou vencer, havendo convicção e objetividade no que planeja!

- *A casa 9 também pode ser analisada como ESPIRITUALIDADE (Qual o sentido da fé ou da esperança na vida?) e nesse caso em particular, lemos o atributo espiritual. Exemplo:* Sol *indica esperança, forte intuição e proteção;* Carro *sugere mediunidade, poder mágico e controle mental.* LEMBRE-SE: há duas leituras distintas.

Casa 10 — FUTURO

Qual o poder de realizar os planos brevemente? (Sempre em um período aproximado de três meses.) Nesta casa observamos a finalização das metas ou a continuidade de situações reveladas nas outras casas do lançamento, devendo ser considerada como um moto-contínuo para o estágio seguinte (mais três meses adiante). *Leitura*: atributo material. Exemplo: IMPERATRIZ — indica que tudo se desenvolverá como desejado, haverá prosperidade e tudo se resolverá da melhor forma possível; TEMPERANÇA — revela que nos próximos três nada mudará e tudo ficará inalterado, sem solução imediata; seria como obstáculos transponíveis em longo prazo. JULGAMENTO — complementa que algo inovador surgiria no destino, havendo mudanças e surpresas que ajudariam a solucionar algo importante de modo inesperado.

- *Essa é uma casa-chave para interpretar todas as outras. Exemplos:* TORRE (*casa* 6) *e* SOL (*casa 10*) — *os aborrecimentos profissionais não trazem consequência grave, tudo será resolvido em breve, a sorte está no caminho.* TORRE (*casa 5*) e PENDURADO (*casa 10*) — *o sofrimento, a decepção e o rancor se manterão nos próximos três meses, talvez até aumentando de intensidade. Será necessário procurar ajuda terapêutica.* RODA DA FORTUNA (*casa* 2) *e* SACERDOTE (*casa 10*) — *a instabilidade financeira está no fim, nos próximos meses tudo se reorganizará, novos acordos e soluções irão aparecer com muita satisfação.*

Casa 11 — AMIGOS

Como se encontram os amigos em relação ao consulente? Essa casa indica o convívio social, a relação com o meio ambiente externo ao lar (casa 4), a rede de amigos. *Leitura*: atributo mental. Exemplo: JULGAMENTO — indica que surgirão novos amigos ou que está havendo uma renovação social. Estrela — revela que os amigos são sinceros, não haverá nenhum problema nos próximos meses.

Casa 12 — CONSELHO

O que se deve aprender nesse período? Esta casa não revela nada do que acontecerá, mas sim o que o consulente deve fazer, aconselhando uma postura pessoal. *Leitura*: atributo orientação/conselho. Exemplo: Torre — sugere que o consulente mude radicalmente de atitude, não importando a quem possa doer, tomando um posicionamento mais radical (do que fora apresentado na tiragem). Sacerdotisa — indica que faça uma reflexão profunda do que deseja ou se mantenha distante das situações, nada poderá fazer diante de qualquer situação que o lançamento tenha revelado. Sol — solicita que tenha otimismo, seja fervoroso e acredite em si mesmo; também que não se abale nem tenha medo diante das situações apresentadas naquele momento. Bem, na realidade o consulente está se comportando de forma oposta: no primeiro ele é orgulhoso e rígido; no segundo, muito impulsivo ou falante; no terceiro, extremamente pessimista ou inseguro. Reflita sobre essas análises. Vejamos um estudo taromântico completo.

- *Consulente masculino*, *45 anos*, *casado*, *trabalhando*.

Ancient Italian Tarot
Lo Scarabeo, Itália.

Síntese — Justiça

Indica que, no período de três meses, o consulente se encontra sob os eflúvios cármicos, solicitando muita cautela nas ações e nas palavras, sendo época de **responsabilidade**, que será cobrada pelo meio social. Os caminhos estão abertos, pois esse arcano não nega nada, mas adverte sempre para a conduta e o bom senso.

Casa 1 — Sacerdote

As ideias se encontram **rígidas** e determinadas, sabe o que deseja e da forma como estruturar. Não admite que ninguém pense o contrário dele, como também tentará impor sua conduta aos outros; inclusive, talvez, nem siga os conselhos que o tarotista forneça durante a consulta. *Essa carta indica que o consulente tem uma forma muito ortodoxa de pensar, não admitindo outra opinião.* Veja também as casas 9 e 3, nessa sequência, para completar a análise psicológica do momento.

Casa 2 — Força

A vida financeira está controlada, o orçamento está sendo bem **administrado**; contudo, revela que não terá grandes avanços ou melhorias, somente o domínio sobre o que possui. *Não há dívidas, nem terá aperto financeiro nos próximos três meses.*

Casa 3 — Temperança

A expressão e a comunicação estão bem **moderadas**, tendendo ao silêncio. Com atitude polida e educada, está sempre ouvindo os problemas alheios, mas jamais fala realmente de si ou de seus planos de vida. Pensa perfeitamente (arcano 5), mas não se comunica corretamente (arcano 14). Nesse ponto já observamos que o consulente ouve os conselhos ou as novas ideias (Temperança), mas nunca assimilará nada além de suas convicções (Sacerdote). Podemos resumir que é inflexível e determinado; assim, já extraímos um conselho: *deve entender o ponto de vista alheio, aceitar novas opiniões e reorganizar projetos.*

Casa 4 — Sol

O lar se encontra **harmonioso**. Tanto o aspecto físico da casa quanto a convivência em família estão plenas. Observe que a análise desta posição é sempre no trato das relações familiares, independente do que cada membro pense ou deseje. Nesse caso, o arcano 19 revela que todos respeitam as opiniões uns dos outros.

Casa 5 — SACERDOTISA

Este arcano revela que o consulente se encontra **carente**, magoado por situações recentes no convívio afetivo; contudo, nada revelará, permanecerá com esse sentimento guardado até que a companheira perceba o que está ocorrendo. Os arcanos das casas 1 e 3 revelaram que o consulente não comenta sobre o planejamento e, agora, nem sobre o que sente; entretanto, mantém um diálogo educado e polido (Temperança) tanto no social quanto em família (Sol).

Casa 6 — ESTRELA

A situação profissional do consulente se encontra bem estruturada e caminha para o **sucesso**. Tudo o que deseja tende a se realizar, inclusive alguma promoção futura. A rotina se encontra bem equilibrada; talvez pudesse acrescentar que ele é bem-visto no ambiente de trabalho.

Casa 7 — IMPERADOR

A companheira tem uma conduta muito racional e ríspida, tendendo à **intolerância**, mas são parecidos no procedimento moralista e no comportamento inflexível.

- *As casas 1 e 7 formam o* EIXO DO RELACIONAMENTO; *assim o encontro* SACERDOTE *e* IMPERADOR *também revela que ambos sabem dos limites da relação afetiva; contudo, Imperador tende a ser opressor e determinado. Nesse encontro se entende o porquê dos sentimentos de mágoa do consulente* (*Sacerdotisa*), *uma vez que o Sacerdote é por demasiado polido para enfrentar uma discussão, ele prefere resolver com calma e com o tempo.*

Casa 8 — RODA DA FORTUNA

A alma se encontra muito agitada e **ansiosa**; os sentimentos interiores estão por demais instáveis (um dia está em paz, mas, no seguinte, nervoso); esse arcano revela que há muitos desejos incoerentes, fora da realidade, talvez sendo alimentado pela rigidez mental (casa 1). Em uma análise em conjunto com as casas 1, 3 e 5 (aspectos psicoemocionais), podemos deduzir que o consulente tem uma aparência cândida, suave, aparentemente compreensiva e calma; contudo, está estressado, talvez gostasse de ser diferente, mas não sabe como fazê-lo ou, ainda, deseja resolver o problema afetivo, mas não sabe como. Somente no ato da consulta poderíamos tirar algumas conclusões.

Casa 9 — Eremita

Os projetos e as metas em longo prazo estão bem estruturados e **ajuizados**, revelando o equilíbrio para com a vida futura. Espiritualmente, indica mediunidade, sabedoria e busca de iluminação interior.

- *Considere as casas 1 e 9 como conceitos-chave para orientar o caminho do cliente, uma se refere aos pensamentos presentes e a outra se projeta ao futuro. Embora sejamos motivados pelos sentimentos e desejos, é no plano mental que nossa vida se organiza, é nele que destruímos ou criamos metas. Assim, o Sacerdote na casa 1 e o Eremita na casa 9 revelam que o consulente tem um planejamento perfeito da vida, devendo apenas aprender a ser mais flexível; no entanto, jamais deve mudar os objetivos. Também observe que nesta casa há duas leituras distintas: projetos e espiritualidade.*

Casa 10 — Carro

Nos próximos três meses, os objetivos e as situações que o envolvem tendem a uma solução ou ao **desenvolvimento** satisfatório, uma vez que o sucesso e a vitória se aproximam pelo esforço pessoal. O *atributo material* (casa 2 e casa 6) está bem relacionado, deve haver uma melhora para o lado profissional no período estabelecido pela casa 10 (três meses). O *atributo afetivo* (casa 5, casa 7 e casa 8) está desarmônico, pode haver soluções, mas elas dependerão essencialmente do consulente.

Casa 11 — Morte

Indica que está mudando de círculo social e se **afastando** dos amigos antigos, talvez os esteja magoando sem ter consciência disso, pois o arcano 5 na casa 1 e o arcano 14 na casa 3 revelaram que ele é educado, mas ausente da vida alheia. O arcano 13 é muito dinâmico, rude e áspero no trato social; assim, os outros podem não entender a razão desse afastamento (somente o consulente poderia dizer). Observe que esta casa diz da relação dos amigos em relação ao consulente, mas o arcano 13 dita (sempre) atitudes do próprio consulente.

Casa 12 — Diabo

O consulente deve aprender a **lutar** mais pelos objetivos, buscar maior prazer na vida, falar aquilo que realmente pensa e deseja. Geralmente, depois de analisada toda a tiragem e posição das cartas, torna-se óbvia a mensagem da casa 12. Esse lançamento revelou que ele está certo no que pensa e deseja, mas está muito intransigente e um pouco apassivado. Necessita falar mais sobre si mesmo, desabafar sobre seus problemas, não querer ser o modelo social de tudo. Deve aprender que errar é humano, ninguém é perfeito; no entanto, sugere que seja mais ambicioso, sagaz e dinâmico.

MÉTODO EUROPEU

Meu caro tarólogo, se não houvesse necessidade de se aprenderem os arcanos menores, se não tivessem utilização alguma, os eruditos-ocultistas já os teriam eliminado do conjunto em algum momento de seus mais de **200 mil dias** de existência histórica! Os arcanos menores são essenciais para o perfeito estudo do autoconhecimento, para a consulta oracular ou até para alguma análise *psicologizada*[17] da cartomancia. Nesta trilogia, preocupei-me em esclarecer a importância da estrutura do tarô, que arcano algum se encontra aleatoriamente em uma posição numérica ou sequencial-22 arcanos principais = ideia/conceito; 56 arcanos auxiliares = forma/manifestação. Utilizar os arcanos menores não é uma tarefa muito fácil, eu sei, mas é o caminho mais seguro para o tarotista; contudo, não podem ser lançados sozinhos (sem os arcanos maiores, em conjunto). Aconselho um estudo mais profundo e uma leitura mais elaborada dos 78 arcanos apresentado no volume 2 desta trilogia (*Tarô, vida e destino*), pois há inúmeras observações e dicas em todos eles. Para expressar com exatidão o valor de um arcano maior/principal, observamos, anteriormente, a necessidade de se entender o plano (atributo, manifestação) ao qual estaria relacionado, não sendo diferente quando o empregarmos com o arcano menor. Porém, vimos que o arcano menor/auxiliar *não* apresenta manifestação diversa (material,

[17] Em meados do século XX, devido à exploração popular dos conceitos junguianos para o universo simbólico, surgiram diversas literaturas *psicologizando* o tarô. Contudo, tal possibilidade de estudo, em vez de acrescentar mais propriedade, tentou eliminar o caráter adivinhatório que naturalmente está contido nas cartas. Atualmente encontramos livros que tendem a uma linha de análise mais comportamental e outros mais oraculares; nesse universo, o ideal seria certa amálgama de conteúdo, visto que ambos se complementam em diversos setores de uma consulta. A visão macrocósmica do tarô ainda é o melhor caminho para o seu desenvolvimento.

mental, sentimental, espiritual), pois contém uma única direção simbólica, então, como será? Lembre-se: o arcano menor simboliza uma única manifestação, terá o mesmo significado e direção em qualquer tipo de assunto. Embora possamos lançar o oráculo somente com os 22 arcanos maiores (MÉTODO BÁSICO), a inclusão dos 56 arcanos menores enriquece a consulta e revela detalhes importantes tanto para a adivinhação como para o autoconhecimento, dependendo do foco de análise. Bem, gostaria de esclarecer que classifiquei este MÉTODO com a denominação EUROPEU porque, em minhas pesquisas e estudos, os livros franceses[18] e espanhóis sobre o tarô também se reportavam ao uso simultâneo, em cada casa, de um arcano maior e um menor, aos pares, analisando sua relação e correspondência simbólica (essa técnica se espalhou mais pelos países de língua latina, sendo mais bem desenvolvida fora de sua origem).

---

[18] Considero Paris, França, o berço do tarô adivinhatório com a tríade de autores Etteilla-Papus-Wirth (séculos XVII-XIX) — leia atentamente o tópico MANIFESTO PARA O FUTURO DO TARÔ, ao final deste livro, e entenderá o surgimento do tarô contemporâneo. Por outro lado, conjecturo ser o norte da Itália o ventre dos símbolos das cartas de tarô (GÊNESE DO TARÔ, livro 1).

Tarô Clássico Nei Naiff

TÉCNICA: embaralhe os 22 arcanos maiores; depois, escolha e reserve a quantidade necessária à tiragem. Repita o mesmo processo com os 56 arcanos menores. Ao montar, coloque na primeira casa (posição da tiragem) a primeira carta escolhida do arcano maior junto com a primeira carta elegida do arcano menor, sempre aos **pares** em todas as casas, correspondendo à energia e sua forma *ou* à direção e sua manifestação. *Esse é meu método preferido, considero a maneira mais prática e segura de leitura, raramente faço uso de outra técnica.* Uma das características marcantes desse processo é **não** usar a "carta invertida ou reversa" (como usual no método americano, que veremos no próximo tópico), ou seja, se alguma carta aparecer ao contrário de sua imagem original, simplesmente a desvire, pois sua posição na tiragem é que indicará se terá uma leitura "inversa ou negativa". Por isso, nesse método o tarô é embaralhado de maneira uniforme, sem girar ou virá-lo nas mãos. Nos exemplos a seguir não explicarei o conceito dos arcanos, assim, em caso de dúvida à medida que os exemplos forem detalhados, sugiro que você retome a leitura da carta em questão no volume 2 ou às explicações das casas nos tópicos anteriores.

REGRAS DE LEITURA

A análise no método europeu requer alguns cuidados na linguagem, cuja combinação deve, primordialmente, adotar o conceito estrutural do tarô: *o arcano maior é a ideia/conceito e o arcano menor sua forma/manifestação*. Esse conjunto (o par de arcanos) se encontra inseparável no tempo e no espaço, não devendo ser observado como cartas autônomas, nem mesmo que o arcano menor seja o futuro do arcano maior ou alguma projeção. Extraia sempre um único conceito, uma única direção. Essencialmente, há duas regras básicas (1 e 2), acrescidas de três desdobramentos (1.a, 1.b, 2.a). Vejamos passo a passo:

1. O ARCANO MAIOR PREDOMINA SOBRE O ARCANO MENOR

Essa é a regra principal e norteia o valor da combinação, pois indica o verdadeiro rumo da situação analisada (sim ou não, ganhar ou perder, ter ou não ter etc.) — em momento algum o atributo/direção do arcano principal será anulado pelo auxiliar; no entanto, o arcano menor revelará como tudo será processado/vertido na realidade (veja regra do item 2). Em questões do atributo material, por exemplo, Torre é Torre, Sol é Sol — ou seja, não importa se a combinação esteja com arcanos menores que sinalizem realização ou obstáculo, a carta Torre sempre advertirá sobre o desengano, e a carta Sol sempre revelará o sucesso. Vejamos, por exemplo, na casa 2 da Roda Astrológica a seguinte combinação: SOL + DOIS DE ESPADAS — o atributo da carta Dois de Espadas é rivalidade sem vencedor, mas o arcano Sol simboliza o sucesso garantido; então, haverá *ganhos financeiros* com brigas ou grandes dificuldades e, talvez, após a realização existam dissabores com o dinheiro (atente que a realização ocorrerá em qualquer circunstância). Outro exemplo na mesma casa: TORRE + DEZ DE COPAS — o atributo da carta Dez de Copas é o êxtase que, neste caso, não permite a observação da realidade do arcano Torre (prejuízo, perdas ou dívida); então, após algum tempo, acreditando que conseguiria manter o mesmo status financeiro ou que ganharia mais dinheiro, o consulente termina por descobrir (tarde demais) o grande equívoco (atente que o dissabor é inevitável).

a) **Arcanos semelhantes ampliam o resultado**
Quando os dois arcanos (principal e auxiliar) direcionam para o sucesso, expande-se o ganho natural. Já quando duas cartas indicam obstáculo, aumenta-se a dificuldade. Essas são, sem dúvida, as combinações mais fáceis de entender e analisar, uma vez que a linguagem é enfatizada. Por exemplo, na casa 5 da Roda Astrológica: SOL + DEZ DE COPAS — júbilo, felicidade suprema, amor incondicional (neste caso, irá muito além da alegria imaginada). Outra combinação na mesma casa: TORRE + NOVE DE ESPADAS — desolação e desespero pelas perdas emocionais, incapacidade de aceitar outro caminho (o sofrimento é tamanho que será necessária alguma terapia).

b) **Arcanos divergentes revelam utopia**
Um conjunto (principal + auxiliar) que esteja com atributo oposto ou dissonante indica falta de estrutura ou força de continuidade, tende à ilusão e ao enfraquecimento; em geral

o consulente não observa erro algum e dará todas as desculpas necessárias (de seu comportamento) para aquela situação. Esse arranjo requer uma profunda autoanálise por parte do consulente, observando os prós e contras antes de continuar com o que deseja. Por exemplo, na casa 5 da Roda Astrológica: SOL + NOVE DE ESPADAS — amor verdadeiro, mas há muito sofrimento, talvez a vaidade não permita observar que nem tudo acontece como seu coração deseja (no entanto, o Sol revela que não há perda afetiva e a dor está superlativada por algo ínfimo). Mais um exemplo na mesma casa: TORRE + DEZ DE COPAS — amor em bases frágeis, sem futuro, a quimera de felicidade está ocultando a verdade cruel: não existe mais continuidade para o que se deseja (no entanto, o consulente raramente aceitará essa revelação de imediato, ainda perderá muito tempo antes de perceber o grande erro).

2. O ARCANO MENOR COMENSURA O MAIOR

Esse é o ponto mais importante da combinação na técnica europeia e indica a "realidade/forma/expressão" do arcano maior; portanto, a parte visível e mais perceptível para o consulente (nem sempre entendemos ou percebemos a força do arcano maior). Inúmeras vezes, o arcano menor mascara ou colore o arcano maior com outro valor e, em outras, aumenta o poder/direção; ainda pode diminuir ou eliminar toda e qualquer consciência que tiver do assunto. Independente da complexidade observada, veja sempre, no método europeu, que o arcano auxiliar dará o tom, revelará as características que o arcano principal irá manifestar.

a) A qualidade do naipe molda o arcano maior

O naipe modificará o modo como o arcano maior se expressará no mundo, mas nem sempre será percebido claramente. Ora, quantas vezes perdemos algo e não damos a devida importância? Quantas vezes terminamos por adorar algo que ninguém gosta? Qual a razão de uma mesma situação afetar uma pessoa e não fazer a menor diferença para outra? Reveja os exemplos anteriores e observe como o "regozijo" do Sol e a "dor" da Torre foram moldados de acordo com as primeiras regras. Agora observaremos como o naipe influencia no "comportamento\resultado" do arcano maior. Neste ínterim, também aconselho a releitura das *introduções* dos quatro naipes no volume 2 (páginas 245, 289, 333 e 377).

OUROS – agrega pouco valor emocional ou psíquico à perda, à dificuldade ou ao ganho revelado pelo arcano maior; esse naipe molda valores práticos, lógicos, objetivos a qualquer parâmetro do arcano maior. Não importa qual tipo de combinação (principal + auxiliar), sempre o considere benéfico, uma vez que indica agir de acordo com realidade exposta (boa ou má). Exemplo: Roda Astrológica, casa 5, SOL + NOVE DE OUROS — satisfação afetiva, reciprocidade e harmonia emocional (o consulente tem uma relação prática, clara e sem romantismo). Ou, ainda, TORRE + TRÊS DE OUROS — dificuldade ou perda afetiva em grande proporção, mas o consulente não sente desespero ou sofrimento, talvez haja impassibilidade emocional (ele não observa os erros e seguirá em frente para resolver a vida pessoal, sem olhar para o passado).

ESPADAS – aumenta qualquer dificuldade/dor ou diminui qualquer alegria/sucesso indicada pelo arcano maior. Esse naipe produz ansiedade e inflexibilidade que permeia a emoção e o pensamento em busca da perfeição ou da correção que julga ser importante. Não importa a combinação existente (principal + auxiliar), esse naipe sempre indica visão unilateral e opinião imutável. Exemplo: Roda Astrológica, casa 5, SOL + NOVE DE ESPADAS — amor ou afeto com dificuldades de expressão, ausência da felicidade desejada (o consulente sabe que ama, mas não sente alegria ou satisfação diante da própria expectativa). Outro modelo para fixação da regra: TORRE + TRÊS DE ESPADAS — desilusão, desespero, aumento do sofrimento, lágrimas em abundância em razão da falta de reciprocidade (o consulente recusa veemente a perda, como se a vida terminasse naquela situação, sem saída).

COPAS – aumenta qualquer sensação de alegria/sucesso ou elimina a sensação da dificuldade/dor revelada no arcano maior; o grau de esperança e otimismo é exagerado, não observando o meio ambiente. Esse naipe também indica a visão unilateral, baseada nos desejos pessoais e no distanciamento da realidade; porém, é mais confortável (emocionalmente) que o naipe de espadas. Exemplo: Roda Astrológica, casa 5, SOL + NOVE DE COPAS — felicidade e graça em abundância, amor sincero, harmonia e paz interior (o consulente realiza o sonho de vida, tudo exatamente como desejou). Mais um modelo: TORRE + TRÊS DE COPAS — sérios problemas afetivos que estão mascarados pela fantasia da felicidade, não observa nada negativo ou ruim, tudo parece normal (dificilmente o consulente entenderá o erro em curto prazo, o excesso de otimismo é exagerado).

PAUS – equilibra e expõe o valor exato do arcano maior, agregando emoção sempre positiva de acordo com a direção/forma; o senso de realidade e consciência é harmônico com a dificuldade/dor ou alegria/sucesso. Não importa o tipo de combinação, considere ser a melhor, pois esse naipe enfrenta a vida como ela se apresenta, nem mais, nem menos. Exemplo: Roda Astrológica, casa 5, SOL + NOVE DE PAUS — amor e afeto com pequenas dificuldades, cujo problema é consciente e será resolvido em breve (o consulente sabe que o verdadeiro caminho de luz está sendo traçado e que a harmonia chegará). Atente para esse modelo: Torre + Três de Paus — perda afetiva, abandono ou decepção, cuja solução será acertada em paz por novos caminhos, talvez encontre novos amores em futuro próximo (o consulente entende todos os erros, aprenderá com a vida e seguirá em frente, sem chorar ou sofrer além do necessário!).

PORTAIS SAGRADOS (2)

Vale lembrar que podemos interpretar unicamente com os arcanos maiores (método básico), mas não é aconselhável ler somente com os menores;[19] por outro lado, uma abertura simplesmente com os arcanos maiores produzirá uma linguagem tendencial (talvez isso, talvez aquilo), servindo mais para a orientação pessoal do que para a certeza dos acontecimentos. Essa é uma das razões de as tiragens no método americano (próximo tópico) tenderem mais às análises psicologizadas de autoajuda, pois não há como entender o sentido adivinhatório do arcano maior sem a paridade com o arcano menor. A combinação tornará possível que o tarotista compreenda rapidamente a mensagem espiritual, revelando se depende do consulente ou do destino o resultado de uma situação — lembrando que o foco desta TRILOGIA é o **oráculo**, a **adivinhação**, a **orientação**. Contudo, para o iniciante é aconselhável, primeiramente, praticar as tiragens somente com os arcanos principais no *método básico*, mas na medida em que estiver familiarizado com a divisão dos atributos, deve começar os

[19] Neste ponto seria interessante observar que a cartomancia faz o uso do baralho comum (variação dos arcanos menores), entretanto os significados simbólicos são bem distintos dos usados na taromancia. Alerto que os oráculos baseados nas cartas de Lenormand (baralho cigano) constituem outra dimensão de conteúdo, não tendo relação alguma com o tarô. Seria um equívoco ler tanto o baralho comum como as cartas ciganas com as informações da taromancia.

estudos dos arcanos auxiliares, estreando as combinações o mais rápido possível. Os que já conhecem os arcanos maiores devem iniciar a amplificação do saber para usufruir de toda capacidade de leitura, obtendo uma orientação mais objetiva e prática para o consulente. Um dos pontos mais interessantes das tiragens completas no método europeu é a diminuição do desgaste energético, psíquico, emocional, tornando a consulta mais rápida e dinâmica.

> **Note e anote**: Invariavelmente, nas aulas temáticas, surge a seguinte questão de algum aluno — *eu usava apenas o arcano maior* (*método básico*), *então se lançasse em conjunto com o arcano menor* (*método europeu*) *teria outra leitura?* Respondo: *Não*. O mundo espiritual tem lá suas artimanhas, existindo inúmeros códigos de comunicação e, entre estes, se encontram as ferramentas que conhecemos. Ora, ao usar unicamente o maior, será por intermédio dele que se fará o oráculo; ao empregar a combinação em pares, surgirá dela, então, a resposta necessária. Não importa o método usado, o mundo espiritual sempre trará a orientação correta, de acordo com o nosso saber. Confie, não crie dúvidas do tipo "se acaso tivesse lançado de maneira diferente, teria surgido outra resposta". Não e não. A leitura com o método europeu pode ser mais segura ou mais esclarecedora, mas isso não significa ter orientação díspar somente com o arcano principal ou com o método americano. ATENTE PARA O SEGUINTE: Se em uma tiragem (MÉTODO BÁSICO) houvesse o PENDURADO em uma casa material, não significaria que se usasse o MÉTODO EUROPEU ele também apareceria. (Agora, preste mais atenção ainda.) No entanto, poderíamos encontrar uma combinação análoga! Talvez se manifestasse TEMPERANÇA + QUATRO DE ESPADAS ou, ainda, SACERDOTISA + CINCO de COPAS, entre tantas correlações, ditando praticamente o mesmo sentido

oracular, ou seja, indicando a impossibilidade na realização material, dificuldades em conseguir o desejado, obstáculos intransponíveis, falta de ajuda ou suspensão das atividades etc. — *Tudo se equivalerá em contexto arquetípico e em energia espiritual*; *embora possam surgir outros arcanos*, o *resultado final será sempre similar*. Vejamos mais algumas equivalências oraculares para o *plano material do arcano*. Poderia haver dezenas, mas escolhi apenas duas como modelo, reflita a respeito:

MAGO:	Enamorado + Sete de Espadas Carro + Pajem de Ouros
SACERDOTISA:	Temperança + Ás de Copas Sol + Quatro de Espadas
IMPERATRIZ:	Imperador + Três de Ouros Sacerdote + Três de Copas
IMPERADOR:	Força + Quatro de Ouros Sacerdote + Rainha de Espadas
SACERDOTE:	Justiça + Ás de Paus Sol + Rainha de Paus
ENAMORADO:	Estrela + Dez de Copas Imperatriz + Nove de Ouros
CARRO:	Mundo + Três de Paus Lua + Rei de Ouros
JUSTIÇA:	Sacerdote + Sete de Espadas Eremita + Sete de Paus
EREMITA:	Estrela + Dois de Ouros Sol + Nove de Paus
RODA DA FORTUNA:	Louco + Pajem de Espadas Mago + Seis de Espadas
FORÇA:	Estrela + Nove de Ouros Carro + Rei de Espadas
PENDURADO:	Louco + Cinco de Espadas Torre + Dez de Copas

MORTE:	Mundo + Oito de Paus Força + Dez de Espadas
TEMPERANÇA:	Eremita + Dois de Paus Sacerdotisa + Quatro de Espadas
DIABO:	Mundo + Pajem de Espadas Imperador + Ás de Espadas
TORRE:	Morte + Três de Espadas Julgamento + Oito de Copas
ESTRELA:	Enamorado + Nove de Ouros Imperatriz + Dez de Copas
LUA:	Mundo + Três de Ouros Estrela + Cavaleiro de Ouros
SOL:	Força + Nove de Copas Imperatriz + Dez de Ouros
JULGAMENTO:	Torre + Rei de Paus Roda da Fortuna + Dez de Espadas
MUNDO:	Carro + Dez de Copas Sol + Dez de Ouros
LOUCO:	Roda da Fortuna + Cinco de Ouros Mago + Sete de Copas

CONSELHO

Sempre digo aos meus alunos que vale mais um conselho do que uma previsão! Ora, o fato de conseguirmos realizar um grande desejo não significa que teremos a suposta felicidade. *Atingir um objetivo é um passo, todavia mantê-lo é um árduo caminho*. Às vezes algo aparenta ser vantajoso ou alguém parece ser imprescindível — nesses casos, podemos buscar uma visão superior, mais transcendental, que nos auxilie na continuidade daquilo que julgamos importante, solicitando ajuda. Não raro surge um aconselhamento para desistirmos de nosso tão acalentado desejo e, sinceramente, o benefício da frustração poderá trazer o crescimento pessoal, o autoconhecimento tão desejado, pois, inúmeras vezes, minimizamos o sofrimento que inevitavelmente viria no futuro. Siga conselhos, sempre. Para exemplificar o modelo de leitura, vejamos a sutileza na interpretação de um mesmo arcano maior com diferentes menores para a seguinte questão de um consulente: *Qual o conselho para o meu atual trabalho, como devo agir para ter sucesso?* — a analise sempre ocorre pelo atributo: ORIENTAÇÃO/ACONSELHAMENTO.

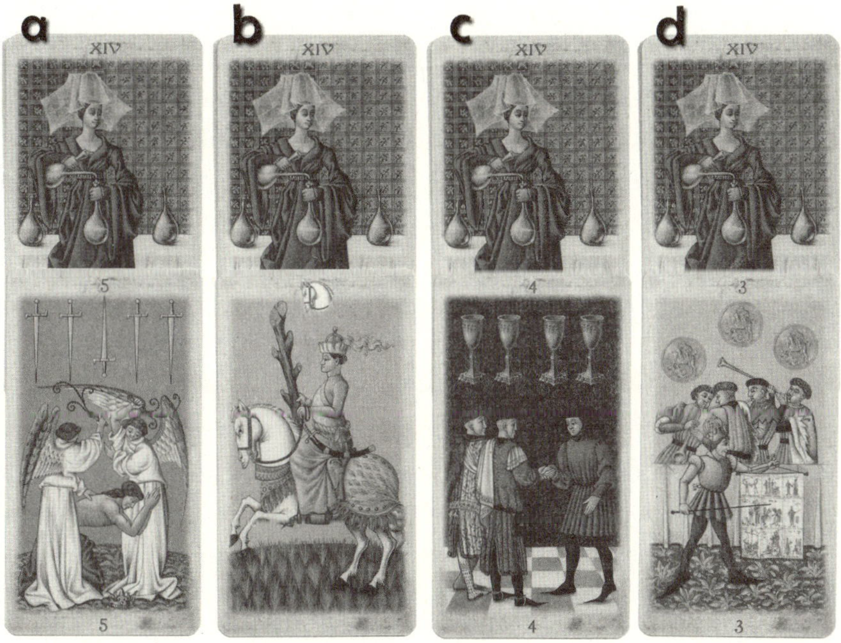

Medieval Tarot
Lo Scarabeo, Itália.

a) TEMPERANÇA + CINCO DE ESPADAS: indica que além de reflexão e ponderação profundas, o consulente deveria relaxar e analisar o que realmente é necessário; então, o pensamento precisaria ser: *O que devo eliminar? O que é inútil planejar?*

b) TEMPERANÇA + CAVALEIRO DE PAUS: recomenda que o consulente pense de maneira mais arrojada, ousada, delineando algo diferente de tudo o que já havia ponderado e, ainda, ir além dos limites e horizontes.

c) TEMPERANÇA + QUATRO DE COPAS: sugere reflexão sobre a situação e que o consulente aguarde os acontecimentos, espere até que tudo se resolva sem a própria deliberação ou intervenção; deixe o tempo agir e as pessoas à volta decidirem.

d) TEMPERANÇA + TRÊS DE OUROS: aconselha que a atitude deva ser prática e objetiva, que o consulente pondere e analise com a realidade e, principalmente, com o que existe, não indo além dos limites burocráticos ou do tempo para a maturação.

Observe que se tivéssemos somente o arcano 14 diríamos apenas para "esperar, ponderar, meditar ou refletir"; contudo, adicionando o arcano menor temos a clara indicação do modo/maneira da reflexão/ação para benefício próprio! Essa é a importância do uso do arcano menor — *uma direção clara e precisa*! Confesso que, em matéria de aconselhamento, em qualquer tiragem ou método, raramente o consulente o aceita ou procura executá-lo. Muitos retornos às consultas se fazem exatamente porque o requerente não procurou avaliar corretamente os aconselhamentos — infelizmente! Um aspecto interessante das tiragens que contêm uma carta desse gênero[20] é que geralmente sabemos de antemão o sentido que traduz; portanto, ao abri-la temos a grata satisfação de confirmar aquilo que o conjunto de arcanos anteriores havia revelado.

---

[20] Roda Astrológica, Árvore da Vida, Cruz Celta, Pequeno Mestre e tantos outros.

PELADAN

Fazer perguntas ao tarô é um artifício à parte! Certo nível de raciocínio lógico para entender o que o consulente deseja é requerido, pois inúmeras vezes ele chega desorientado e repleto de ideias conflitantes. Geralmente se usa o Peladan (ou outras tiragens de perguntas) após a leitura da Roda Astrológica ou do Grande Conselho do Mestre na qual um panorama mais abrangente já foi traçado, restando pequenas dúvidas sobre um evento ou outro. Há casos em que lançamos para amigos e conhecidos apenas para delinear um projeto, esclarecer uma conjectura. Bem, de qualquer modo é importante que o consulente esclareça o que deseja. O tarotista deve sempre buscar a melhor maneira de formular o que o consulente ambiciona, pois um dos segredos é eliminar qualquer ambiguidade/incerteza do enunciado (reveja o tópico deste livro: COMO PERGUNTAR?). Outro conselho importante que sempre enfatizo aos alunos — evite lançar as cartas apenas com perguntas mentais, tipo, *pensa que respondo*. Não há oráculo seguro sem verbalização. Vejamos um exemplo taromântico completo, que para entender a mudança de leitura (e o quão rica e díspar pode ser uma interpretação), usaremos o mesmo modelo para perguntas distintas.

Contemplative Tarot
Lo Scarabeo, Itália.

a) *Vou comprar o carro este ano?*
   - Resposta: **SIM**, a compra se efetuará com sucesso e com o melhor custo-benefício; porém, no próximo ano.

As casas 1 e 2 (FATOR PRESENTE) revelam que o momento é muito delicado devendo-se tomar cuidado com as compras e os gastos. Vejamos a explicação. SACERDOTE sugere a realização com observação nos documentos e financiamentos, mas SETE DE ESPADAS indica cautela e incerteza. DIABO em casa negativa anula o poder de compra e sucesso momentâneo, já CINCO DE ESPADAS indica que embora não haja condição financeira no momento, o consulente deve continuar com sua meta. Note que *Cinco de Espadas* simboliza o desperdício de tempo e planejamento, mas aqui se encontra em posição adversa e, assim, representa o oposto de seu atributo básico. Então, não há displicência no projeto, apenas falta de dinheiro. Complementando a primeira fase da análise, no presente momento não conseguirá adquirir o bem, mas deve continuar tentando.

As casas 3 e 4 (FATOR FUTURO) indicam que ao longo do ano haverá muitas ofertas de realização, mas que somente no ano seguinte a compra se efetuaria. Vejamos o esclarecimento da combinação. ESTRELA revela oportunidade de realizar o desejo e sua manifestação (TRÊS DE PAUS) indica que haverá ofertas tentadoras, escambos ou excelentes promoções; contudo, EREMITA na casa final sugere realização em um período posterior devido a entraves burocráticos e sua manifestação (ÁS DE OUROS) indica, sim, a realização depois de resolvidos os problemas.

A casa 5 (CLIENTE) aponta que o consulente tenta negociar o mais rápido possível a compra de um veículo, seu sonho de consumo (MAGO + TRÊS DE COPAS). Contudo, ele já foi alertado de que o momento não é o mais indicado, devendo se precaver.

b) *O que João sente por mim é amor?*

- Resposta: **NÃO**, não é amor, trata-se de estima e carinho fraternal; cuidado, não nutra sentimentos amorosos ou algum tipo de união afetiva, pois ele jamais será um namorado, somente um bom amigo.

As casas 1 e 2 (FATOR PRESENTE) revelam o afeto, a amizade e a consideração; porém, nenhum tipo de desejo ou atração afetivo-sexual. Vejamos a análise. SACERDOTE (positivo) indica o respeito afetivo e a amizade sincera, mas sua manifestação neste lançamento (SETE DE ESPADAS) revela temores do que possa ocorrer, por isso não é claro nos desejos. DIABO em posição negativa sugere falta de atração sexual ou qualquer tipo de paixão e sua manifestação (CINCO DE ESPADAS) nega que esteja agindo errado com a consulente.

As casas 3 e 4 (FATOR FUTURO) indicam que a amizade se fortalecerá e não há nenhum indício de sentimento amoroso, como veremos: ESTRELA no caminho (casa 3) revela que a pureza de sentimentos beira ao amor fraterno e, sua manifestação (TRÊS DE PAUS), provará sua sinceridade com alguma ajuda e apoio para o consulente. EREMITA no resultado indica novamente a manutenção verdadeira da amizade e do movimento filantrópico e, sua manifestação (ÁS DE OUROS), que a amizade é sólida e eterna.

A casa 5 (CLIENTE) sugere que o consulente tem expectativas amorosas e sexuais, estando repleto de romantismo e sedução (MAGO + TRÊS DE COPAS). Talvez essa seja a razão de seu retraimento (revelado na casa 1), uma vez que não deseja perder essa amizade que julga ser muito preciosa.

- **Note e anote:** Observe como a resposta é completamente modificada dependendo da pergunta ou da casa em que os arcanos se encontram; temos os mesmos arcanos com interpretações diferentes. Intuição? Mediunidade? Não. A magia está na escolha das cartas, o resto é pura interpretação simbólica (**pergunta + tiragem + arcano = resposta**). Como tirar essa dúvida? Reveja a relação dos planos de cada arcano no volume 2 (*Tarô, vida e destino*), juntamente com as explicações básicas de cada lançamento. Com o tempo e a prática, você conseguirá ser um exímio tarotista, compreendendo os *limites* e a importância do oráculo em sua vida.

CRUZ CELTA

Se na tiragem anterior precisamos de perguntas objetivas e temporais, neste lançamento analisamos a situação de modo geral: *como está meu casamento? Como se encontram minhas finanças? Desejo analisar minha profissão? Como está a saúde de minha mãe?* As próprias casas determinam o ritmo da leitura e seu desfecho no decorrer de um ano.

- *Um homem solicitou a análise de seu noivado; pois está muito ansioso em se casar o mais rápido possível.*

A casa 1 indica que o noivado teve união perfeita em sua origem (Sol), sendo bem equilibrado e os nubentes estavam com ideias e projetos verdadeiros para o futuro (Nove de Copas); contudo, a casa 2 revela a determinação e a lucidez em consumarem imediatamente o casamento (Morte), como se o tempo que fora acordado para o matrimônio devesse ser antecipado pelo imenso desejo pessoal (Ás de Espadas).

Leonardo da Vinci Tarot
Lo Scarabeo, Itália.

A casa 3 sugere que a visão do consulente está limitada, muito voltada para a ótica racional, e ele se sente excluído da vida da noiva (Justiça). A situação está acarretando brigas ou discussões, pois somente ele deseja mudar os planos de casamento (Dois de Espadas). A casa 4 revela que o casamento se sucederá no tempo acordado durante o noivado (Estrela) e que estão no caminho das bodas e da união desejada (Três de Ouros).

A casa 5 lembra que recentemente houve aborrecimentos e o desejo em se casar de modo rápido foi dificultado (Torre), gerando tristeza e decepção com sua companheira (Três de Espadas). A casa 6 indica que nos próximos meses ainda ficará insatisfeito porque não conseguirá se casar no tempo desejado (Temperança); contudo, as brigas cessarão e nesse período encontrará a paz e a harmonia (Quatro de Paus).

A casa 7 mostra que o consulente se encontra muito ansioso e desorientado emocionalmente (Roda da Fortuna), desperdiçando tempo e energia que serão preciosos no futuro (Cinco de Espadas). A casa 8 revela que a direção do noivado é firme, estruturada e caminhando lentamente para o casamento (Eremita), todos os problemas devem ser vistos como uma fase passageira e novas oportunidades surgirão ao longo dos próximos meses (Cinco de Paus).

A casa 9 indica o verdadeiro obstáculo para o casamento: problemas de ordem financeira e falta de poder material (Diabo)! Talvez a grande paixão não o deixe observar a realidade que é desejável em todo casamento, ou seja, a perseverança e o investimento em uma estrutura que sirva de base para o futuro dos nubentes (Cavaleiro de Ouros).

A casa 10 revela que o noivado se estabelecerá por mais tempo que o programado (Pendurado) e que todas as promessas serão mantidas em longo prazo, mas o matrimônio somente ocorrerá em uma data que satisfaça a todos, nem antes e nem depois (QUATRO DE OUROS).

RODA ASTROLÓGICA

Para mim e para centenas de tarólogos/tarotistas, esta é, sem sombra de dúvidas, a tiragem mais completa e segura para orientar o momento de vida de uma pessoa. Sempre aconselho a iniciar uma consulta por este lançamento, pois não exige pergunta e as casas são bem aclaradas ao que se referem. No entanto, após interpretado esse panorâma oracular e, ainda, observadas algumas dúvidas, então, lance o Peladan, a Cruz Celta, o Templo de Afrodite ou outra abertura que julgar mais apropriada. Sempre aconselho para esse tipo de tiragem: EVITE fazer relação direta com a astrologia empregando tudo o que se "lê/sabe" sobre as casas zodiacais. Por exemplo, a casa 1, no âmbito astrológico, também significa a personalidade, o comportamento, a relação social, o aspecto físico. Vale lembrar que essas qualidades são representativas dos oráculos do SER,[21] mas a cartomancia, de maneira geral, aborda especificamente o ESTAR — portanto, devemos fazer certa adaptação. Vejamos um exemplo taromântico completo.

- *Mulher*, *25 anos*, *solteira*, *trabalhando*. Lembre-se que nesta tiragem não há perguntas e as próprias casas já determinam o campo de ação, cuja análise é única; tudo é válido por um período aproximado de três meses.

[21] Dúvidas? Releia o tópico DESTINO, página 35, deste volume.

Etruscan Tarot
Lo Scarabeo, Itália.

Casa 0 — Morte + Rei de Espadas indica que a consulente tenta mudar o próprio destino de forma direta, rápida, sem observar o meio ambiente, arriscando recuperar a vida a qualquer custo. A combinação é muito dinâmica, por isso já expõe uma recomendação:

elaborar melhor os objetivos e buscar a harmonia interior. Os dois arcanos são egotistas e alimentam o livre-arbítrio; porém, essa posição não é território humano, mas cármico ou superior.

Casa 1 — A consulente está repleta de ideias novas (Mago), para ela tudo parece ser viável e fácil; contudo, o arcano maior está acompanhado de Sete de Copas, avisando que os projetos são apenas sonhos, que não vale a pena ela continuar, pois são planos ilusórios, efêmeros ou sem base sólida para o futuro. Contudo, a consulente tende a acreditar que está correta e nós, errados.

Casa 2 — O amplo aspecto financeiro se encontra com péssima fluidez, acúmulo de grandes dívidas ou prejuízos contínuos (Torre); a combinação com o Ás de Ouros sugere que a consulente não identifica os erros e, talvez, diga: *devo, não nego*; *pago quando puder*! A tirada revela duas situações distintas: ela acredita que será possível saldar tudo facilmente, mas não será, pois o problema é grave. O arcano maior do caminho da dor (16) está acompanhado do naipe de ouros (prático e objetivo) e dificilmente a consulente entenderá o quanto errou.

Casa 3 — A comunicação se encontra polida, educada, mas não transmite as reais ideias de maneira objetiva, encontra-se calada e reticente (Temperança); já Três de Ouros enfatiza mais ainda tal aspecto, indicando que deseja mais ouvir do que falar. Ao associarmos a casa 3 com a casa 1 percebemos certa esperteza para chegar onde deseja (muitas ideias não reveladas).

Casa 4 — Pode-se considerar uma combinação clássica de *mudança por vontade própria* esta combinação: Roda da Fortuna (alteração) com Oito de Paus (término). A consulente está vendendo o próprio imóvel ou alugando outro; também, algum membro da família poderá se mudar por autossuficiência. De qualquer forma, a alteração no âmbito residencial é um fato e sugere ser bastante promissora.

Casa 5 — O lado sentimental está muito afetado, emoção e desejo profundos por algo ou alguém (Lua), cuja vontade está diretamente ligada a algum namoro (Três de Paus). Observe que tanto essa casa (amor) quanto a casa 1 (pensamento) se encontram repletas de ideias e desejos, mas que não estão sendo expressos como revelado na casa 3 (comunicação).

Casa 6 — No âmbito profissional existem muitas oportunidades e chances de trabalho (Enamorados), que estão sendo postergados desnecessariamente (Seis de Ouros). Nesse caso, com a combinação de dois arcanos de livre-arbítrio, devemos sugerir não perder tempo com a perfeição, é desnecessário. Há indício de promoção, que deveria ser considerada, ou nova oferta de emprego (muito positiva).

Casa 7 — O encontro de um relacionamento está fechado no presente momento: Eremita indica obstáculo temporário e se encontra manifesto em outro arcano que estabelece princípio semelhante: Quatro de Espadas. Assim, embora a consulente deseje ardentemente alguém (já analisado na casa 5), nos próximos três meses não haverá encontro expressivo (aqui nos reportamos a uma relação compromissada, social e moralmente aceita).

Casa 8 — A vontade mais íntima do consulente é alcançar o desenvolvimento e a paz interior, expressos pela combinação Imperatriz + Quatro de Paus, mas, como notado nas casas anteriores, não há esforço concentrado para que isso ocorra; ou seja, a consulente está enganando a si mesma, não observa os erros financeiros e está muito concentrada em suas emoções.

Casa 9 — Os projetos futuros estão concentrados em um único projeto (Imperador), mas totalmente enganoso (Cinco de Espadas); podemos assegurar que esses planos estão errados e sem estrutura, significando total desperdício de tempo e energia. Revendo a casa 1 (é importante comparar estas duas casas: 1 e 9), encontramos pensamentos ilusórios; portanto, também devemos aconselhar a rever os planos de vida e atentar mais para a realidade. Essa casa também se refere ao plano espiritual, indicando que a consulente se encontra descrente de um mundo melhor; ceticismo.

Casa 10 — O presságio para os próximos meses é de suspensão total de qualquer realização (PENDURADO), tendo vários adiamentos por falta de acordo ou questões burocráticas (DOIS DE PAUS). Contudo, essa combinação revela que o consulente não mudará de opinião, talvez até intensifique a sua ilusória intenção com a vida (casas 1 e 9), e não conseguirá obter o que deseja.

Casa 11 — O surgimento de novos amigos (JULGAMENTO), principalmente de boa índole (PAJEM DE COPAS), irá renovar o círculo social, trazendo novas estruturas e muitos convites. Pessoas sinceras que ajudarão a transpor os obstáculos (casa 10) estão por aparecer, sendo aconselhável aceitar opiniões alheias.

Casa 12 — Aqui se encontra o grande desafio: a combinação SACERDOTISA (reflexão) + SETE DE ESPADAS (cautela) sugere que a consulente pense sobre os próprios erros, aceite os limites sociais e, principalmente, tome muito cuidado com o que faz. A reavaliação dos planos e da conduta é a única saída para uma vida feliz.

PERSONAGENS

No volume 2, página 421, argumentei sobre a leitura/interpretação de pessoas (família ou amigos) que pudessem aparecer em uma tiragem. Se no século XVIII era possível delinear a aparência (loiro, negro, ruivo etc.) e o nível social (pobre ou rico), atualmente esse assunto é bastante polêmico. No entanto, certa análise ainda pode descrever a personalidade e a faixa etária, por exemplo. Detalhes seguros dessas combinações já foram descritos no livro anterior, agora iremos abordá-las na prática. No âmbito dessa análise, alerto que toda informação proposta é *exclusiva para o método europeu* e, sinceramente, por mais que tentasse, não consegui empregá-la no método americano ou de outra maneira. Bem, uma vez que surja a identidade de um personagem na tiragem, a regra é sempre escolher mais um *arcano menor* para entender qual o objetivo daquela pessoa: ajudar, atrapalhar, conhecer, relacionar?

Exemplos:

1. O consulente deseja saber sobre uma promoção profissional para o ano em curso (pergunta objetiva, é preferível o Peladan ou similar). Na tiragem observamos logo na casa 1 o surgimento de um personagem. Qual sua relevância na leitura?

Temos uma configuração (no lado positivo) sugerindo que há *uma mulher mais velha que o consulente*, com personalidade forte, carismática, generosa, prática (JUSTIÇA + RAINHA DE OUROS), cujas características o consulente associou a uma colega ocupando a mesma posição profissional. *A questão é: o que ela faz na tiragem, qual a razão de aparecer tão abertamente?* Para descobrir, escolhemos aleatoriamente mais uma carta (sempre do arcano menor). Foi selecionada DOIS DE ESPADAS, indicando que essa mulher irá disputar a mesma promoção ou atrapalhar sua ascensão por intermédio de mexericos, confrontos ou busca de erros do consulente.

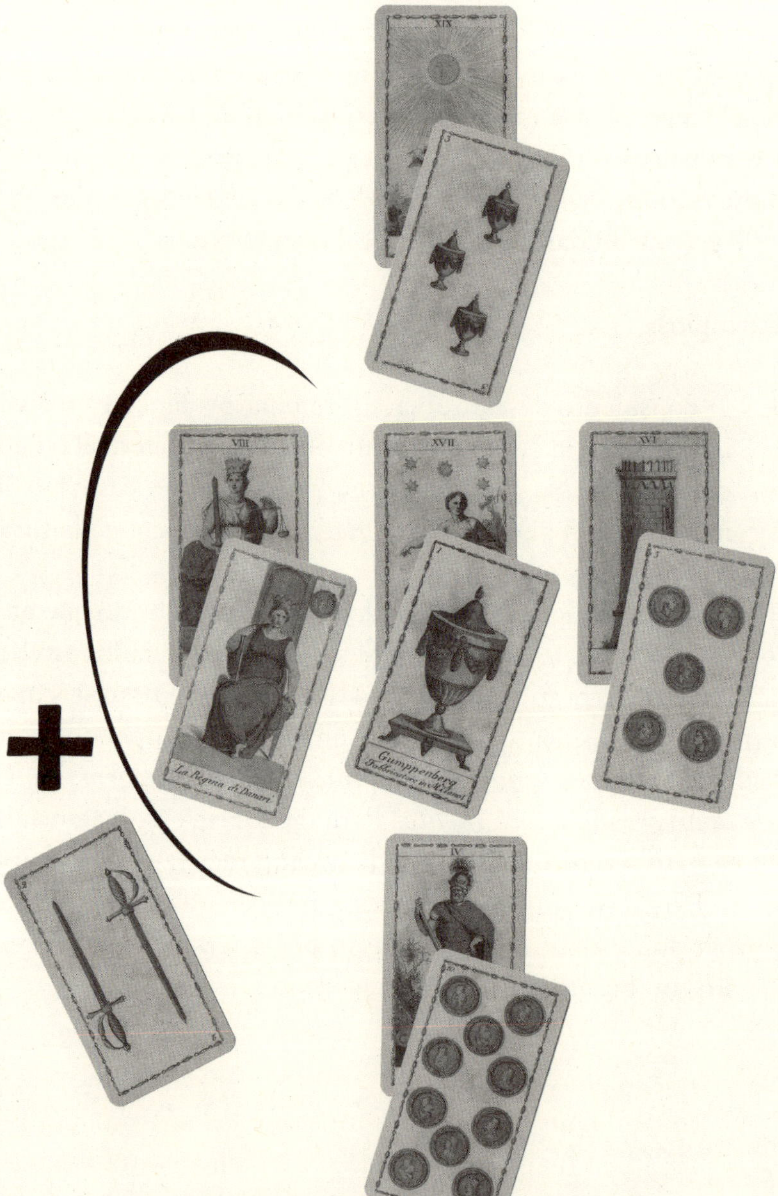

Ancient Tarot of Lombardy
Lo Scarabeo, Itália.

Analisando o restante, notamos que a referida colega profissional não conseguiria levar adiante tal confronto porque a tiragem nega (para o consulente) perdas significativas para a indagação (TORRE + CINCO OUROS, na casa 2, aspecto inverso do arcano); igualmente, no caminho da situação e no resultado final (casas 3 e 4), revela que o consulente conseguirá a promoção desejada. No centro da tiragem temos ESTRELA + ÁS DE COPAS, despontando que o consulente não tem malícia alguma nos relacionamentos profissionais e deveria ficar mais alerta, não revelando tudo que deseja ou sabe.

- Ainda utilizando esse mesmo lançamento, veremos mais duas variações para entender como analisar um personagem em uma mesma tiragem.

(A) JUSTIÇA + RAINHA DE OUROS + REI DE OUROS — observe que a partir dessa terceira carta não existirá mais o conceito de "personalidade", somente o de "situação". Assim, teremos uma mulher mais velha (comparada ao consulente), com personalidade forte, carismática e generosa, com poder superior e trazendo progresso (REI DE OUROS). Neste caso, poderia ser a chefe que o estaria indicando de modo bem profissional, visto que todo o lançamento revelou que conseguiria a promoção com maestria.

(B) JUSTIÇA + RAINHA DE OUROS + TRÊS DE PAUS — mulher mais velha (comparada ao consulente), com personalidade forte, carismática, generosa que o ajudaria na promoção ou em alguma melhoria profissional bem vantajosa. Neste caso, não poderíamos afirmar ser a chefe, apenas uma mulher, que poderia ser a secretária ou algo semelhante.

Ancient Tarot of Lombardy
Lo Scarabeo, Itália.

Note e anote: A personalidade *não apresenta ligação direta com a ação*, é apenas um modo de identificarmos a pessoa envolvida na circunstância. Muitas vezes analisamos alguém com características do *Pajem de Espadas* (infantil, maledicente), mas que estaria ajudando; em outras, uma pessoa com a tipologia da *Rainha de Paus* (honrada, confiável) que, no entanto, estaria atrapalhando. Bem, lembre-se: não é a personalidade o ponto mais importante, mas a *atuação* dessa pessoa.

2. Vejamos agora a Roda Astrológica de *uma mulher solteira, 27 anos, que trabalha em um escritório*. Observe os exemplos de configurações da CORTE quando atribuímos a leitura de um personagem ou de uma situação.

Na casa 2 temos JUSTIÇA + PAJEM DE ESPADAS, indicando que há alguém mais jovem (que a consulente) com personalidade irrequieta, mexeriqueira, invejosa, cujas características ela associou a uma amiga do trabalho que lhe vem pedindo dinheiro emprestado.

Qual a razão de se encontrar na área financeira da consulente?

- Escolhemos mais uma carta do arcano auxiliar. No caso, essa conhecida traria algum prejuízo financeiro (OITO DE ESPADAS); então, a consulente deveria tomar muito cuidado no que se refere a emprestar dinheiro, ser avalista ou testemunha em qualquer transação comercial. Note que se houvesse elegido DEZ DE OUROS, indicaria que essa pessoa (inescrupulosa) traria algum benefício, lucros ou bons negócios.

Na casa 5 encontramos SACERDOTISA + REI DE COPAS. Note que não é uma configuração[22] de personalidade, mas aponta para a própria consulente (presença do arcano 2 em leituras de consulente/mulher). Nesse caso, não há necessidade de acrescentar mais um arcano menor, pois a análise é comum e se aplica à principal preocupação da cliente: um amor platônico.

[22] Dúvidas? Reveja volume 2, página 421.

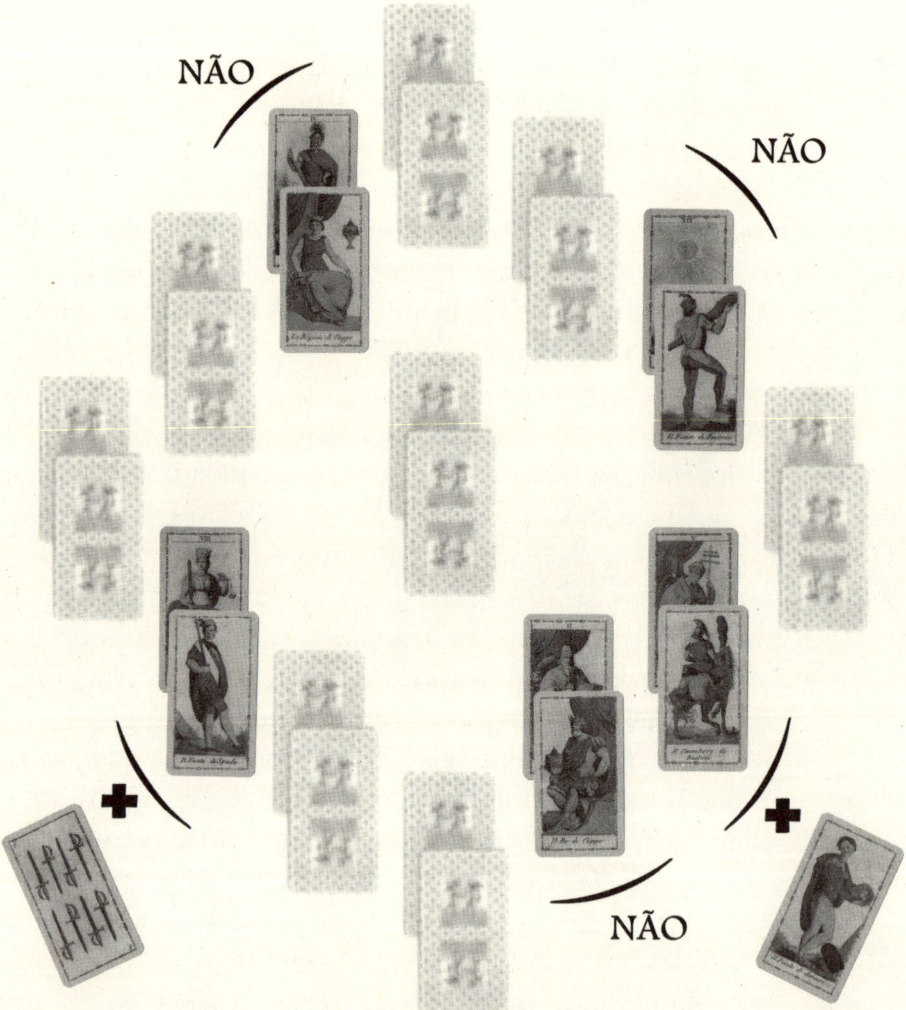

Ancient Tarot of Lombardy
Lo Scarabeo, Itália.

Na casa 6 temos Sacerdote + Cavaleiro de Paus, indicando que no trabalho existe alguém de mesma idade (da consulente) com personalidade destemida, sincera, arrojada.

O que está fazendo no âmbito profissional?

- Escolhemos outro arcano menor. Agora, encontramos Pajem de Ouros, indicando que esse jovem estaria curioso com o trabalho dela, talvez querendo aprender melhor o ofício ou ajudá-la, com boas intenções profissionais; portanto, não haveria problema em ensinar/ajudar o pupilo. **Lembre-se:** a partir dessa terceira carta a análise será normal e pelo atributo da casa. Caso houvesse Oito de Espadas, aconselharíamos a tomar cuidado, pois a pessoa teria a intenção de aprender o trabalho para depois competir e trair a suposta amizade ou, ainda, apontar erros e negligências.

Na casa 8 encontramos Sol + Pajem de Paus e na casa 11 nos deparamos com Imperador + Rainha de Copas; no entanto, esses exemplos não constituem "pessoas", então, faríamos a leitura do atributo da carta em relação à sua posição na tiragem.

MÉTODO AMERICANO

O tarô tem um conhecimento aberto, sendo fonte inesgotável de estudo. Isso se evidenciou ao longo das últimas décadas, ao se relacionar com novos pensamentos que foram surgindo; no entanto, o perigo de um retrocesso jaz quando o fechamos em dogmas e tentamos nos alimentar com uma única forma de saber. *A importância em conhecer a trajetória histórica e literária do tarô nos salva do abismo da ignorância.* Há muitas menções sobre "tradição do tarô", mas tal "doutrina" se observa em um círculo de publicações sem que o autor questione a suposta origem — por conseguinte, o leitor-tarólogo assimila a existência de uma "tradição mística", pensando que essa ferramenta espiritual possa interessar apenas a um círculo de "amigos ocultos". Não, não pertence a confraria alguma, o saber do tarô é livre e ninguém sabe nada além do que se encontra registrado em livros ou nos manuscritos guardados em museus e bibliotecas. E, mesmo se considerássemos ser uma TRADIÇÃO, algo estaria errado, pois "tradição esotérica" é uma herança cultural envolta em ortodoxia. Isso significaria que suas imagens deveriam estar inalteradas, havendo um único modo de transmitir o significado das cartas e — CONVENHAMOS — isso nunca ocorreu, em tempo algum! Então, devemos descartar a palavra *tradição* (no sentido místico, esotérico) para o tarô e nos fixarmos ao seu conteúdo arquetípico ou na simbologia clássica.

Ora, é fato incontestável que a base da *taromancia contemporânea* foi registrada pela primeira vez em livros no século XVIII, especificamente em Paris,[23] e, um século depois, aportou em Lon-

[23] Aqui há de se diferenciar que a cartomancia já existia na Itália e na Espanha desde o século XV, também se propagando na Suíça, na Alemanha e, inclusive, na França; porém, sem organização literária, sem o crédito esotérico e totalmente fora do círculo ⇨

dres, cujos estudos e tiragens foram alterados em alguns pontos estruturais, mas que em nada modificavam o resultado na *cartomancia*. No decorrer do século XX, os livros de origem francesa (com informações da taromancia com o tarô de Marselha ou derivados, também em conjunto com os estudos de Éliphas Lévi e de Papus sobre tarô e cabala) influenciaram os países de raízes latinas na Europa Continental, América Central, América do Sul e, ainda, no Leste Europeu, principalmente os de língua russa. No entanto, as obras de procedência inglesa (com estudos do tarô Rider-Waite e da cabala oriunda da antiga fraternidade *Golden Dawn* de MacGregor Mathers, que fora inicialmente baseada nos escritos de Éliphas Lévi) inspiraram culturas de raízes anglo-germânicas na Europa Continental, Europa Setentrional e, principalmente, na América do Norte. Assim, o ritmo comercial de tradução (não de tradição) resultou na bifurcação do estudo do tarô e, consequentemente, em uma controvérsia desmedida sobre o modo de aprendizado. Os estudantes do século XX que foram influenciados pelas obras dos cabalistas franco-suíços (Lévi, Papus, Wirth, Barlet, Marteau) pouco conheceram sobre aqueles que ficaram entusiasmados pelas obras dos dissidentes da *Golden Dawn* (Waite, Case, Crowley, Palmer, Zain, Regardie), e vice-versa — cresceram equidistantes como se fossem colunas paralelas de um único templo sagrado.

Bem, percebê-las, para mim, foi libertador! Desde 1995 tenho me esforçado em divulgar esse movimento histórico para que o estudo seja facilitado entre os iniciantes, mas tenho consciência de que dificilmente chegará a todos, somente aos que tiverem contato com meus livros, cursos ou palestras. Atualmente as obras das duas

ocultista. Somente *a partir* das obras de Antoine Court de Gébelin (1719-1784) e as de Etteilla (1738-1791), o tarô se desenvolveu como o conhecemos atualmente. Para maiores detalhes históricos, estude o capítulo 5 do volume 1 (GÊNESE DO TARÔ), leia também o último capítulo deste livro (TAROMANCIA, A ORIGEM).

principais correntes de estudo (simbologia e hermetismo) se encontram lado a lado na prateleira de uma livraria ou em alguma plataforma de e-book, deixando os estudantes incertos e os profissionais, com dúvidas. Todas estão corretas, mas contêm técnicas de estudo distintas para se chegar a um lugar-comum: TAROMANCIA. Ora, a divergência no processo de formação não é uma particularidade do tarô, mas de todo e qualquer saber humano — por exemplo, na área da psicologia, além do estudo básico, encontramos vertentes de aplicação terapêutica: linha freudiana, junguiana ou lacaniana; o mesmo no direito: área criminal, trabalhista, civil, entre tantas. Nunca neguei que minha pretensão é abordar o tarô sob uma visão macrocósmica e voltada ao oráculo, não pertenço a um único fluxo de pensamento e defendo abertamente o estudo liberto de dogmas e doutrinas. Devemos entender que TARÔ É TARÔ e não um subproduto que nos obrigue a estudar cabala, astrologia, mitologia ou, ainda, lermos as cartas de uma única forma. *O tarô é uma arte independente que pode se relacionar com tudo, mas não possui ligação com nada.*

Esta trilogia é, sem sombra de dúvidas, a primeira obra já publicada no mundo que aborda e explica a diferença entre diversas correntes de pensamento e a importância da estrutura do tarô, das tiragens e dos métodos (tarologia e taromancia). Na primeira edição desta trilogia, em 2000, já havia utilizado a nomenclatura "método americano" por uma simples razão: embora a técnica seja oriunda do solo londrino, ela surgiu maciçamente em publicações na América do Norte no início do século XX, depois influenciaram por tradução/publicação alguns países europeus, inclusive a própria Inglaterra, mas raramente chegou às línguas latinas (ou teve forte influência sobre ela) antes do advento da internet, seja por intermédio das mídias sociais ou das lojas on-line.

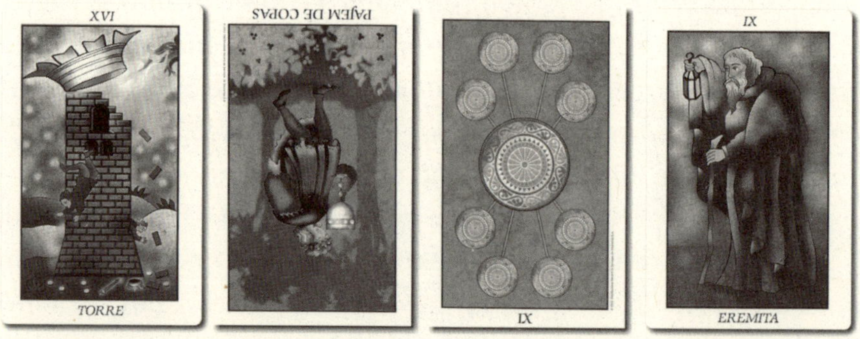

Tarô Clássico Nei Naiff

TÉCNICA: Misture os 78 arcanos em forma aleatória, girando as cartas, invertendo e juntando novamente; então, reúna todas as cartas, escolhendo uma para cada casa da tiragem. Em princípio pode parecer mais simples ter apenas uma carta, mas para o âmbito adivinhatório poderá haver dúvidas, uma vez que a resposta oracular ora se encontraria no universo das *ideias* (arcano principal) e ora no mundo das *formas* (arcano auxiliar); contudo, para os aspectos terapêuticos poderia ser de alguma valia. Talvez esse seja o verdadeiro motivo pelo qual os autores de procedência anglo-americana tendam mais à psicologização e os de origem latina busquem mais o movimento adivinhatório. Uma característica marcante deste método é o emprego/leitura de carta invertida em qualquer casa ou em toda posição que aparecer (absolutamente o contrário do método europeu). E, por incrível que pareça, este método também contém influência da cartomancia de Etteilla ou de Mlle Lenormand, pois observa o encontro mântico das cartas, independentemente do método empregado.

REGRAS DE LEITURA

Já observei em vários livros americanos o incentivo da leitura dos encontros de cartas adjacentes, outros preferem aplicar métodos próprios construídos aleatoriamente de acordo com a situação. Bem, todos são válidos para quem os cria, mas meu objetivo no ensino é transmitir tiragens que possam satisfazer qualquer indivíduo que deseje estudar o tarô. Após aplicar as regras estabelecidas, consegui ter certo grau de entendimento das tiragens, mas, em momento algum, aconselho a tentar fazer a fusão entre as instruções do método europeu e as do americano. *São técnicas distintas que devem ser respeitadas*. **Note e anote:** A maior parte da literatura baseada nos códigos da *Golden Dawn* descreve o hermetismo (cabala, alquimia, magia, gnose) como um estudo essencial à compreensão do tarô, mas o significado **adivinhatório é idêntico em qualquer um desses mesmos livros** — ou seja, estudando ou não as ciências ocultas, as informações oraculares não se alteram na leitura de um lançamento (salvo alguns de arcanos menores, volume 2, página 239), da mesma forma que a linguagem explícita do conhecimento hermético *nunca* será usada durante uma consulta. Trata-se apenas de uma maneira de elucidar o sentido comum ao oráculo. Estudemos as regras do método americano.

1. Carta invertida: atenção

A imagem do arcano que estiver ao contrário (de ponta cabeça) para a visão do tarotista (jamais para a do consulente) denomina-se **carta invertida**, inversa ou reversa. Primordialmente, deve ser compreendida como um **conceito oposto** ao valor regular/básico do arcano; no entanto, em algumas literaturas nem sempre isso ocorre, causando dúvidas na aplicação oracular. Assim, como regra, aplique sempre o sentido contrário, sendo o meio mais coerente para uma boa leitura. Por exemplo, em sua condição primeira, Sol representa *alegria*, *sucesso*, *harmonia* (atributo nuclear); então, sua clara inversão seria *tristeza*, *fracasso*, *discórdia*. Torre, que no aspecto positivo sugere *dissolução*, *decepção*, *prejuízo* (atributo nuclear), no plano negativo simboliza *construção*, *segurança*, *lucro*, que é o seu inverso. Não é difícil entender os aspectos negativos (inversão) de um arcano quando se conhece bem seus atributos positivos (resoluto). Por exemplo, se na casa 2 da Roda Astrológica houvesse FORÇA INVERTIDA, analisaríamos como dificuldade financeira, dívida, prejuízo, erro nos investimentos. Caso encontrássemos TRÊS DE ESPADAS INVERTIDO, diríamos que os obstáculos iriam se dissipar, que haveria a recuperação orçamentária, acordos positivos e muitos ganhos.

a) Ainda podemos considerar que o **mistério** de uma carta invertida se encontra na trajetória que a situação ocorrerá, uma vez que ainda podemos acrescentar algo de sua característica normal. Por exemplo: PENDURADO INVERTIDO significaria que após grandes dificuldades ou obstáculos o consulente poderia encontrar alguma solução, havendo o retorno ao equilíbrio. CARRO INVERTIDO sugeriria haver perdas iminentes ou que os caminhos estariam fechados após os ganhos ou que toda sorte ficaria inviabilizada. Enfim, haveria tantas possibilidades de interpretação que seria necessário escrever mais dois livros somente para elucidar as possibilidades de cada arcano.

b) Outra maneira de observar o arcano invertido é considerá-lo como se a energia natural da carta estivesse **negada**, bloqueada, inexistente, criando uma áurea imprópria para a manifestação original. Nesse preâmbulo, podemos apenas dizer que *tal carta não tem ação*, *não contém sustentação*. Para IMPERATRIZ INVERTIDA, por exemplo, diríamos que “não há prosperidade, não há alegria, tampouco coordenação ou desenvolvimento” ao invés de “estagnação, desacordo, impropriedade ou desafeto”. Em todo caso, tenha como regra: *será sempre o contrário do significado original*.

c) O **método europeu** não usa carta invertida! No entanto, em tiragens que houver "casa negativa" ou alguma posição que represente obstáculos e empecilhos, toda informação inerente à carta invertida poderá ser usada na leitura. Por exemplo: na tiragem Peladan, a segunda casa representa os aspectos "negativos" da questão, então, o referido arcano deve ser interpretado como "inverso" (embora não o esteja fisicamente) — nesse caso, será a posição que inverterá a energia da carta. Portanto, PENDURADO, neste caso, significaria que a situação "não estaria estagnada ou que haveria solução e progresso". Contudo, se o tarotista estiver usando o **método americano** para o Peladan, não deve se esquecer de que a casa 2 fará a inversão natural do arcano; assim, caso encontre PENDURADO INVERTIDO revelará que "não haveria solução e tudo estaria estagnado e sem progresso" — ora, sabemos que a posição da tiragem qualifica o significado da carta e, neste caso, encontramos a *negação da negação*, o contrário do contrário. Reflita sobre este tópico antes de continuar a leitura.

2. ARCANO MAIOR: TENDÊNCIA

O método americano exige severa observação na posição/casa que contiver o *arcano maior*, pois significa que necessita de aconselhamento. *Ele realça fatos importantes, mas não delimita a trajetória como o faz o arcano menor.* O universo dos arcanos maiores se divide em diversos planos, ao contrário do arcano menor, que é singelo em sua significação. Nesta técnica devemos entender que o arcano auxiliar sinalizará que aquela referida casa (ambiente da consulta) já contém estruturação e raramente poderia ser alterado; no entanto, o arcano principal (estando em posição normal ou inversa) não haveria fixação suficiente para termos qualquer certeza na direção da resposta. Por exemplo: Roda Astrológica, casa 2, SACERDOTE — tendência à organização financeira e aos acordos positivos, todas as situações dependeriam de um comportamento equilibrado e caracterizado pela legalidade; em suma, nada contrário às normas será feito (este arcano é o baluarte das leis morais e sociais). Agora observe: SACERDOTE INVERTIDO — tendência à desordem financeira, ao malogro ou a dívidas desnecessárias, visto que essa carta tem o dom da "organização", mas se encontra negativada, revelando irresponsabilidade do consulente. **Note e anote**: Toda vez que empregarmos os 22 arcanos maiores ou os 78 em um método americano, a consulta sempre tenderá a um mundo de possibilidades e ao universo da autoajuda, em raros casos poderemos afirmar uma direção contundente, sendo esse o resultado da psicologização no tarô.

3. CARTOMANCIA: UM LEGADO

Interessante como há um escárnio natural na palavra "cartomancia" ou "adivinhação"; no entanto, no método americano a análise intuitiva das cartas é estimulada e as cartas incitam a leitura imaginativa a partir do desenho do arcano. Bem, encontramos certo paradoxo nessa condição, pois não vejo diferença entre um cartomante e um tarotista ao lerem as cartas sob a condição de extraírem histórias deliberadas de um conjunto de cartas ilustradas, que não estejam relacionados à questão. Diferente do método europeu, no qual apenas a combinação maior-menor em relação à pergunta-posição se consegue ler um resultado, aqui, nem sempre haverá essa dimensão, visto que encontramos tiragens específicas que atuam no encontro de cartas (sem pergunta ou referência objetiva das casas). Nesse processo de leitura, cada arcano deve ser analisado individualmente, depois acrescido da carta posterior como parte do desdobramento de uma história. Nos cursos básicos de tarô, eu sempre criava exercícios ou pesquisas para estimular o intelecto e a intuição na leitura de cartas. Veja esse processo em TRIBUTO AOS MEUS ALUNOS, página 435, volume 2.

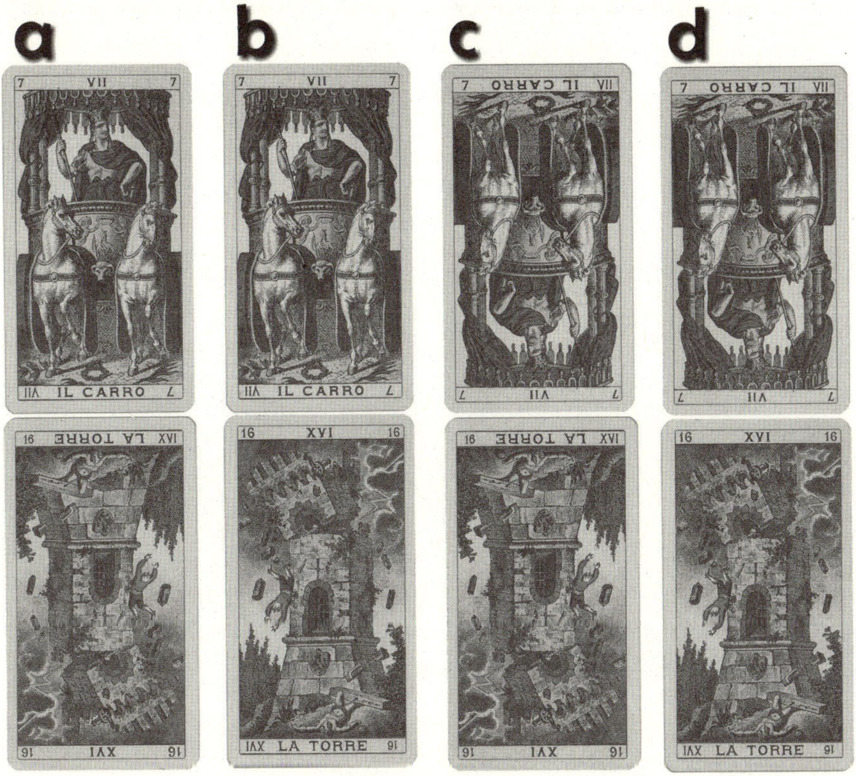

Ancient Italian Tarot
Lo Scarabeo, Itália.

- Exemplo (1). Carro significa prosperidade, sucesso, desenvolvimento; já em reversão: fracasso, inércia, limitação. Torre representa obstáculo, infortúnio, prejuízo; em reversão: sucesso inesperado, retorno ao poder, controle de situações negativas. Vejamos a sequência com apenas as possibilidades mais simples em termos materiais:

a) Carro (normal) seguido de Torre (inversa) = prosperidade acrescida de sucesso inesperado.

b) Carro (normal) seguido de Torre (normal) = sucesso que apresenta um prejuízo posterior.
c) Carro (inverso) seguido de Torre (inversa) = fracasso, mas haverá recuperação das perdas.
d) Carro (inverso) seguido de Torre (normal) = infortúnio ou prejuízo em longo prazo.

Ancient Italian Tarot
Lo Scarabeo, Itália.

- Exemplo (2). Vejamos uma sequência de cinco cartas (tiragem: Caminho da Luz, para entender o desenlace de uma situação). Uma cliente deseja saber sobre os próximos acontecimentos de sua crise afetiva. Escolheu as seguintes cartas: Ás de Copas (normal), Cavaleiro de Espadas (normal), Pendurado (invertido), Temperança (invertida), Nove de Ouros (normal). Interpretação cartomântica: o amor profundo e incontestável não encontrará nenhum obstáculo ou desengano, tampouco haverá muito tempo ou entrave para que tudo se realize com total satisfação e regozijo. Em suma: em breve a harmonia chegará e o amor vencerá!

PORTAIS SAGRADOS (3)

O método americano é um sistema híbrido[24] que tem funcionado muito bem em casos de aconselhamento ou de autoajuda. Outra característica dessa prática é a pluralidade no trato das tiragens, pois os autores raramente pesquisam tiragens descritas por outros tarólogos ou pesquisam/elucidam algum lançamento contido em outro livro. Entretanto, pontuam sempre duas tiragens: Cruz Celta e Roda Astrológica, mas sempre com alguma casa descrita de modo diferente das demais obras. Nesse método há um incentivo para que o estudante crie sua própria tiragem, faça leituras unicamente intuitivas — não sob um aspecto mediúnico, mas imaginativo — que comprometem severamente a resposta se o indivíduo não tiver um bom conhecimento simbólico dos arcanos ou quiçá alguma sensibilidade espiritual. Com relação aos PERSONAGENS descritos no método europeu, não tenho como avaliar e empregar no método americano, pois toda minha pesquisa foi para aquela linha de lançamento. Nos exemplos anteriores interpretei separadamente cada casa, elaborei passo a passo a análise, e creio que já podemos avançar e sintetizar alguns conceitos, certo? Então, as explicações se tornarão cada vez mais objetivas a partir deste ponto. Se tiver dúvidas, retorne ao tópico PORTAIS SAGRADOS (1), página 102, relendo as regras da tiragem em questão.

---

[24] Classifico de HÍBRIDO em razão de essa corrente ter alterado a numeração entre a Justiça e a Força (Arthur Waite), a nomenclatura dos naipes (MacGregor Mathers) e a denominação da corte (Aleister Crowley), além do uso de cartas inversas e contíguas. Para maiores informações, reveja o tópico TARÔ VERSUS CABALA (volume 1, páginas 223 a 238) e TERMINOLOGIA DA CORTE (volume 2, página 234).

PELADAN

Nem todos os tipos de formas ou tiragens são aconselháveis ou constituem praticidade no método americano pela simples razão de existir a posição "negativa, inversa ou obstáculo" em vários lançamentos. Ora, a dificuldade, por exemplo, será em analisar a carta que sair invertida em uma dessas posições, pois teríamos a condição "negação da negação", tornando o sistema muito mais complexo que o necessário. Por exemplo: SOL (normal) na casa 2 (negativo) — ora, uma vez que essa posição inverte naturalmente o sentido arquetípico do arcano, então, indicaria "insucesso, dificuldades, azar". Agora, preste atenção: SOL (invertido) na casa 2 (negativo) significaria "sucesso, facilidade ou sorte a favor do que está sendo perguntado" — encontramos, como já elucidei anteriormente, o contrário do contrário. Outro exemplo: OITO DE ESPADAS (normal) na casa 2 (negativo) indicaria "êxito, ajuda, realização sob qualquer condição"; contudo, estando INVERTIDO identificaria "malogro, perda, traição". **Note e anote:** A carta invertida em posições negativas ou de obstáculos (de qualquer tiragem) retoma o sentido original e primeiro do arcano. Em todo caso, com um pouco de paciência é possível fazer boa análise. Vejamos uma abertura taromântica completa que, a título de elucidação, faremos duas questões para o mesmo modelo.

Bruegel Tarot
Lo Scarabeo, Itália.

A) Vou comprar o carro este ano?

- Resposta: **SIM**, a compra se efetuará com sucesso após vencer alguns obstáculos.

Analisamos no plano material — Mago invertido na casa 1 e o Ás de Espadas na casa 2 indicam falta de perspectiva ou de conceito sobre o modelo que desejaria comprar, não há ação ou direção programada, tudo é apenas especulação nesse momento. No entanto, Rei de Ouros na casa 3 indica que no caminho futuro é certo encontrar um objetivo e um modelo adequado aos recursos; já Pendurado invertido na casa 4 indica que todos os obstáculos serão vencidos para comprar o veículo, nada impedirá a aquisição material. Por fim, encontramos Sete de Paus na casa 5, ou seja, parece que o consulente está se jogando nessa empreitada sem ter muita consciência do próprio limite, mas a tiragem revelou que irá conseguir.

B) O carinho que Maria sente por mim é amor?

- Resposta: **NÃO**, não é amor, trata-se de laços de amizade, dificilmente será uma namorada ou desabrochará algum sentimento mais íntimo.

Analisamos no plano sentimental — Mago invertido na casa 1 e o Ás de Espadas na casa 2 indicam falta de interesse afetivo, sem desejo ou libido, pois tudo está enfraquecido para uma vida matrimonial. Rei de Ouros na casa 3 indica que no caminho futuro é certo não haver envolvimento afetivo ou algo mais do que um contato social e votos de cordialidade; já Pendurado invertido na casa 4 indica ser autossuficiente emocionalmente (talvez seja narcisista), nem tentaria nada além de uma amizade descompromissada. Por fim, na casa 5 encontramos Sete de Paus, ou seja, no momento, parece que o consulente está se arriscando nesse afeto sem ter muita consciência dos limites, e a tiragem revelou que Maria não se envolverá afetivamente com ele. Melhor esquecer e seguir em frente.

CRUZ CELTA

Acredito que esta seja a tiragem mais divulgada e usada pelos tarotistas, em todos os países; mas as inúmeras informações divergentes nos diversos livros de tarô terminam por sugerir uma nova cunhagem em cada um deles. Independente do lançamento que venha aprender, não tente fundir ou encontrar um denominador comum entre eles, cada um tem sua magia em particular. Bem, esse é um conselho que dou para qualquer tiragem que apresente muitas variações em suas casas. A tiragem deve ser respeitada. Vejamos um exemplo taromântico completo.

- *Um jovem solicitou uma análise profissional e deseja saber se receberá alguma promoção em breve.* A resposta bem direta e objetiva seria NÃO, mas há aconselhamentos e diretrizes para entender a razão de não conseguir o que deseja e talvez se preparar melhor para o que almeja.

Native American Tarot
Lo Scarabeo, Itália.

Sol (origem da pergunta, casa 1) indica que o início profissional foi repleto de possibilidades e boas perspectivas. Força (questionamento, casa 2) revela que deseja manter tal expectativa e oportunidade nesse período. Acredita firmemente que atingirá os objetivos profissionais e financeiros (Cavaleiro de Ouros, casa 3); no entanto, apesar de conter condições para tal crescimento (observado nas casas 1 e 2), Três de Copas invertido na casa 4 indica que o infortúnio o espera, não havendo promoção em curto prazo. Na sequência encontramos Mundo invertido e Eremita (casas 6 e 8) apontando que não haverá melhoria profissional. Inclusive, algo inesperado surgiu no trabalho nos últimos meses para que essa promoção não ocorra (Julgamento no passado, casa 5). Louco na casa 7 exemplifica bem o estado de ansiedade, incoerência e desatenção do consulente, e Sete de Copas invertido (casa 9) adverte que a grande questão é sua inclinação em se iludir ou imaginar algo além de sua competência (observe a leitura dessa carta: negação da negação!). O consulente deveria rever os desejos e as ambições, observando quais as verdadeiras habilidades, qual a razão de perder a promoção — será que não precisaria de uma reciclagem? Estaria capacitado? Por fim, Quatro de Espadas posicionado na casa 10 enfatiza (junto com o Mundo invertido) que não haverá ascensão por, no mínimo, um ano (tempo que vale essa jogada). Contudo, vale ressaltar que esse arcano não abre portas, nem projeta melhorias em longo prazo; assim, não haveria chances de ascensão mediante o status profissional atual.

RODA ASTROLÓGICA

Este lançamento, um dos meus favoritos, é a melhor opção para uma orientação segura do movimento de vida. Ele analisa meticulosamente o momento atual, avalia o comportamento, pondera os acontecimentos e delimita se ainda será possível usar o livre-arbítrio. É uma das raras tiragens que em qualquer método empregado (básico, europeu, americano) encontramos uma resposta clara do oráculo. **Note e anote:** Um dos segredos do método americano é compreender que os arcanos menores são focos **estáveis,** objetivos e diretos, nos quais não há grandes chances de mudança (arcano menor = forma) e que os arcanos maiores são **instáveis,** alguns podendo ser moldados pelo arbítrio (outros, não). Por fim, devem-se ressaltar bem as cartas **invertidas,** pois, muitas vezes, indicam alguns pontos a serem corrigidos, cruciais para um futuro equilibrado. Vejamos mais um modelo taromântico, mas vamos interpretá-lo de forma bem sucinta; tendo dúvidas, reveja os arcanos no volume 2.

- *Homem, 35 anos, casado, vendedor.* Lembre-se que nessa tiragem não há perguntas e as próprias casas já determinam o campo de ação (plano de leitura), cuja análise é única e objetiva; tudo é válido por um período aproximado de três meses.

Nessa abertura podemos observar que as casas referentes aos aspectos psicológicos (1 e 9) indicam que o consulente está bastante decidido no que planeja, com ideias muito claras e objetivas (IMPERADOR + CARRO) tanto no presente como para o futuro; ao acrescentarmos o estado emocional interior (casa 8, SACERDOTE) percebemos que ele tem autocontrole, bom senso e responsabilidade em sua vida. Todas as ideias, conceitos e anseios são expressos ou comunicados (casa 3, REI DE ESPADAS) de forma veemente, seca e direta. Deduzimos que há muita convicção no que deseja ou faz, não havendo reciprocidade. Por sua vez, o plano espiritual (CARRO) indica haver uma força positiva e grande poder astral.

No plano material (casas 2 e 6, TRÊS DE ESPADAS INVERTIDO + ESTRELA), tanto o plano financeiro como o profissional está sob controle e livre de problemas; podemos, inclusive, considerar que, com relação ao dinheiro, as dívidas (se houver) serão pagas em breve e no trabalho poderá ocorrer alguma promoção ou bem-aventurança.

Michelangelo Tarot
Lo Scarabeo, Itália.

O grande entrave se encontra na relação afetiva (casa 5 e 7, ENAMORADO INVERTIDO + QUATRO DE COPAS), mas devido à natureza egotista (já revelado nas casas 1, 9, 8 e 3) talvez não observe que o casamento necessite de atenção. Ele não tem mais afinidade sentimental, tampouco é carinhoso ou atencioso; já a parceira parece estar insatisfeita ou inquieta, questionando o futuro da relação.

Por sua vez, o lar (casa 4, Oito de Copas) e o plano social (casa 11, Imperatriz invertida) estão longe de serem harmônicos ou terem positividade: há brigas e falta o respeito mútuo no lar e, por sua vez, os amigos podem ter se afastado por falta de confiança. O conselho principal (casa 12, Pendurado) solicita ao consulente refletir, meditar, buscar entender o plano real da vida (nesse lançamento revelou ser o plano afetivo), e também falar menos, ouvir mais.

MÉTODO ITALIANO

A compreensão dos lançamentos (oráculo, taromancia) é a área mais procurada no estudo do tarô, mesmo as pessoas que buscam o autoconhecimento e a meditação por intermédio de seus arcanos terminam por se render à arte divinatória. Contudo, esse livro sagrado somente revela sua mensagem e orientação quando perguntamos, escolhemos algumas cartas e as deitamos em uma tiragem; caso contrário, o arcano não significará nada! Já vimos o método *europeu* e o *americano*, ambos se utilizando dos 78 arcanos de modo diverso, representando vias distintas que se direcionam ao mesmo lugar. Portanto, é uma questão de gosto ou afinidade usar um ou outro método. Há tantas técnicas e tiragens que seria impossível conhecer à fundo todas elas, por isso sempre recomendo que escolha um método (básico, europeu, americano, italiano) e, nesse contexto, aplique frequentemente apenas uma dezena de tiragens à sua escolha, mas entre elas: Pequeno Mestre (conselho), Peladan (pergunta), Cruz Celta (situação) e Roda Astrológica (completa), que são aberturas fundamentais. Por anos tenho observado um interesse muito grande nos estudos dos arcanos, mas pouco no das tiragens (releia ESTRUTURA DO MÉTODO, neste volume). Este é um dos motivos pelos quais reestruturei o terceiro volume desta trilogia, focando a leitura em toda sua diversidade, juntando, pela primeira vez na história do tarô, todas as técnicas e metodologias existentes até então. Finalizando este capítulo e os três modos de se combinar as cartas, apresento ou relembro alguns sobre esse procedimento muito interessante, mas muito limitado.

Classifiquei o método com tal nome — MÉTODO ITALIANO — porque apareceu em literaturas italianas no século XVI, também na obra de Papus, e ainda está em uso por alguns ocultistas. É importante salientar que é válida somente para tiragens de perguntas ou de situações específicas, como Peladan e Templo de Zeus. Este método poderia ser uma forma de iniciar os estudos e as práticas com os arcanos menores, uma vez que vamos escolhendo os naipes apropriados às questões. O interessante deste lançamento é que poderemos usá-lo com as regras de qualquer método, como se fosse uma variação. Considero muito útil, prático e proveitoso quando se usam combinações apropriadas, principalmente quando estamos aprendendo a usar os arcanos menores.

Tarô Clássico Nei Naiff

TÉCNICA: no método italiano não se aplicam os 78 arcanos, mas parte deles. Vejamos: para cada tipo de pergunta use os 22 arcanos maiores em conjunto com apenas *dois* naipes (+ 28 cartas) referentes ao plano requisitado. *Esse método pode ser aberto tanto com as técnicas do método europeu como as do americano.* Ele, na realidade, é um sistema auxiliar e todas as regras de combinações ou cartas invertidas devem ser lidas da mesma forma que o já explicado anteriormente.

REGRAS DE LEITURA

Escolha as cartas de acordo com a questão:

- Plano MATERIAL — naipe de OUROS + naipe de ESPADAS
- Plano MENTAL — naipe de ESPADAS + naipe de PAUS
- Plano SENTIMENTAL — naipe de OUROS + naipe de COPAS
- Plano ESPIRITUAL — naipe de COPAS + naipe de PAUS

1. **Usando o método europeu**

Escolha o tipo de abertura, faça a pergunta, embaralhe os 22 arcanos maiores, escolha e reserve; misturam-se somente os 28 arcanos menores indicados para a questão, escolha e reserve. Ao montar a tiragem escolhida, deite na primeira casa a primeira carta escolhida do arcano maior junto com a primeira elegida do arcano menor. A leitura e a regra serão as mesmas da página 146.

2. **Usando o método americano**

Escolha o tipo de abertura, faça a pergunta, misture os 22 arcanos maiores com os 28 arcanos menores indicados para a questão, embaralhando (tudo junto, em forma circular) e escolhendo uma carta para cada casa da tiragem. Arranje o lançamento de acordo com a sequência: coloque a primeira carta escolhida na primeira casa e assim por diante. A leitura e a regra serão as mesmas da página 181.

PORTAIS SAGRADOS (4)

Um dos segredos mais valiosos da TAROMANCIA é respeitar tanto a linha de pensamento do tarô (simbologia, mitologia, escola cabalística inglesa ou cabalística francesa) como os métodos de aplicação dos 22 arcanos (método básico) ou dos 78 arcanos (europeu, americano, italiano). Sabemos que há certas variações na numeração, denominação da corte e valores arquetípicos de alguns arcanos. Tenho pontuado essas questões ao longo da trilogia para que fiquem sedimentados e clarificados tais elementos para os tarólogos e tarotistas. Embora tenha classificado baralhos, escolas de ensino ou métodos de aplicação, tudo objetivava o conhecimento amplo para que se pudessem empregar tais técnicas com maestria, tudo foi no intuito de facilitar a compreensão dos diversos livros existentes.

Não tente unir as correntes nem encontrar um denominador comum entre elas ou nos métodos, pois são oriundos de um processo histórico e filosófico que se tangenciam, mas não podem se amalgamar. São variações de uma mesma matriz, entretanto, com tecnologia distinta, como o motor de um carro que não pode ser alocado em outro de marca e modelo diferente. Vejamos. Se o tarotista escolheu ler com o tarô de Crowley ou de Waite, deve entender que alguns arcanos menores (Sete de Ouros, Dois de Espadas ou Princesa[25] de Ouros, por exemplo) terão análise adivinhatória distinta do tarô de Marselha, do Mitológico ou do Egipcios Kier. No entanto, ao usar o método básico (somente os arcanos maiores) não haverá problema ou diferença alguma na taromancia com o uso de qualquer tarô,

[25] O tarô de Thot de Aleister Crowley influenciou muitos artistas plásticos na década de 1980, que copiaram a nomenclatura arbitrada por ele no início do século XX. Releia as páginas 233 a 240, volume 2.

inclusive com os tarôs que repetiram a troca de numeração[26] entre a Justiça e a Força arbitrada pelo ocultista Arthur Waite (1857-1942). Por conseguinte, ao se eleger o método europeu, é preciso seguir as regras: a combinação aos pares de arcano maior e menor, e jamais usar a carta invertida. *Não misture, não invente, já temos caos demais no estudo do tarô, precisamos coordenar e simplificar.*

Reforçando o conceito do método italiano: somente o empregue para perguntas e situações, não há como fazê-lo na Roda Astrológica, Conselho do Mestre, Templo de Afrodite ou qualquer abertura que contenha diversos planos da vida. Apesar dessa limitação, o método italiano é muito valioso (e rápido) para perguntas objetivas (Peladan, Quadrado Pessoal, Templo de Zeus, Estrela de Davi, entre diversos), também *não* é indicado quando a tiragem tiver mais de sete casas, como Cruz Celta ou Tabuleiro Cigano. Vejamos dois exemplos empregando o método italiano — Peladan com o método europeu e Peladan com o método americano.

PELADAN (MÉTODO EUROPEU)

- *Uma consulente desejava saber se, nos próximos seis meses, será promovida ao cargo de gerente.* Por se tratar de uma questão de ordem *material,* devemos usar apenas os naipes de Ouros e Espadas; ao escolhermos o método europeu, empregamos a leitura aos pares (arcano maior + arcano menor) e não usamos carta invertida (se surgir alguma, apenas a desviramos).

---

[26] Para maiores esclarecimentos estude as páginas 233 a 238, volume 1.

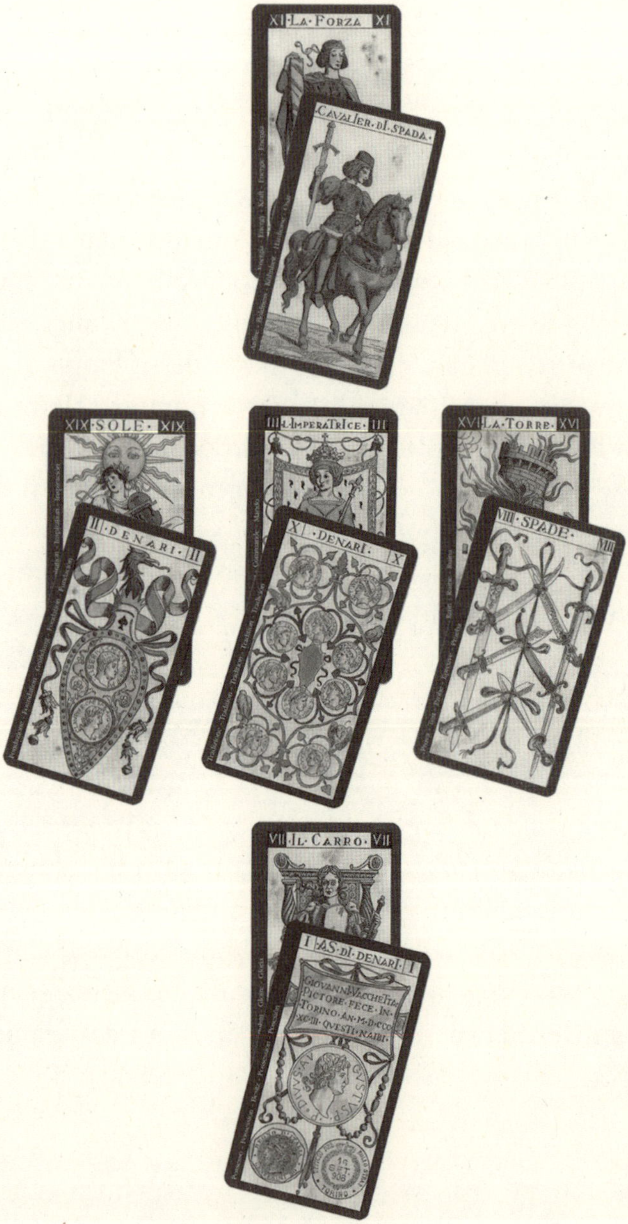

Tarot of the Masters
Lo Scarabeo, Itália.

As casas 1 e 2 indicam que no presente momento há muitas condições favoráveis de ser indicada ao cargo de gerente em um futuro próximo. A combinação Sol + Dois de Ouros sugere que há pequenos obstáculos a serem superados, mas com garantias de sucesso, visto que a combinação Torre + Oito de Espadas indica sucesso pleno (se encontra em posição negativa, lemos de forma contrária!). A leitura seguinte, as casas 3 e 4, que revelam o futuro, indica que os pequenos problemas iniciais serão superados com a própria capacidade profissional, resultando em êxito total. Força + Cavaleiro de Espadas sugere que terá o controle sobre o meio ambiente, direcionando seu potencial para o que deseja e, por fim, Carro + Ás de Ouros resulta em vitória e prosperidade. A combinação central (casa 5), Imperatriz + Dez de Ouros, indica que a promoção é de extrema importância e satisfação para a consulente. **Resposta:** sim, ao longo dos próximos seis meses ela será promovida a gerente.

PELADAN (MÉTODO AMERICANO)

- *Um consulente perguntou se sua noiva o amava de verdade*. Por se tratar de uma questão de ordem *sentimental,* devemos usar apenas os naipes de Ouros e Copas; ao escolhermos o método americano, empregamos a leitura de apenas uma carta por casa e podemos manter a carta invertida, caso apareça no lançamento (o que geralmente ocorre devido ao modo que se embaralha).

Cleopatra Tarot
Lo Scarabeo, Itália.

As casas 1 e 2, o presente momento, contêm TORRE (positivo) e CAVALEIRO DE COPAS (negativo), enfatizando a condição de a noiva se sentir rejeitada ou não correspondida pelo consulente do modo como ela deseja/sonha. Algo ocorreu para que ficasse desiludida e magoada; também revelam que o verdadeiro amor está severamente comprometido pela desilusão. As casas 3 e 4, indicadores de futuro, já indicam a reorganização emocional visto que surge o CINCO DE OUROS INVERTIDO, que significa superação e controle, seguido do DEZ DE COPAS, revelando que o amor e a felicidade vencerão, mas a longo prazo. Por fim, CARRO mostra o consulente desejando a superação dos problemas e a conquista do amor, pois não a deseja perder. **Resposta:** sim, apesar de haver alguma rusga atual, ela o ama e o lançamento indica a reconstrução afetiva; nada está totalmente perdido, nem findado.

> **Note e anote:** Quando usamos o método americano/italiano, duas questões devem sempre ser revistas — o arcano maior e o arcano invertido —, pois representam áreas em desequilíbrio, um movimento anacrônico, cujas deficiências são alertas para rever o futuro. Aqui temos a TORRE que sempre alerta para o orgulho, a falta de compreensão do todo, o rompimento de velhas crenças (veja o tópico *Núcleo*, página 181, volume 2); já o CINCO DE OUROS (veja o tópico *Núcleo*, página 272, volume 2) indica que houve um afastamento, um desgaste, um período de crise e que será resolvido com o retorno ao estágio inicial (por estar invertido). Neste caso, é importante alertar ao consulente sobre as responsabilidades inerentes a um relacionamento, pois não podemos agir como "solteiros" ou de modo "egoísta".

POSSO TIRAR UMA CARTINHA?

Em todas as técnicas apresentadas com o tarô completo, como em qualquer método (europeu, americano, italiano), em uma determinada posição, se você ou o consulente tiver alguma dúvida sobre a análise ou desejar algum complemento de leitura, poderá escolher mais um *arcano auxiliar* (*menor*) para observar melhor o assunto ou a pergunta. Nada impede que retire quantas cartas desejar (dos arcanos menores); porém, sempre condicionado à situação exposta, escolhendo apenas uma carta para cada pergunta e de modo bem objetivo! O melhor ainda é elaborar uma pergunta à parte, mas esse caminho é válido.

Vejamos um exemplo (método europeu, Roda Astrológica, casa 7, EREMITA + QUATRO DE ESPADAS). Após ouvir a analise desfavorável de seu relacionamento, a consulente contestou imediatamente:

— Por que meu noivo está assim?

Então, elegemos somente um arcano menor para responder; contudo, se ela ainda formular novos questionamentos sobre o mesmo problema (*Ele ainda me deseja? Iremos nos casar? Será em breve?*), retiremos mais uma carta para cada questão (CAVALEIRO DE OUROS, TRÊS DE COPAS, DEZ DE OUROS E NOVE DE PAUS). Lembre-se: cada escolha contém uma pergunta simples sobre a mesma situação, caso os questionamentos se tornem complexos ou saiam do contexto (por exemplo, *Devo ou não continuar o noivado? Ele comprará uma casa?*), devemos abrir uma tiragem à parte (Peladan, Cruz Celta etc.).

O parceiro está cauteloso e ausente;
sem expressão afetiva, em silêncio.

1) Por que está assim?
Por razões da vida material, talvez algo profissional.

2) Ele ainda me deseja?
Sim.

3) Iremos nos casar?
Sim.

4) Será em breve?
Não.

Bruegel Tarot
Lo Scarabeo, Itália.

NOTE E ANOTE

A segurança na leitura do tarô está em seu completo conhecimento histórico, filosófico, simbólico e estrutural. Não se iluda que um simples workshop, em um único fim de semana, aprendendo unicamente os arcanos maiores ou a suposta "consagração mística" das cartas, seja capaz de apresentar toda a ciência do universo do tarô, sem nunca mais ler ou estudar mais nada. *Não, não!*

Leia atenta e sequencialmente o tópico INTRODUÇÃO dos três volumes, que representa uma crônica dos caminhos esotéricos no início do terceiro milênio. A única via segura para o tarô é o estudo, a pesquisa e a prática, muita prática. O avanço dependerá de leituras, indagações, reflexões e dissertações.

Leia e releia várias vezes esta trilogia. Abra o tarô e consulte sempre esta obra; pois, a cada lançamento, a cada nova leitura, você descobrirá diversas mensagens ocultas que não percebeu ou entendeu da primeira vez.

PARTE 3

AMOR

O AMOR, O RELACIONAMENTO E O CASAMENTO SÃO SITUAÇÕES DISTINTAS que podem ou não estar em harmonia. O amor não é garantia de um casamento e, se significasse a única base da felicidade, todos viveriam plenos desde o primeiro relacionamento afetivo, não é verdade? Sinceramente, não basta *unicamente* amar, é necessário se relacionar! Relacionar? Sim, expressar os desejos, comunicar os pensamentos, falar do próprio âmago, mas, ao mesmo tempo, saber ouvir, elaborando um bom diálogo, sendo recíproco e trocando informações. Na verdade, o mais importante é planejar (juntos) um futuro melhor e não impor somente os próprios sonhos; também é preciso haver respeito mútuo, procurando compreensão ou aceitando as qualidades e os defeitos. O amor sem o devido relacionamento não tem futuro, estejamos casados ou não. Em qualquer união em que haja uma boa relação, se consegue suportar o declínio natural do êxtase do amor e do sexo; mas qualquer afinidade afetiva, namoro ou casamento, não suporta a falta de um bom relacionamento (diálogo/expressão), mesmo que os parceiros se amem e se desejem ardentemente. Somente quando os parceiros conseguem estabelecer metas em comum, afetividade mútua, respeito e tolerância nas diferenças, é que conseguem preservar a união. Quando estiver preparado para entender que um matrimônio é apenas um contrato jurídico e não a posse afetiva, você já se encontrará muito mais próximo da felicidade. Minhas avós diziam:

Antes de casar, sussurramos: meu bem; depois da separação, clamamos: meus bens! Ou seja: o casamento é uma instituição jurídica, não a fiança do amor eterno. Quantas pessoas pensam que o casamento trará o amor do parceiro, que basta um amar? Muitas. Quantas pessoas se casam por causa de uma gravidez indesejada? Um monte. Quantas creem que os filhos serão a segurança de uma união duradoura? Centenas. Quantas juram fidelidade e, depois, traem? Milhares. Seguramente, o amor deve ser uma via de mão dupla; pois ele é indivisível, não podemos amar por dois e cada qual estabelece o limite das prerrogativas afetivas. Sempre ouço: "Se ele me ama por que não se casa comigo?" ou "Se ela me ama por que me traiu?". O problema é que quando se exclui uma visão clara da realidade conjugal, o resultado futuro é o sofrimento; além disso, enquanto um dos envolvidos apresentar a convicção de que é o centro do mundo, encontrará inúmeros dissabores afetivos. Sim, porque nem todas as escolhas são perfeitas, uma vez que o tenebroso ciúme, a cruel posse, a louca irresponsabilidade ou o ardiloso egoísmo torna a convivência afetiva insuportável (mesmo amando). O relacionamento é tão importante na vida de um casal que a falta dele pode terminar em uma indigesta traição e esta, talvez, seja a maior decepção de uma união. Sempre tenha em mente que a infidelidade não indica, necessariamente, a ausência do amor ou do desejo, mas unicamente a degeneração de um relacionamento, a falha da reciprocidade. Muitas vezes quem foi traído é tão culpado quanto quem foi infiel, seja por ingenuidade, ilusão ou negligência. Tal fato é um alerta para retornar, observar os erros e tentar melhorar o convívio; seguir adiante é ir ao encontro do divórcio ou de grandes prejuízos afetivos. Por isso, a questão não é amar ou ser amado, mas conseguir um relacionamento com propriedade, interagindo com um bom diálogo dos objetivos em comum. Neste capítulo esboçaremos exclusivamente o tema AMOR, a diversa nuance de cada carta, para *solteiros* e *compromissados*, com linguagem e tiragens exclusivas sobre o assunto.

22 ARCANOS MAIORES

Quando dizem que o ser humano é holístico, as pessoas estão se referindo a vários planos coexistindo: material, sexual, mental, sentimental, espiritual, ou seja, os diversos aspectos do corpo e da alma. Essas classes podem interagir, ou não, dependendo do nível de sabedoria e autoconhecimento de cada um. Assim, a premissa básica para qualquer boa leitura no tarô é a consciência de quem somos. Quando o consulente pergunta *se alguém gosta dele, se o ama ou o que pensa a respeito da relação*, o tarô responde; mas revela, essencialmente, o que for perguntado! Muitas vezes, ele gosta de alguém, mas não pode ficar com o pretendente pela distância; inúmeras outras, deseja ardentemente uma pessoa, mas não pode consumar o delicioso sexo e, ainda, há casos de desamor cujo casal não pode se separar por razões materiais ou familiares. O grande mistério afetivo é construir uma simbiose entre os planos da vida e, quando o fazemos, podemos obter extrema harmonia e alegria em um relacionamento. Nesse ponto, adoro algumas tiragens do tarô, por esclarecerem os múltiplos pontos afetivos envolvidos, promovendo boa orientação ao casal que está em conflito ou aos solteiros diante de inúmeras possibilidades.

Nesta seção, durante a apresentação dos arcanos, será possível perceber diferenças na análise para solteiros e casados. Tal fato se deve por razões lógicas, pois pessoas que flertam ou tentam reatar um relacionamento não apresentam o mesmo *grau* de cumplicidade das que estão casadas ou, ainda, namorando. Podemos dizer que ao convivermos com alguém, sempre tendemos a ser complacentes, uma vez que aceitamos ou pedimos perdão pelos erros praticados. Também, podemos assegurar que ninguém olha para uma pessoa e fica imediatamente apaixonado — podemos ficar fortemente atraídos, repletos de expectativas afetivas ou apenas de interesse sexual. Contudo, dizer que se *ama* alguém sem nunca ter convivido, é imaturidade, uma confusão entre o que seja "tesão" e "amor". Outras vezes, são sonhos que se misturam com ilusões. Somente com o tempo nasce o verdadeiro amor; porém, se houve traição, se não havia respeito ou compreensão, então, não era amor, talvez fosse egoísmo, vaidade, passatempo ou algo parecido. No volume 2 há indicações sobre o ATRIBUTO BÁSICO E DIVERSO para cada carta, que é válido para qualquer análise afetiva (plano sentimental), agora, iremos minudenciar e completar o assunto; também é válida a releitura do tópico PESSOA VERSUS ARCANO (página 85, deste livro). As imagens que ilustram este capítulo compõem o tarô clássico Nei Naiff, e nos significados das análises que envolvem o assunto, todos os arcanos estarão divididos da seguinte forma:

Tipo de relação:

- PESSOAS LIVRES — solteiro, separado, sozinho, desimpedido ou sem relação amorosa estável, incluindo relação extraconjugal.[27]
- PESSOAS COMPROMISSADAS — namorado, noivo, casado ou em qualquer tipo de relação amorosa no âmbito legal e social.

Planos de leitura da carta:

- *Relação* — expressão, motivação, compartilhamento, o que pensa e/ou deseja.
- *Amor* — o que sente em relação à pessoa, qual a sensação ou vontade.
- *Sexo* — libido, ação, atração ou comportamento sexual.
- *Futuro* — qual o presságio para o casal, tendência real do relacionamento.

---

[27] Esclareço que é possível empregar a tiragem TEMPLO DE AFRODITE para uma leitura extraconjugal, mesmo que uma das pessoas seja casada e a outra solteira ou, ainda, as duas compromissadas, a leitura se estabelece sempre por este tópico: PESSOAS LIVRES, visto que nesse tipo de envolvimento não há compromisso social, nem solução em longo prazo para certa legalização.

MAGO

Indica natureza sedutora e envolvente, deseja sempre melhorar a relação para evitar o marasmo, para isso, utiliza a criatividade. Faz tudo para conseguir o que almeja (pessoa livre) ou tudo para manter o relacionamento (namoro, casamento).

Pessoas livres:
Relação — flerte, sedução, intenção de namoro passageiro.
Amor — expectativa afetiva, mas não fará esforço.
Sexo — criatividade, atração efêmera, interesse passageiro.
Futuro — possível namoro, contudo, está em um plano muito frágil e o cliente necessita investir mais na sedução, na dedicação e no planejamento.

Pessoas compromissadas:
Relação — reconquista, atitude inovadora, busca do tempo perdido.
Amor — desejo de estar junto; ansiedade, expectativa do afeto.
Sexo — ativo, criativo, dinâmico, pronto para qualquer momento.
Futuro — novos caminhos positivos para o relacionamento; tende a melhorar o relacionamento, talvez deseje filho, mudança de casa ou renovação.

SACERDOTISA

Indica conservadorismo, ortodoxia ou rigidez, não expressando exatamente o que sente ou pensa. Não gosta de tomar iniciativas, sempre espera que o parceiro o faça. Para os solteiros, sugere nenhuma relação afetiva; para os casados e compromissados, tudo se mantém como está (boa ou má, mas sem discussões).

Pessoas livres:
Relação — pensa em se relacionar, mas não fará nada para realizar, moralista.
Amor — sente-se preterida por outra pessoa, falta autoestima.
Sexo — pudico, sem expressão sexual, recato.
Futuro — possibilidade do namoro, muita conversa e pouca ação; talvez seja impossível de se relacionar ou continuar.

Pessoas compromissadas:
Relação — não fala o que pensa, mas não deseja mudar nada na união.
Amor — carência afetiva; tem alguma mágoa e não pretende revelar.
Sexo — timidez, sem ação, faz o que o parceiro desejar.
Futuro — se estiverem em harmonia, há prenúncio de felicidade; se estiverem com problemas conjugais, há presságio de ressentimento; tudo indica que não haverá mudança da relação, tampouco separação, mesmo que se deseje.

IMPERATRIZ

Indica domínio nas emoções, buscando sempre a harmonia ou evitando situações desnecessárias. Muito seguro em todos os planos, não suporta derrota, mentira ou adulação. Avança sempre de forma positiva para a relação (livres e desimpedidos) ou nutre autoconfiança e desejo (compromissados em geral).

Pessoas livres:
Relação — bom planejamento futuro, deseja namorar firme.
Amor — alegria, afetividade, sensação de segurança.
Sexo — desejo, sensualidade, atração verdadeira.
Futuro — tende a namorar tendo consideração e harmonia; bons projetos futuros, relacionamento que se tornará sério e duradouro; boas perspectivas.

Pessoas compromissadas:
Relação — melhoria no âmbito familiar, harmonia e prosperidade.
Amor — segurança afetiva, fidelidade, amor maduro.
Sexo — busca do prazer, eroticidade, adoração, entrega total ao parceiro.
Futuro — harmonia, solidificação dos bens comuns, bons planejamentos em longo prazo, constituição da família; caso seja possível, tendência a filhos em breve.

IMPERADOR

Indica egoísmo ou falta de tato; intenção de centralizar o relacionamento; contudo, gosta de ser provedor ou mantenedor. Não pressagia carinho, afeto ou respeito; no entanto, fará tudo para conquistar ou manter o que possui. Para os solteiros indica união por conveniência (afetiva ou social) e, para os casais, uma relação duradoura, mas fria e opressiva.

Pessoas livres:
Relação — não planeja envolvimento sério, apenas viver o presente.
Amor — egoísmo; não deseja se entregar; coração fechado e distante.
Sexo — desejo do sexo, libido intenso; porém, individualista.
Futuro — um namoro baseado na aparência e no status; contudo, impossível de se manter devido à natureza possessiva ou controladora de um dos envolvidos.

Pessoas compromissadas:
Relação — domínio da relação, manutenção da palavra, ancoragem.
Amor — falta de afeto, carinho ou atenção; porém, possessivo e protetor.
Sexo — coito intenso e rápido; busca do gozo, sem criatividade, egotismo.
Futuro — relacionamento duradouro, mas sem a suposta felicidade almejada; noivado eterno para os namorados; muitos filhos para os casados, cujo papel "pai/mãe" se torna mais forte que a função "marido/mulher".

SACERDOTE

Indica uma situação tradicional, moralista e familiar, sugerindo que segue a boa conduta social; o respeito e a virtude estão acima de qualquer paixão, busca honrar o parceiro em todos os níveis. Para os solteiros indica uma condição de forte e sincera amizade; aos enamorados, promessa de união; aos casados, família em harmonia.

Pessoas livres:
Relação — intenção de envolvimento; contudo, depende da ação do consulente.
Amor — respeito e afetividade; no entanto, tende somente à forte amizade.
Sexo — sem libido ou atração, não manifestará ação alguma, afastamento sexual.
Futuro — o relacionamento é possível se ambas as partes se mantiverem íntegras e honestas; mas, ao menor sinal de falta de respeito ou traição, tudo terminará.

Pessoas compromissadas:
Relação — ideias conservadoras, fidelidade duradoura, a união é respeitada.
Amor — carinho e atenção, virtude e honra, magnanimidade em todos os momentos.
Sexo — limitado, metódico e sem criatividade; biológico, natural e conservador.
Futuro — fidelidade seria o melhor presságio; todas as promessas serão mantidas; para os enamorados, um casamento; para os cônjuges, prosperidade da família.

ENAMORADO

Indica desejo intenso de ser feliz, havendo romantismo e sedução; almeja possuir tudo e não desistir de nada; essa carta busca a beleza em todos os atos afetivos. Tanto para os solteiros quanto para os que possuem algum relacionamento, sugere boas perspectivas de harmonia e afeto.

Pessoas livres:
Relação — pensa em namorar, mas algo impede no momento.
Amor — desejo intenso, afetividade, inclinação ao amor.
Sexo — forte atração, criativo; romântico, deleite.
Futuro — incerto, pois depende da sedução; talvez haja competição entre pretendentes, ou a família interferirá na relação.

Pessoas compromissadas:
Relação — questionamento, hesitação para se harmonizar na relação.
Amor — amor, afeto, carinho, romantismo em todas as atitudes.
Sexo — prazer intenso, forte libido, boa expressão erótica.
Futuro — oportunidade de crescimento familiar, oferta de novos caminhos, momento de optar por melhorias; para os enamorados há presságio de casamento; para os casados, forte momento de positividade.

CARRO

Indica entusiasmo, expectativa de felicidade e calor afetivo; segue o impulso do coração, deseja ser feliz; há forte atração que se mistura ao amor. Para todos os tipos de relacionamento pressagia situação de profunda entrega da alma.

Pessoas livres:
Relação — planejamento de namoro; contudo, estará atento a outras conquistas.
Amor — atração, impulsividade, desejo profundo; entretanto, volúvel.
Sexo — forte libido, atração incontrolável, ação direta e voluptuosa.
Futuro — possível namoro, relacionamento intenso, mas passageiro; contudo, deve-se investir, pois será uma relação especial e revigorante.

Pessoas compromissadas:
Relação — ideias de progresso, busca de melhorias e evolução da relação.
Amor — magnetismo, forte afetividade, entrega total ao amor.
Sexo — prazer profundo, libido intenso, forte criatividade, gozo pleno.
Futuro — um magnífico futuro baseado em uma relação criativa e intensa, realização dos objetivos; para os enamorados há indícios de casamento; para os casados, melhoria na família e propriedade.

JUSTIÇA

Indica distanciamento, sem perspectiva afetiva ou retorno à alegria; o sentido moralista desse arcano não permite a compreensão dos erros. Tudo tende ao lógico, jamais ocorrerá entrega de corpo e alma. Tanto para os solteiros quanto para os casados, não pressagia boas notícias, mas muitos problemas a serem resolvidos; sugere ponderação.

Pessoas livres:
Relação — nem pensa no consulente; nenhuma perspectiva, somente social.
Amor — não sente nada, apenas o respeito, talvez forte amizade.
Sexo — não possui espécie alguma de desejo ou atração (pelo consulente).
Futuro — nenhum compromisso ou futuro afetivo; se houver insistência, tende a perder o contato ou o respeito.

Pessoas compromissadas:
Relação — planeja alguma alteração comportamental; afinidade desarmônica.
Amor — frieza e distanciamento; sem afeto, carinho ou atenção.
Sexo — falta de libido; frigidez feminina ou obrigação masculina; sexo biológico.
Futuro — cautela é o melhor caminho se não desejar a separação, pois tende a recuperar o relacionamento; evitar um confronto é a solução.

EREMITA

Indica conforto, condescendência e paz interior; raro grau de maturidade em compreender os revezes da vida; a relação harmoniosa é mais importante que o amor avassalador. Para solteiros, sugere que não desejam se relacionar; para os casais, momento singular de tranquilidade.

Pessoas livres:
Relação — planeja ficar sozinho, manter a privacidade, está em paz consigo mesmo.
Amor — amizade sincera, carinhosa e meiga; sem desejo afetivo.
Sexo — não deseja se relacionar; autossatisfação, isolamento.
Futuro — somente amizade, talvez exista afastamento temporário; impossível de manter um relacionamento.

Pessoas compromissadas:
Relação — planeja a harmonia da relação com maturidade e compreensão.
Amor — afeto, atenção e carinho; fidelidade e honestidade.
Sexo — plena satisfação, mas promovendo o melhor para o parceiro.
Futuro — boa estrutura com fortalecimento dos laços afetivos e familiares; para os namorados indica vários adiamentos para a união oficial; para os casados, relação duradoura e presságio de obstáculos na realização de projetos em comum.

RODA DA FORTUNA

Indica ansiedade, insatisfação e instabilidade; também, medo do futuro afetivo, criando obstáculos desnecessários. Para os solteiros, temos a eterna indecisão afetiva; para os casados, a permanente insatisfação do relacionamento; contudo, todos não fazem nada na conquista da paz.

Pessoas livres:
Relação — não sabe o que deseja do pretendente, incoerência, dúvidas.
Amor — ansiedade, confusão, instabilidade, não entende o que sente.
Sexo — forte libido, compulsão sexual, desequilíbrio.
Futuro — tudo é incerto; impossibilidade de harmonia ou da realização desejada; tendência de surgir outras oportunidades de relacionamento.

Pessoas compromissadas:
Relação — planejamento desconexo, ideias equivocadas, inconstância.
Amor — nervosismo, insatisfação, angústia sem motivo, medo de perder.
Sexo — distúrbio emocional que afeta a vida sexual, sem criatividade.
Futuro — tendência à instabilidade, rixas afetivas, desavença; no futuro próximo haverá confrontos decisivos para o relacionamento, é necessário ter muita cautela; período instável, separação momentânea devido ao trabalho ou estudo.

FORÇA

Indica equilíbrio, segurança e integração; a tendência amorosa, magnética e consciente torna o ponto perfeito nas relações afetivas, tanto para quem procura quanto para quem já encontrou. Essa carta sugere integração madura, talvez já possua muita experiência da vida afetiva, o que contribui para a estruturação.

Pessoas livres:
Relação — planejamento para o namoro, sedução, interesse verdadeiro.
Amor — força afetiva, carinho, tendência ao amor íntegro.
Sexo — atração, desejo, voluptuosidade, magnetismo.
Futuro — namoro em breve, positividade no encontro afetivo; tendência de uma relação duradoura e fidedigna, boas perspectivas.

Pessoas compromissadas:
Relação — controle e planejamento para o bem-estar em comum; união positiva.
Amor — amor, satisfação, segurança, fidelidade, autoconfiança.
Sexo — vitalidade, magnetismo, eroticidade, deleite, forte libido.
Futuro — harmonia, respeito, consideração; sugere que haverá melhorias materiais, período de progresso e satisfação social. Para os namorados, indica um relacionamento duradouro; para os casados, prosperidade.

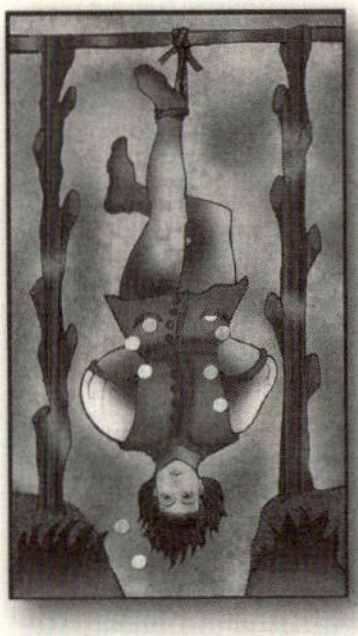

PENDURADO

Indica utopia, ilusão e amargura; a idealização da relação perfeita cria a quimera afetiva; o excesso de compreensão perante todos os problemas é o caminho do sofrimento, não da alegria. Tanto para os pretendentes quanto para os casais, o conselho é a mudança de atitude, não há outro caminho a seguir.

Pessoas livres:
Relação — pensa em outra pessoa, deseja se relacionar para esquecer o passado.
Amor — ama e sofre por outra pessoa, angústia (sem desejo pelo consulente).
Sexo — sem atividade, nenhuma libido ou atração (pelo consulente).
Futuro — impossível, o relacionamento é nulo, problemático, complexo, não possui perspectiva de união feliz; muitos obstáculos familiares ou pessoais.

Pessoas compromissadas:
Relação — obsessão com os problemas do passado, falta de perspectiva da relação.
Amor — insatisfação, tristeza, nostalgia; amor profundo e sem alegria.
Sexo — ausência de atividade sexual, bloqueio psicológico, falta de libido.
Futuro — a relação permanece inalterada, tudo tende a mais dificuldades; também sugere que a vida material do casal se tornará mais difícil, repleta de amargura; sendo que para os namorados indica frustração e, para os casados, desapontamento.

MORTE

Indica dificuldades e egoísmo; a intensidade inicial do desejo se esvai com a rotina da vida; a busca em retornar à felicidade de outrora é a tônica dessa carta; momento de grandes problemas, mas tendendo à solução. Essencialmente, tanto os solteiros quanto os casados almejam acertar a vida afetiva e material a qualquer preço.

Pessoas livres:
Relação — não deseja namorar o consulente; possível distanciamento.
Amor — sofre ou ama outra pessoa; não nutre afeto pelo consulente.
Sexo — dinâmico, erótico, ágil, voluptuoso, egoísta; altamente libidinoso.
Futuro — não há possibilidade de namoro; não existe compatibilidade, nem cultural, tampouco social; sugere que o próprio consulente irá descartar o pretendente e encontrar outro melhor.

Pessoas compromissadas:
Relação — planeja mudar a forma de se relacionar, busca uma nova forma de viver.
Amor — angústia, distanciamento afetivo; falta de carinho e atenção.
Sexo — desejo intenso, vitalidade, forte libido; contudo, egocêntrico.
Futuro — tendência à discórdia, dificuldades em conseguir harmonia; contudo, indica que haverá renovação no comportamento do consulente. Para os namorados e casados, indica possível separação temporária (trabalho, estudo, viagem).

TEMPERANÇA

Indica harmonia, lirismo e tranquilidade; a segurança e a certeza do que possui é um dos grandes pontos nesse arcano; a inatividade deriva da capacidade de entender que a vida é um grande aprendizado. Para os solteiros, a mensagem é de muita amizade; para os casados, a relação é duradoura.

Pessoas livres:
Relação — não pensa em se envolver, nem deseja o relacionamento.
Amor — amizade, carinho e atenção; paz interior, sem atração afetiva.
Sexo — desinteresse, distanciamento, falta de libido pelo consulente.
Futuro — longa amizade confiável, mas sem chance de namoro; fatores externos, tais como família, moradia ou estudo, impossibilitam a união.

Pessoas compromissadas:
Relação — planejamento para melhorias em longo prazo, harmonia e serenidade.
Amor — ama profundamente, meiguice; porém, sente o marasmo e o tédio.
Sexo — comedido, devagar, preguiçoso; falta estímulo e criatividade, libido contida.
Futuro — relacionamento sem alterações; o futuro é criado passo a passo, eliminando os percalços. Sugere que os namorados irão se casar em plena harmonia, mas não na data prevista; para os cônjuges, solução de todos os problemas em longo prazo.

DIABO

Indica vaidade, prazer e posse; toda atenção será pouca, desejando cada vez mais do parceiro; a intensa paixão pelo que possui não admite perder, terminando por sufocar o relacionamento, que poderia ser maravilhoso. Conselho para os solteiros e os casados: ter paciência, bom senso e respeito.

Pessoas livres:
Relação — jogo de sedução, obsessão para o namoro, deseja o domínio total.
Amor — forte desejo, futilidade, vaidade, tendência à posse.
Sexo — lascivo, egoísta, volúvel, concupiscência, forte libido.
Futuro — união bem fortalecida pelos laços sociais; contudo, a relação tende a ser muito difícil, indicando brigas, desconfiança inútil ou falta de respeito (cuja separação será inevitável em longo prazo).

Pessoas compromissadas:
Relação — dominação, controle absoluto, pois não confia no parceiro.
Amor — forte paixão, possessivo; angústia por causa do medo de perder.
Sexo — intenso, voluptuoso, criativo, insaciável; forte libido pelo parceiro.
Futuro — difícil vida harmônica, relação complexa com discussões e desconfiança mesmo com todas as provas de fidelidade. Para os namorados e casados sugere que haverá dias de discórdias permeados com noites de amor.

TORRE

Indica dificuldade, obstáculo e desavença em longo prazo; esse arcano sugere que existem erros e que houve várias oportunidades para repará-los; períodos de grande instabilidade ou falta de atenção ao relacionamento. Para os solteiros, namorados e casados pressagia maus agouros e muitos obstáculos (que dificilmente serão esquecidos).

Pessoas livres:
Relação — não pensa em se relacionar, decepção com o passado (deseja outra pessoa).
Amor — desgosto, lamentação, desilusão (ama outra pessoa); tenta curar a dor.
Sexo — neurose ou trauma que altera comportamento sexual; devassidão, fetiche.
Futuro — sem futuro, afastamento inesperado ou abrupto; vaidade, traição, infortúnio, desequilíbrio; nenhuma possibilidade de se relacionar de maneira harmônica.

Pessoas compromissadas:
Relação — pensa em separação, pois há decepção, desengano, perda da esperança.
Amor — sente-se rejeitado ou desvalorizado; angústia, decepção, desesperança, dor.
Sexo — fantasia não realizada, desequilíbrio da libido, insatisfação permanente.
Futuro — prenúncio de discussões e mágoas profundas, tendência de ruptura ou sério desacordo. Para os namorados, indica separação; para os casados, abandono ou tormento indefinido.

ESTRELA

Indica paz, tranquilidade e esperança; a pureza revelada projeta uma relação baseada no carinho e profundo respeito; quando estamos em harmonia tudo ganha uma dimensão alegre. Para todos os tipos de relações sugere equilíbrio e segurança duradoura.

Pessoas livres:
Relação — deseja namorar, espera a oportunidade ideal para um encontro lírico.
Amor — afeto, atenção, amizade; possível encontro do verdadeiro amor.
Sexo — tímido, recatado, quase pueril; contudo, cheio de eroticidade.
Futuro — tudo indica que o caminho esteja aberto ao possível relacionamento; porém, necessita de tempo e sedução; caso contrário, torna-se uma perfeita amizade.

Pessoas compromissadas:
Relação — planeja melhoria na relação, ideias positivas para o futuro afetivo.
Amor — carinho, alegria, paz interior; deseja toda segurança e fidelidade.
Sexo — integração, atração natural, boa libido; forte criatividade e vitalidade.
Futuro — bons agouros, tudo tende à harmonia e satisfação; o futuro é bastante promissor. Para os namorados, um matrimônio feliz; para os casados, reciprocidade em todos os níveis.

LUA

Indica romantismo, sedução e imaginação; a busca eterna da perfeição afetiva traz como resultado a insatisfação, cujos sonhos e fantasias não condizem com a verdadeira realidade. Tanto para solteiros quanto namorados e casados indica crise conjugal, forte influência do passado, que traz consigo as sombras de sonhos não realizados; também, medo do futuro, mas sem fundamento.

Pessoas livres:
Relação — devaneio, quimera, desordem; falta de autoestima ou clareza de ideias.
Amor — temor de sofrer novamente, mas quer amar; aflição sem fundamento.
Sexo — forte atração pelo parceiro; libido estimulada com algum fetiche.
Futuro — falta de estrutura para levar adiante um relacionamento sereno; ilusão que desestrutura um possível relacionamento; tendência ao namoro, mas revela uma relação ciumenta, com crises constantes, até a possível separação.

Pessoas compromissadas:
Relação — confusão, crise existencial; não sabe o que deseja da relação afetiva.
Amor — paixão, forte afeto, mas angustiante e ciumento; medo de ficar só.
Sexo — eroticidade, lascívia; necessita de fetiches ou da criatividade do parceiro.
Futuro — continuidade da relação afetiva; contudo, há tendência de briga por ciúmes ou incompatibilidade de interesses. Para os namorados, sugere um casamento tumultuado; para os casados, semanas alternadas entre a discórdia e a paz; brigas familiares que prejudicam o relacionamento.

SOL

Indica alegria, segurança e paz; momento de afeição e respeito profundo pela relação da vida a dois; generosidade, compreensão e carinho ultrapassam a barreira do amor e do sexo, também a perfeição e a alegria contagiam todos os níveis. O sucesso e a plenitude acenam para o namoro ou o casamento.

Pessoas livres:
Relação — idealiza se relacionar com o parceiro, espera o momento certo.
Amor — afeto, carinho; tendência ao amor perfeito (se houver reciprocidade).
Sexo — atração, desejo e interação; forte libido e criatividade (havendo retorno).
Futuro — possível namoro duradouro; sugere uma relação feliz tendendo ao fortalecimento do sentimento; encontro agradável e harmonioso.

Pessoas compromissadas:
Relação — planeja melhorias na relação, futuro muito positivo e boas ideias.
Amor — amor pleno, felicidade, alegria, satisfação, júbilo e reciprocidade.
Sexo — forte libido, prazer intenso; integração e criatividade para plena satisfação.
Futuro — solidez, crescimento, interesses em comum que tendem ao progresso e à felicidade. Para os namorados, indica o casamento; para os casados, sugere que um período de boa-venturança se aproxima.

JULGAMENTO

Indica libertação, redenção e reequilibro, surgindo uma nova probabilidade de crescimento afetivo (após grandes obstáculos); presságio de um novo tempo e caminhos prósperos rumo à felicidade. Para solteiros, namorados e casados indica tendência muito positiva no relacionamento.

Pessoas livres:
Relação — análise crítica da situação; busca conhecer melhor o pretendente.
Amor — atencioso e com grande expectativa, afetuosidade, atenção.
Sexo — descoberta inusitada da libido; atração e prazer que se renovam.
Futuro — impossibilidade de união, pois haverá outros caminhos se apresentando (mudança de casa, ou trabalho, por exemplo); contudo, encontrará outro pretendente.

Pessoas compromissadas:
Relação — perspectivas positivas, nova consciência da relação, inovação.
Amor — renovação do afeto, expectativa da felicidade; redenção, perdão.
Sexo — redescoberta da libido, libertação de traumas, retorno ao prazer.
Futuro — novos caminhos serão apresentados, talvez mudança de local, trabalho, estudo. Para os namorados, indica possível distanciamento pelas circunstâncias da vida; para os casados, melhoria afetiva. Prenúncio de renovação positiva.

MUNDO

Indica situação de equilíbrio, harmonia e realização; a plenitude afetiva e o controle sobre as emoções pressagiam que o futuro será decidido sempre pelos próprios atos. Para os solteiros, indica um período feliz; para os casados, a solução de todos os problemas.

Pessoas livres:
Relação — planeja se relacionar, mas não deseja criar compromissos sérios.
Amor — afeto, generosidade, amizade sincera; há muita autoestima ou reciprocidade.
Sexo — prazer intenso, forte libido; criatividade e autossuficiência.
Futuro — possível namoro de forma madura, social e integrada; pressagia uma relação feliz e prazerosa, tudo dependerá do respeito ao livre arbítrio de ambos.

Pessoas compromissadas:
Relação — pondera e questiona o futuro da relação, pensa em algum afastamento.
Amor — carinho, felicidade, atenção; segurança, autossuficiência, amor-próprio.
Sexo — plenitude, erotismo, desejando satisfação total ao parceiro.
Futuro — realização das mudanças desejadas; reencontro com a felicidade e o prazer pessoal. Para os namorados sugere casamento; para os casados, possível separação consensual ou nova fórmula de se relacionar.

LOUCO

Indica alegria, jovialidade e divertimento; brincar, amar e erotizar, eis a chave da despreocupação. Para os solteiros, sugere uma fase de flertes; para os casados, incapacidade na organização dos problemas conjugais. Em ambos os casos, falta maturidade ou maior objetivo futuro; tendência à dispersão, contribuindo para uma relação sem bases sólidas.

Pessoas livres:
Relação — deseja se relacionar sem compromisso; sem perspectiva.
Amor — prazer, alegria, ingenuidade; sem inclinação afetiva ou duradoura.
Sexo — fetiche, lascívia, inconstância, forte criatividade e grande libido.
Futuro — namoro inconsequente, relação volúvel e frívola, sem estruturação futura; contudo, é prazeroso, alegre e vivaz (que seja eterno enquanto dure); em todo caso, aconselha-se a tomar cuidado com as promessas.

Pessoas compromissadas:
Relação — sem planejamento, inconstância nas atitudes, descompromisso.
Amor — alegria, satisfação, puerilidade; sem inquietação afetiva.
Sexo — prazer, criativo, vitalidade, fetichismo, forte libido.
Futuro — tendência ao distanciamento ou à separação; imaturidade, promessa não cumprida ou comportamento leviano. Para os namorados, indica falta de estrutura para a união verdadeira; para os casados, não há solução das dificuldades, tomar cuidado.

PORTAIS SAGRADOS (5)

Estrutura, símbolo, tiragem e metodologia foram fartamente exploradas ao longo da trilogia e, agora, a partir deste capítulo, ensinarei as técnicas avançadas de leitura; portanto, não retornarei à tarologia/taromancia básica. Qualquer dúvida sobre lançamento, algum conselho adicional ou atributo do arcano, sugiro uma revisão nos referidos tópicos; contudo, quando uma teoria for muito importante, indicarei o atributo a ser interpretado. Tudo o que foi explicado sobre O AMOR nas cartas do tarô pode ser empregado no aprimoramento da tiragem Roda Astrológica (Mandala), também nas aberturas Peladan e Cruz Celta (com perguntas sobre relacionamento, amor e casamento), nas diversas tiragens apresentadas ainda neste tópico ou em qualquer outra cuja base seja amor ou relação afetiva. Vale lembrar que o *arcano menor* não apresenta leitura de acordo com o atributo/plano de leitura (material, mental, sentimental, espiritual), pois representa uma única unidade de interpretação (veremos exemplos mais adiante).

TEMPLO DE AFRODITE

Havia aprendido uma tiragem de relacionamento na qual eram colocadas algumas cartas sinalizadoras (feminina e masculina) na posição1 e 2 (díade Imperatriz-Imperador); contudo, na prática não tive o retorno que desejava em uma análise oracular. Após conhecer outras tiragens/aberturas semelhantes, intuí outra estrutura e forma de leitura. No início da década de 1990, realizei inúmeros lançamentos e testes que se mostraram eficazes e proveitosos, pois consulentes e alunos se deleitavam com a interpretação. Então, em 1991, nomeei essa nova abordagem de "TEMPLO DE AFRODITE", passando no mesmo ano a ministrar um curso temático (relação, amor e sexo), o primeiro do gênero no Brasil, que explicava como deveria ser a leitura; a abordagem também foi publicada na primeira edição desta trilogia, em 2000. A partir de então, esta técnica oracular tem sido usada por muitos tarotistas; o único *problema* é que fazem alterações da criação original, perdendo toda sua eficácia. Esta técnica de leitura é indicada para analisar todo tipo de relacionamento, tanto para pretendentes quanto para namorados ou casados. Utilize sete cartas no método BÁSICO (22 arcanos maiores) ou empregue o método europeu[28] (78 arcanos), montando a sequência indicada.

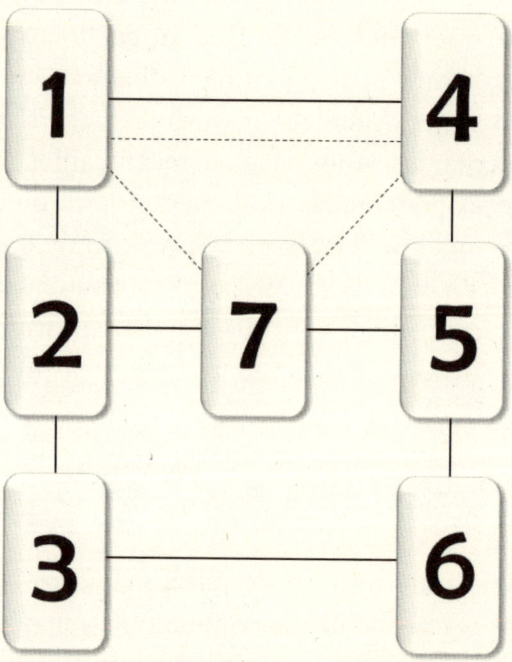

Posições 1 e 4 — RELAÇÃO

- *Qual a atitude que um está tendo com o outro?*

[28] Na prática, o método AMERICANO e ITALIANO não se mostrou muito confiável, devido à natureza da tiragem e das análises das cartas. Inúmeras vezes o consulente discordava da análise quando lançava uma dessas duas metodologias, mas nada impede que tente usá-las.

Posições 2 e 5 — AMOR
• *Qual a dimensão afetiva de cada um?*

Posições 3 e 6 — SEXO
• *Qual a força de atração sexual entre os envolvidos?*

Posição 7 — FUTURO
• *Qual a direção do relacionamento nos próximos meses?*

As casas 1, 2 e 3 representam a pessoa com a qual o consulente tem algum relacionamento ou intenção afetiva. As casas 4, 5 e 6 indicam o próprio requerente em relação à pessoa observada. Podemos realizar a leitura tanto na horizontal (interação do casal, diferenças de comportamento na rotina afetiva) como na vertical (conduta individual, definição de caráter no relacionamento). A casa 7 sugere a tendência da relação nos próximos meses, qual seu desenvolvimento. As posições 1 e 4 devem ser lidas de acordo com o plano mental (RELAÇÃO); as posições 2 e 5, com o plano sentimental (AMOR); as posições 3 e 6, com o plano material (SEXO); a casa 7, com o plano material (FUTURO). Os arcanos mais importantes estão na tríade das casas 1, 4 e 7, uma vez que será sempre o plano mental e o destino que edificarão os pilares do relacionamento (nem o coração nem o sexo têm força para isso). Se o amor ou o sexo significasse a base principal de um namoro/casamento, todos estariam felizes e o mundo seria perfeito, não é verdade? Já havia dito isso, repito para fixar o conceito.

Para o nosso modelo taromântico, utilizaremos a mesma combinação de cartas para analisar duas situações distintas, devendo ser observada a diferença na resposta. **Note e anote**: Ao estudar ou ler sobre os conceitos dos arcanos, não se esqueça que uma mesma carta não sairá em vários planos ao mesmo tempo; assim, se em uma abertura houver IMPERADOR, por exemplo, tome o devido cuidado de não falar sobre todos os níveis de leitura, apenas o atributo que foi solicitado: relação, afetivo, sexual, futuro *ou* conselho. ***Lembre-se*: *Solteiros e casados têm leituras diferentes!*** Vejamos:

Tarot of Sexual Magic
Lo Scarabeo, Itália.

• Leitura para pessoas livres

Uma consulente estava muito interessada em seu vizinho, que faz galanteios a ela. Ambos são solteiros, e ela deseja saber se irão namorar.

Leitura — A consulente almeja muito se relacionar com o vizinho, talvez algo bem sério e em longo prazo (Sacerdote), também tem forte sentimento de carinho e amizade, tendo o coração aberto e puro (Estrela); porém, não há atração física ou libido muito forte, parecendo que é o menos importante (Justiça) — já podemos deduzir que os desejos da consulente são líricos e românticos. O vizinho, por sua vez, somente deseja alimentar o próprio ego (Imperador); no âmbito afetivo, não deseja se envolver, pois gosta da vida de solteiro (Eremita) e, por fim, não sente qualquer atração sexual pela consulente (Temperança) — com esse conjunto de cartas se conclui que ele não deseja namorar ou se comprometer. O futuro da relação permanece da mesma forma, não havendo qualquer relacionamento afetivo (Sacerdotisa). Podemos assegurar que o vizinho não deseja uma relação séria, embora a consulente sonhe com isso. Aqui vale um conselho para ela: não se envolver ainda mais afetivamente, pois não terá o retorno que deseja. Namoro ou amizade? Amizade, claro.

• Leitura para pessoas compromissadas

Um consulente solicitou uma análise de seu casamento de 15 anos, pois crê que a esposa não o deseja mais, temendo uma possível separação.

Leitura — Realmente, ele pensa em manter o casamento e jamais deseja o divórcio (Sacerdote); tem profundo afeto e carinho pela esposa (Estrela), mas pouco interesse sexual, talvez pelo tempo de casamento (Justiça). A esposa, por sua vez, também deseja manter o relacionamento (IMPERADOR), sentindo um carinho muito especial pelo marido (EREMITA); contudo, ela se encontra com fraca libido, talvez pelo excesso de afazeres domésticos ou o tempo da relação (TEMPERANÇA). Este seria o ponto de desarmonia: a vida sexual. O aspecto futuro é de manutenção do que possuem (SACERDOTISA), ou seja, o casamento e o afeto são duradouros; porém, a desarmonia sexual tende a permanecer. Nesse caso, devemos alertar ao consulente que a questão da separação não procede; pois existe um planejamento sólido para a relação (Imperador-Sacerdote) e uma excelente base afetiva (Eremita-Estrela). Embora a sexualidade esteja deficitária (Temperança-Justiça), o casamento perdurará (Sacerdotisa). Vale o conselho: buscar mais estímulo, melhorar e incrementar a rotina afetiva para tornar o casamento mais agradável, visto que não há prenúncio de separação!

Método europeu? Posso usar?

Como lerei os arcanos auxiliares no Templo de Afrodite? Vale sempre lembrar que somente os arcanos principais contêm infinitas possibilidades de interpretação, uma vez que se projeta em quatro planos (material, mental, sentimental, espiritual); contudo, o arcano auxiliar se manifesta apenas em um único elemento (plano, naipe), tendo leitura fixa, única, similar — por isso existem muito mais livros sobre arcanos maiores do que os menores. Bem, mas como poderemos analisar? É simples. As regras elaboradas nos capítulos anteriores serão as mesmas para qualquer tiragem e leitura que se venha a empregar. Quando usamos o método europeu nessa tiragem, é possível observar os amplos aspectos que envolvem um casal e a tendência em longo prazo. Vejamos um lançamento com o método europeu. Observe a sensível mudança de linguagem:

A consulente solicitou uma análise de sua relação com seu noivo. Questiona se ele ainda a ama, pois o acha distante, temendo que não se casem como planejaram.

Tarot of Casanova
Lo Scarabeo, Itália.

Leitura — a consulente não concebe uma possível separação, pois se encontra totalmente fixada no relacionamento e no controle total do parceiro (casa 4, IMPERADOR + QUATRO DE OUROS); também podemos afirmar que é loucamente apaixonada, arrebatada, não havendo sentimentos para mais ninguém (casa 5, DIABO + DEZ DE COPAS). Note que essas cartas sugerem extrema posse e vigilância total nas atitudes do noivo. Ela nutre forte libido, é fogosa e sexualmente motivada pela energia sexual dele (CARRO + ÁS DE PAUS). O conjunto de arcanos da consulente revela que é apaixonada, totalmente passional e sem a devida reciprocidade, atitude considerada muito perigosa para qualquer relacionamento. Harmonia e compreensão deveriam ser a meta, não o domínio do parceiro. O noivo, por sua vez, está completamente decepcionado, pois não vem ocorrendo aquilo que sonhara no relacionamento (casa 1, TORRE + ÁS DE ESPADAS); contudo, a casa 2 revela que ele ainda a ama, mas o contraste entre a utopia de uma mulher ideal e o comportamento real fez com que a desilusão surgisse e se apoderasse do seu coração (PENDURADO + CINCO DE COPAS). Observe que as casas 1 e 2 revelam que há muito desgaste emocional, frustração e possível afastamento por causa das atitudes dela. Já a casa 3 (TEMPERANÇA + QUATRO DE ESPADAS) indica não haver libido ou interesse sexual, o desejo se esvaiu com as decepções. As casas 1, 2 e 3 sugerem que ele não almeja ficarem juntos, mas ainda não se libertou do presente, talvez por razões morais ou pelos ideais antigos revelados na casa 1. O futuro do casal, revelado na casa 7, será uma mudança drástica (MORTE + OITO DE PAUS), não havendo a consumação do casamento. Tudo tende à separação, que será decidida pela própria consulente (não pelo noivo!). Contudo, neste momento, a desunião é inimaginável por ela (casa 1), mas essa alteração (que ela mesma fará) será benéfica e libertadora para o futuro. (Observe que temos a união de dois arcanos que direcionam mudanças positivas.)

Note e anote: Lembre-se que ao revelarmos algo futuro, cujo resultado não é o desejado ou previsto pelo consulente, este jamais o aceitará ou irá compreendê-lo durante o ato da consulta. A dúvida irá pairar e, provavelmente, buscará outro tarotista para escutar a resposta que ele deseja ouvir, ou simplesmente não dará a devida atenção. Nesse caso, tenha cuidado para não se envolver com as expectativas do consulente, nem tentar agradá-lo, pois o futuro chegará e *as cartas não mentem jamais*. Também não fique lançando diversas tiragens ou abrindo outras cartas na vã esperança de confirmar uma resposta positiva que agradaria ao consulente. UM LANÇAMENTO DE TARÔ NÃO MUDA O DESTINO, APENAS INTERPRETA OS ACONTECIMENTOS. Se o consulente não gostou da resposta, devemos orientar em que ponto ele estaria equivocado, fornecendo esperanças na renovação e na busca de um novo caminho. Mesmo que ele insista na mesma situação (no caso, já analisada ser impossível), permaneça no aconselhamento. Um dia ele agradecerá, mas no momento, isso é impossível! Acredite em sua leitura e na orientação espiritual, não se deixe influenciar pelas convicções do consulente.

TEMPLO DE MARTE

Esta tiragem é indicada para analisar somente questões sexuais, a libido e a forma de se relacionar. Utilize sete cartas dos arcanos maiores, montando a sequência numérica indicada; desejando, acrescente os arcanos menores com o método europeu ou americano (neste exemplo iremos apenas usar o método básico para facilitar a compreensão do lançamento). As casas 1, 2, 3 e 5 se reportam apenas ao universo sexual da pessoa analisada, a casa 4 deve ser lida pelo atributo *obstáculo*, a casa 6 pelo plano *sentimental* e a casa 7 é um *conselho* exclusivo para o consulente. A própria posição/casa estabelece a direção da pergunta e, o arcano, a resposta. As casas 1 e 2 devem ser lidas em conjunto, a mesma relação para as casas 2 e 3.

1 — Como FAZ o sexo?
2 — Como DESEJARIA ter o sexo?
3 — Qual o TEMOR sexual?
4 — Qual o OBSTÁCULO sexual?
5 — Que AFETO sente?
6 — Qual o FUTURO sexual?
7 — Qual o CONSELHO para o consulente?

Um exemplo taromântico completo:

- *Uma consulente, casada há cinco anos, solicitou uma leitura sexual de seu marido, pois percebe que ele não se interessa mais como antes.*

Kamasutra Tarot
Lo Scarabeo, Itália.

O lançamento sugere que realmente ele se encontra sem dinamismo sexual, tendendo ao marasmo pela rotina do casamento (casa 1, Temperança); no entanto, ele desejaria ter uma vida sexual bastante agitada, voluptuosa e intensa (casa 2, Carro). O temor sexual é de fracassar ou ter algum desestímulo durante o coito (casa 3, Pendurado), pois o obstáculo revela que o parceiro (no caso, a consulente) não participa ativamente do relacionamento sexual, nem busca resolver a questão de forma a estimular o próprio prazer (casa 4, Diabo). Como essa carta se encontra com o atributo do obstáculo, podemos dizer que ela não tem sedução ou encanto sexual, é totalmente passiva e neutra. Com relação ao afeto dele, a tiragem revela haver muito pouco ou quase nenhum, tendendo mais à rispidez do que ao carinho (casa 5, Imperador). A tiragem também indica que no futuro tudo tende a permanecer no mesmo patamar de frieza e distanciamento (casa 6, Justiça). Por fim, o conselho dita que a consulente deve ser mais criativa, ousada e dinâmica no ato sexual, caso deseje melhorar o relacionamento (casa 7, Mago). O lançamento sugere que o casamento já não é mais tão ativo fisicamente, mas fica claro que ambos desejariam ter uma vida sexual mais estimulante e deleitosa.

BOCA DE LILITH

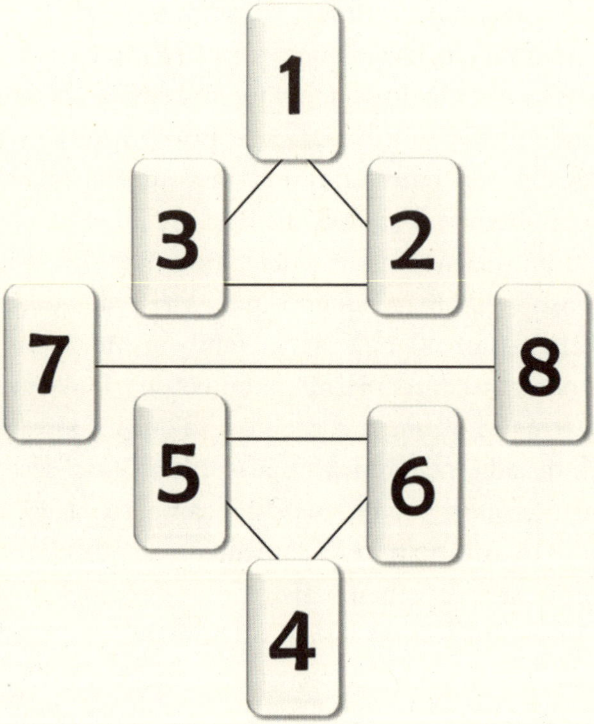

Tiragem para alguém que tenha relação extraconjugal e deseje orientação para essa vida dupla. Utilize preferencialmente o método europeu, cuja combinação de seis cartas dos maiores e seis dos menores formará dois triângulos que *não* se entrelaçam. Não existe pergunta, pois as casas são autoexplicativas. Faça a interpretação das casas 1 e 4 (leia o atributo material), depois 2 e 3 (leia o atributo mental), traçando um perfil da situação. Ao ler as casas 5 e 6 (atributo material), retome a leitura das casas 1 e 4 para observar melhor o triângulo amoroso sob a perspectiva do consulente. A casa 7 apresenta leitura no plano material (equivalendo a seis meses) e a casa 8, no plano de conselho.

1 — O que o consulente quer/deseja do TRIÂNGULO afetivo?
2 — O que a COMPANHEIRA pensa/almeja da relação?
3 — O que a AMANTE pensa/almeja desta relação?
4 — O que levou o CONSULENTE a procurar uma amante?
5 — O consulente manterá sua COMPANHEIRA?
6 — O consulente manterá sua AMANTE?
7 — Quais os próximos ACONTECIMENTOS?
8 — CONSELHO para o equilíbrio.

Exemplo taromântico completo:

- *Um consulente casado, relacionando-se também com uma amante, está angustiado com sua vida dupla e deseja saber melhor do futuro afetivo.*

A leitura da casa 1 (MORTE) sugere que ele almeja solucionar os obstáculos afetivos (não pretendendo manter a vida dupla), mas tende a decidir pela amante por ser um mundo novo e desafiador. Contudo, o próprio consulente foi quem procurou (astuta e maliciosamente) essa situação, totalmente conduzido pelo livre-arbítrio (casa 4, MAGO[29]) — isso revela que o casamento não estava com problemas, não agindo por algum motivo aparente. Interessante que sua esposa também anseie por uma mudança no casamento, talvez deseje o término da relação ou que tudo se transforme (casa 2, MUNDO) — essa carta sugere que o casamento está desgastado pelo tempo, talvez ela saiba da vida extraconjugal, mas não se importa. No entanto, a amante espera manter apenas uma relação descompromissada, sem vínculos, sem projetos futuros, ou, ainda, queira somente desfrutar de bons momentos (casa 3, LOUCO).

[29] Por exemplo, a TORRE na posição do MAGO indicaria que inúmeros obstáculos na relação o teriam levado aos braços de outra pessoa. Bem, isso é apenas uma suposição para que entenda melhor a leitura.

Tarot Dorado de Klimt
Lo Scarabeo, Itália.

A casa 5 (Julgamento) relata que haverá mudanças inesperadas, talvez a esposa peça a separação antes do que ele planeja ou ocorra uma desavença, tornando o caso extraconjugal público e irremissível; afinal, como visto na casa 2, ela já desejava alguma transformação. Por outro lado, o consulente também não conseguirá manter a amante, visto que a casa 6 (Roda da Fortuna) revela instabilidade no relacionamento, inclusive certo distanciamento. Então, levando em consideração as casas 1 e 4, ele não conseguirá manter as duas mulheres por muito tempo, pois criou os próprios obstáculos.

O futuro em curto prazo (seis meses) estabelecido pela casa 7 (Torre) não parece ser dos melhores, pois há clara indicação de um rompimento indesejado ou de grandes obstáculos para resolver sua vida afetiva. Por fim, o grande conselho revelado na casa 8 (Justiça) é assumir os erros, ter uma conduta mais honrada e buscar novos caminhos, pondo fim à vida extraconjugal, que se mostrou não ser a melhor escolha, além de o casamento estar desgastado por sua própria culpa.

BICO DA CEGONHA

Abertura para averiguar a vinda de filhos, tanto para o consulente feminino (maternidade) quanto para o masculino (paternidade). Pode ser utilizada para os que desejam engravidar, ter filhos; também, para os que já estejam esperando o rebento. Não necessita de pergunta, pois as casas são autoexplicativas. Utilize seis cartas dos arcanos maiores, podendo-se lançar o método europeu ou o americano. Leia na sequência. As casas 1 e 2 devem ser analisadas de acordo com o atributo mental; as posições 3, 4 e 5 devem ser lidas por intermédio do atributo material; e a última casa, pelo plano de aconselhamento. **Note e anote**: Desejando saber se já estaria grávida ou se poderá fecundar bem breve, deve-se utilizar o Peladan, fazendo a referida questão (Estou grávida? Engravidarei este ano?); nessa abertura analisamos somente a questão familiar, o que poderia ser de grande valia para quem planeja ou já esteja no pré-natal.

1 — A CONSULENTE deseja/planeja engravidar?
2 — O PARCEIRO(A) também deseja?
3 — O CASAL está pronto para a família?
4 — Conseguirá os OBJETIVOS no prazo esperado?
5 — A REALIZAÇÃO é favorável?
6 — CONSELHO para o consulente.

Exemplo taromântico completo:

- *Consulente casada há cinco anos perguntou se teria filhos, pois o casal tem feito inúmeros exames e nada de anormal tem surgido.*

Harmonious Tarot
Lo Scarabeo, Itália.

A consulente tem dúvidas sobre ser mãe, há certo escapismo ou incerteza se realmente poderia ter filhos, há momentos em que deseja e outros em que não (casa 1, RODA DA FORTUNA). O esposo tem como objetivo claro e definido ser pai, para ele essa conquista seria importante, está convicto e nem sequer duvida do que almeja (casa 2, IMPERADOR). A casa 3, talvez a mais importante do lançamento, revela que ambos têm todas as qualidades para criarem um filho e organizarem o futuro com toda integridade (SACERDOTE). Apesar de todo esforço ou desejo, a gravidez ou a vinda de filhos não chegará conforme planejado, ainda ocorrerão alguns dissabores e obstáculos (casa 4, TORRE); contudo, mesmo com toda incerteza da consulente (observada na casa 1), a realização é extremamente favorável e acontecerá com toda harmonia e equilíbrio (casa 5, IMPERATRIZ). Finalmente temos um conselho bastante otimista e reconfortante, revelando que eles devem confiar no futuro, ter fé e esperança, pois conseguirão ter filhos (casa 6, SOL). Tudo é uma questão de tempo.

ANEL DO AMOR

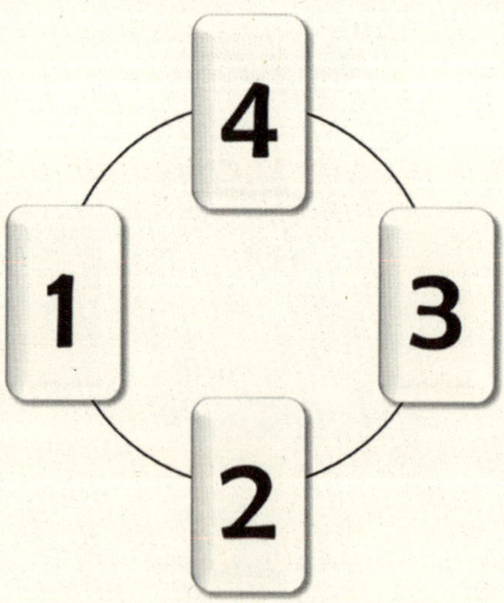

Esta tiragem é muito útil quando desejamos entender qual o grau de comprometimento em uma situação afetiva, analisando a harmonia, o conflito e a solução. Não há perguntas, as posições apresentam significados próprios. A casa 1 deve ser lida com o atributo sentimental; as casas 2 e 3 serão interpretadas com o atributo mental (relação) e a casa 4, com o aconselhamento. Abertura muito importante para autoanálise e descobertas de falhas ou entraves para serem corrigidos considerando aspectos interiores (casa 1) e a visão afetiva do outro (casa 3).

1 — O que realmente sente/almeja da RELAÇÃO?
2 — Como acredita que se mostra/revela ao OUTRO?
3 — Como o outro observa/percebe seu COMPORTAMENTO?
4 — CONSELHO para o equilíbrio e a harmonia afetiva.

Exemplo taromântico completo:

- *Uma consulente solicitou uma tiragem em que pudesse entender o que se passava com ela e o namorado, uma vez que não se sentia mais segura na relação.*

Contemplative Tarot
Lo Scarabeo, Itália.

A consulente está ansiosa, insegura e muito desconfortável, e seus sentimentos geram dúvidas, angústias, e desarmonizam a relação (casa 1, Roda da Fortuna); além disso, ela acredita estar sendo sincera, lúcida e honesta, falando abertamente tudo o que vem pensando e sentindo (casa 2, Imperatriz). Contudo, o namorado parece não entender o que ela vem expressando ou relatando, pois a observa como uma pessoa insensata, incoerente e imatura (casa 3, Louco). O lançamento revela, ainda, que cada um tem uma visão diferente do outro, contribuindo para o afastamento gradativo e o arrefecimento emocional; mas, como estão juntos, deve prevalecer o bom senso para terem uma vida melhor. O conselho seria transcender e seguir adiante, reavaliar as atitudes, ser flexível e compreender os obstáculos, afinal, ninguém é perfeito (casa 4, Julgamento).

RODA ASTROLÓGICA (DICAS 1)

Na tiragem Roda Astrológica, o arcano que estiver na casa 5 deve ser interpretado com o conceito/atributo "amor, atributo sentimental" e a casa 7 com o significado da "relação, atributo mental". Nunca se esqueça de que teremos linguagem distinta para pessoas compromissadas (casamento, namoro) ou livres (solteira, desimpedida); portanto, é de suma importância que saiba a condição civil do consulente ao se interpretar o lançamento.

Vejamos um exemplo: Diabo (casa 5) + Sacerdotisa (casa 7).

Wheel of the Year Tarot
Lo Scarabeo, Itália.

- PESSOA LIVRE — A casa 5 representará a condição de se estar "aberto ou fechado" para o relacionamento; a casa 7 indicará a tendência de aparecer alguma pessoa no período de três meses, também podemos observá-la como "aberta ou fechada". Com essas regras, DIABO e SACERDOTISA teria a seguinte interpretação: *o cliente deseja se apaixonar loucamente e busca alguém (está aberto a um relacionamento)*; *mas, infelizmente, nos próximos três meses não encontrará uma pessoa para fixar um namoro sólido ou duradouro (ambiente externo fechado a uniões afetivas).*
    - **Atenção.** No exemplo acima, caso houvesse na casa 7 a carta IMPERATRIZ, poderíamos dizer o seguinte — *nos próximos três meses conhecerá uma pessoa (o ambiente social está aberto ao encontro de alguém), havendo um relacionamento bem harmonioso e com chances de felicidade.* Agora observe este outro modelo: JUSTIÇA (casa 5) + SOL (casa 7) — indica que o consulente não deseja amar/namorar (estaria fechado afetivamente), mesmo indicando o flerte/interesse de alguém nos próximos três meses (o social está aberto ao relacionamento).

- PESSOA COMPROMISSADA — A casa 5 simbolizará o tipo de sentimento que o consulente tem por seu(sua) parceiro(a), que é representado na casa 7. Por sua vez, a casa 7 indicará as atitudes do(a) companheiro(a) em relação ao consulente. Com essas regras, os arcanos DIABO e SACERDOTISA teriam a seguinte leitura: *o consulente sente forte paixão pela companheira, tendo medo de perdê-la*; *por sua vez, ela é uma pessoa muito introspectiva, não se expressa adequadamente, mas não deseja mudanças no relacionamento.*

PARTE 4

DINHEIRO

Comumente, a preocupação com o futuro se resume em: amor, depois o dinheiro; também encontramos casos em que tudo se inicia com *dinheiro*, e depois vem o *amor*. Ora, amor e dinheiro estão sempre se alternando na primeira posição, são os campeões das aflições ou das alegrias, surgindo, logo em seguida: poder, trabalho, família, saúde e, por último, espiritualidade. Sabe o que acho mais estranho quando, no tenro conhecimento, iniciamos os estudos do tarô? Bem, proclamamos abertamente ser uma ferramenta exclusiva do autoconhecimento, mas raramente analisamos nosso próprio plano espiritual ou instamos conselhos (a serem severamente seguidos!). Invariavelmente, buscamos: *amor* e *dinheiro*, sempre seguidos de *poder*. Ora, quem não os quer? Vivemos em um mundo humano e profano, nada puro, tampouco celestial. Então, como se processa a espiritualidade e o autoconhecimento? O tempo se encarrega de apontar o momento dessa transcendência que buscamos inicialmente no estudo do tarô, mas que estamos tão (pre)ocupados com a vida afetiva e a financeira que sequer exaltamos a prima ideia. Então, não se constranja na tentativa de ler o destino, o fado, quiçá tentar modificá-lo pelo livre-arbítrio — não é ilícito, tampouco é censurável realizar lançamentos adivinhatórios, empregar a taromancia ou a cartomancia para decidir o próprio futuro material. Contudo, se suportaríamos o sucesso ou a fatalidade que seria revelada pelas frias cartas, somente as compreenderíamos ao viver o exato momento da consumação! A cruel verdadade é que, mesmo sabendo dos resultados, jamais alcançaríamos a real dimensão de nossa atitude diante do fato em si (realizar, ganhar, manter, perder, fracassar etc.). Por mais que o consulente repita "diga-me tudo, não esconda nada", ele não está preparado para a verdade, mas quem de nós está? Quando o consulente pergunta se conseguirá ter um bom emprego ou se irá ter a sonhada promoção, entenda que ele jamais estará preparado para ouvir uma negação. Todo consulente chega com a esperança em escutar "*sim, você atingirá o que deseja*" e, mesmo que isso fosse revelado, ele não terá nem mais nem menos ansiedade, preocupação, alegria ou satisfação. Nada modifica as esperanças e as angústias, senão a passagem real do ato em si, ao fim dos acontecimentos.

Ao longo de minha carreira, percebi que o maior mistério em uma consulta é ponderar a *realidade* em relação à *percepção*; uma vez que, frequentemente, o cliente vem imbuído de uma ideia equivocada ou superdimensionada de sua experiência. Por exemplo, muitas vezes, há uma enorme dívida financeira que não o preocupa; em outras, existe um pequeno entrave profissional que motiva imenso desespero. Em todo caso, raramente, em um primeiro atendimento, o consulente entende toda orientação revelada pelas cartas. Às vezes, parece-me que ele acredita ser o tarô uma espécie de feitiço que eliminaria a desgraça de sua vida, como se pudéssemos, ao sabor da escolha, mudar o destino — o mundo seria maravilhoso se isso fosse verdade, não é mesmo? O tarô revela apenas o caminho, competindo ao tarotista informar a profundidade do abismo ou o topo do sucesso, uma vez que toca ao consulente administrar o conveniente futuro ou solucionar o conturbado passado.

22 ARCANOS MAIORES

No capítulo anterior, demos atenção especial aos caprichos do coração. Neste, transcorreremos sobre o poder financeiro. *Se o amor é autônomo, o dinheiro nunca o será*! São universos que se tangenciam, mas são independentes. Para alcançar a glória da vida financeira, é necessário, primeiramente, entender que o dinheiro serve exclusivamente para cobrir o orçamento pessoal e doméstico, nada mais além da dignidade e da manutenção. Assim como escrevi que "amor não é garantia de casamento", aqui registro: dinheiro não compra felicidade, tampouco traz paz de espírito — isso não se trata de uma falácia, nem de palavras para amainar a pobreza. Os únicos sentimentos gerados pelo dinheiro são: SEGURANÇA e SATISFAÇÃO (às vezes, insegurança e insatisfação), mas também não há garantias de que esses sentimentos emergiriam da alma, caso o tivesse em abundância. Atenção: O dinheiro se origina, essencialmente, de uma ocu pação! E serve unicamente para adquirir coisas materiais. Mesmo o fruto de um espólio advém de ganhos antigos transformados em bens, propriedades ou investimentos financeiros. Aqui, excluo qualquer atividade ligada aos jogos de azar, em razão de não ser um ganho regular nem ser acessível a todos, a qualquer tempo (salvo, é claro ao proprietário de um cassino!). Dinheiro se produz fundamentalmente com trabalho, qualquer pensamento contrário é fadado a inúmeros dissabores. O desequilíbrio financeiro pode afetar tanto as questões psíquicas como as emocionais, sem contar com os relacionamentos afetivos e familiares que terminam por se deteriorarem. Saber usar o dinheiro disponível (e não se amofinar) é uma arte para poucos; pois essa consciência demanda tempo e experiência.

Vejamos: quantas pessoas dizem que precisam ganhar dinheiro para sustentar a família? Muitas. E se não a tivessem, não precisariam de dinheiro? Óbvio que sim! Então, por que se enganam procurando discussões inúteis, tentando ser mais importante que outras? Será que só o pai ou a mãe precisa de dinheiro? Isso é demagogia, todos necessitam dele para a subsistência. *O dinheiro é o alicerce da sociedade moderna.* Quantas pessoas praguejam o próprio salário, mas não procuram outro emprego ou aprendem outro ofício? Muitas. Quantas dizem que o dinheiro não dá para nada, mas assumem riscos financeiros e, ainda, estouram o limite do cartão de crédito? Milhares. Quantas culpam a falta do dinheiro pela própria infelicidade? Outras centenas de milhares. Assim, muitos criam utopia financeira, achando que dinheiro é solução para tudo, não se adaptam ao próprio orçamento e terminam por viverem mal no casamento, na família ou no meio social. A ambição e a aspiração são saudáveis em todos nós, mas envolvê-las em ilusão é desaconselhável, pois transformam-se em vaidade, futilidade, malevolência, egoísmo.

Não estou apregoando que todos devam ser ricos para serem bem-aventurados, mas que tenhamos um orçamento para nos adaptarmos, cumprirmos, organizarmos e encontrarmos o equilíbrio. Viver dentro de um padrão e observar o próprio nível social até que outra oportunidade seja apresentada ou construída é fundamental para a saúde financeira. Fugir desse contexto sem planejar adequadamente outro patamar poderia incorrer em muitos dissabores e perdas irreparáveis. Ora, é comum trabalhar desmotivado, ser desleixado ou até praguejar contra a empresa quando não se está satisfeito com a ocupação ou com o salário; no entanto, são raros indivíduos que se preparam para pedir a demissão, seja pela formação de um novo ofício ou pela busca de uma nova atividade.

Trabalho não é sinônimo de felicidade. Vale lembrar que nenhum ser humano é remunerado para sentir esse nível emocional, ele é pago para laborar, realizar um bom serviço (independentemente de estar contente). Se procurar algum júbilo na ocupação profissional, estará transferindo um sentimento que carece permanecer com a vida afetiva familiar ou pessoal. A profissão, o trabalho ou a ocupação deve ser, no máximo, satisfatória, estimulante, desafiadora, reabilitadora, recompensadora. Tudo bem, dizem que devemos ter "amor" ao trabalho, mas essa palavra está em um sentido figurado, cuja extensão semântica também abrange "fazer sexo", falar da "pessoa amada" ou até "adorar a Deus" — amor passou a ser sinonímia de tudo o que se faça com veneração, desejo, respeito ou carinho. Sobre a razão do *amor verdadeiro,* já esboçamos no capítulo anterior, agora tangenciamos unicamente a matéria, que independe desse tipo de sentimento para progredir.

O trabalho (também baseado na qualificação profissional) é um contrato jurídico estabelecendo direitos e deveres. Se o perdemos, devemos buscar imediatamente outro; se a nossa profissão não existir mais, necessitaremos estudar outro ofício. Contudo, arrumar um emprego ou estudar pode levar algumas semanas, meses ou anos. As contas, os gastos de primeira necessidade ou a pensão alimentícia não esperam e o problema se instala, crescendo vertiginosamente! Observe que no plano afetivo podemos conviver com as perdas sem que elas impeçam a conquista de novos patamares materiais, sem que a vida básica se definhe, se endivide ou empobreça. Essa é uma das principais razões pelas quais não devemos buscar a suposta radiante felicidade no trabalho, pois ele (assim como uma relação afetiva) não é eterno.

Tudo na vida é uma troca harmônica entre os universos essenciais: no casamento trocamos amor, e este por harmonia e compreensão; caso contrário, haverá um colapso no relacionamento. Com nossa profissão e criatividade, buscamos um trabalho; caso contrário, a habilidade não se desenvolve e não conseguimos o dinheiro necessário do orçamento para satisfazer nossa ambição. Com o estudo técnico recebemos uma qualificação que pode render mais dinheiro e, consequentemente, maior aspiração. Não podemos cambiar, unicamente, o casamento pelo dinheiro ou o trabalho pelo afeto, porque são caminhos antagônicos e nunca criarão satisfação plena. Tentar observar o ritmo de cada situação material em relação ao seu universo mental e sentimental é uma lição que deve ser assimilada; mas isto só ocorre quando aprendemos a lidar com o universo transcendental de cada uma delas (compreensão, fraternidade, magnanimidade). Devemos estar preparados, dentro de nosso nível social, para manter a estrutura desejada. No capítulo 2 (volume 2) há ponderações sobre o *plano material* no ATRIBUTO BÁSICO de cada arcano, válido para qualquer análise financeira ou profissional, agora, detalharemos o assunto. Sugiro também a releitura do tópico PESSOA VERSUS ARCANO, PÁGINA 85, neste volume.

Vale sempre lembrar que desde o primeiro livro estamos aprendendo a decodificar os símbolos para uso específico em métodos/tiragens oraculares/adivinhatórias; assim, quando se lança um determinado arcano, ele *não* terá todos os valores explicados, somente o que for agregado à questão (plano) e ao lançamento (casa). As imagens que ilustram este capítulo compõem o tarô clássico Nei Naiff, e nos significados das análises materiais, todos os arcanos estarão divididos da seguinte forma:

- FINANCEIRO — dinheiro circulante, o papel-moeda disponível, o possível investimento e o lucro; poder de compra ou venda, uso geral dos ganhos.

- ATIVO — trabalhador contratado, autônomo, empresário; indivíduo com vínculo profissional ou que produz o próprio ganho.

- INATIVO — aposentado, desempregado, ocioso; aqueles sem contrato ou vínculo trabalhista (freelancer, ocupação temporária).

    - Essa leitura *não* inclui estudantes, dependentes ou pessoas que não precisem trabalhar por qualquer motivo.

MAGO

Financeiro: busca de melhorias financeiras ou aplicação em investimentos que serão bem-sucedidos; grande oportunidade para obter o que almeja; nada é garantido, mas com esforço e perseverança o caminho será positivo.

Ativo: trabalho ou negócio em novo ritmo; deseja alguma promoção ou reclassificação profissional; procura intensa atividade social para realizar os objetivos financeiros; bom relacionamento com meio ambiente.

Inativo: breve ocupação ou negócio interessante; atividade temporária, mas importante para o futuro; ajuda de novos amigos no encontro de trabalho, mesmo que provisório; futuro promissor.

SACERDOTISA

Financeiro: possui pouco dinheiro circulante, não há aumento de capital, tudo se mantém como se encontra; se estiver poupando, ainda não tem condições de mudar a situação como deseja.

Ativo: trabalho ou negócio estável, mas rotineiro e sem desenvolvimento; não há possibilidade de promoção ou prêmio; falta expressão e ação para transformar a situação em médio prazo.

Inativo: sem perspectiva momentânea, preguiça em buscar ou sair para entrevistas; deseja que alguém arrume um trabalho; deve agir imediatamente, pois há possibilidade de encontrar um emprego.

IMPERATRIZ

Financeiro: melhorias e ganhos já esperados no trabalho ou nos investimentos, pode indicar compras ou boas aplicações financeiras; sorte nos empreendimentos; orçamento equilibrado, gasta o que pode pagar.

Ativo: promoção ou reclassificação profissional, tudo acontece como planejado no trabalho ou negócios; bem-visto na profissão e entre os colegas; indica sucesso em médio prazo; continue com as metas, não perca o foco.

Inativo: contratação em breve; encontrará um bom emprego ou negócio, podendo manter o padrão social; indica que há oportunidade de crescimento futuro (no trabalho que encontrará em breve).

IMPERADOR

Financeiro: mantém o que possui, sem mudança da condição financeira ou social; o orçamento permanece curto, também indica que, se houver dívida, não aumentará; sem previsão de aumento de capital ou de lastro.

Ativo: indica que há segurança e estabilidade profissional, mas sem previsão de promoção ou melhoria; contudo, é dinâmico e administra bem o que faz, promovendo boa posição em longo prazo.

Inativo: manterá a inatividade em médio prazo, deseja ganhar mais dinheiro que a capacidade profissional permite; pode estar dependendo financeiramente de alguém; prefere não trabalhar, nem procura oportunidade.

SACERDOTE

Financeiro: reorganização do orçamento, investimento moderado, podendo poupar um pouco; indica economia planejada, também que saldará as dívidas; geralmente esse arcano surge após algum período difícil com as finanças.

Ativo: estabilidade no trabalho, boa estrutura profissional, forte condição social; sugere ser admirado pelos colegas de trabalho; não indica promoção, mas poderá concorrer a melhorias futuras.

Inativo: boas notícias em breve, pois será aprovado em alguma entrevista ou concurso; se for autônomo poderá ter novos contratos ou clientes; garantia de retorno ao campo de trabalho de forma positiva.

ENAMORADO

Financeiro: oportunidade financeira, investimento bem-sucedido; aumento de capital por investimento ou promoção; dispõe de recursos para saldar dívidas ou comprar algo importante, contudo, relativo à própria condição social.

Ativo: melhoria profissional, indicação para nova função ou atividade importante; oferta de novo trabalho (nova empresa); êxito nos negócios com bons acordos ou contratos; possibilidade de haver mais de um trabalho (freelancer).

Inativo: nova proposta profissional, possibilidade de ter várias ofertas de trabalho ou negócios; em todo caso, arrumará boa atividade em breve; deve ficar atento a tudo, período de sorte.

CARRO

Financeiro: melhoria no orçamento ou seu equilíbrio, bom fluxo do dinheiro, boa rentabilidade em todos os investimentos; há gastos excessivos que poderão ser saldados; soluções em caso de dívida ou dificuldades.

Ativo: competição profissional bem capacitada, desenvolvimento na função ou negócio que almeja; promoção em breve, indicação para nova função ou local (cidade, região) de trabalho; liderança natural entre os colegas.

Inativo: contratação em breve, novo trabalho ou negócio com boas perspectivas futuras; se estiver em processo de seleção, será contratado; se for freelancer, poderá fechar bons contratos temporários.

JUSTIÇA

Financeiro: orçamento limitado, devendo reavaliar os gastos e evitar novos compromissos financeiros; cautela nos investimentos, não arriscar nem emprestar dinheiro; dificuldades em saldar dívidas, diminuição dos recursos em médio prazo.

Ativo: advertência para a conduta profissional, pois pessoas observam o modo de trabalhar; evite contar segredos ou estar em meio a fofocas; período muito delicado, podendo perder boas oportunidades (o arcano menor indicará promoção ou advertência).

Inativo: ser mais prudente nos contatos profissionais, a conduta ou a aparência não está agradando, possível desleixo; cuidado com o pensamento negativo; possibilidade de contratação para experiência, devendo tomar extrema cautela no comportamento.

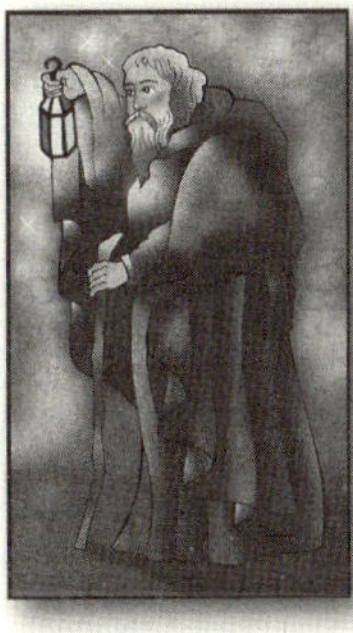

EREMITA

Financeiro: orçamento limitado pela economia programada ou pelos parcos recursos; não há dívida recorrente, nem projeção de dificuldades, dinheiro equilibrado; não é aconselhável negócios para auferir lucro rápido nem investimentos de risco.

Ativo: estabilidade profissional, tudo caminha como planejado no trabalho; sem previsão de promoção ou qualquer tipo de mudança, tendendo a ficar na mesma posição.

Inativo: dificuldade em arrumar trabalho ou desenvolver algum negócio; longo período sem atividade profissional; dificuldade na reclassificação profissional, necessitando rever o conhecimento e a capacidade.

RODA DA FORTUNA

Financeiro: gastos além do orçamento, pouca perspectiva favorável; período instável, cuidado com investimento, compra ou venda (o arcano menor indicará se haverá lucro ou prejuízo); não está observando os limites pessoais; perdas e dificuldades por negligência.

Ativo: obstáculo na rotina profissional, possibilidade de ser envolvido em fofocas, mudança de local ou de rotina (o arcano menor pode indicar se haverá promoção, demissão ou somente dificuldades), em todo caso é tudo passageiro, nada afetará a vida material.

Inativo: dificuldade em arrumar um trabalho estável ou encontrar um negócio rentável; em breve terá emprego temporário, contudo, seria melhor tentar fazer algo por conta própria.

FORÇA

Financeiro: equilíbrio, organização, controle sobre os gastos ou as dívidas; desenvolvimento e boa administração do orçamento em longo prazo; possibilidade de aumento financeiro.

Ativo: estabilidade profissional, bom empregado ou administrador; relacionamento equilibrado no trabalho; não indica promoção imediata, mas garantida em longo prazo; benquisto pelos colegas de trabalho ou pelos superiores.

Inativo: não deseja arrumar trabalho, prefere ficar como se encontra; talvez alguém esteja suprindo as necessidades ou esteja envolvido demais com os problemas alheios.

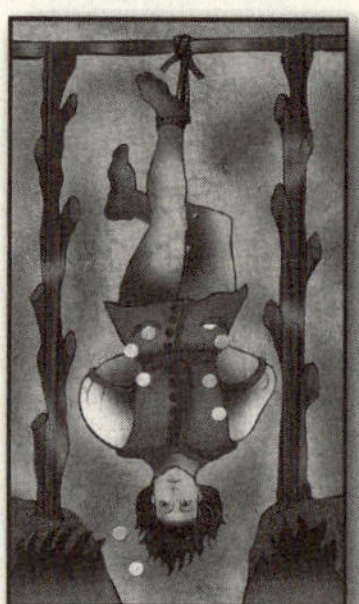

PENDURADO

Financeiro: pouco dinheiro circulante, não consegue equilibrar o orçamento, dificuldades em longo prazo; dívidas que se acumulam; necessita rever urgentemente os gastos, pois há alguma ilusão com o dinheiro.

Ativo: inadaptação profissional, dificuldade em expressar o potencial criativo, insatisfação ou negligência com a rotina; contudo, não há demissão, nem sairá desse patamar a menos que se esforce e invista em novas profissões ou negócios.

Inativo: sonha com o que não pode ter no momento; procura algo impossível de atingir; desqualificação profissional para o que pretende; carece reavaliar o desejo, tentar outras frentes de trabalho ou investir em nova profissão.

MORTE

Financeiro: reformulação do orçamento, dívidas que serão saldadas; economia ou poupança para investir em algo no futuro, melhorias em médio prazo com aumento de capital; prosperidade ou lucros em médio prazo.

Ativo: promoção, reclassificação ou mudança da rotina profissional pelos próprios esforços; possibilidade de transferência ou de atividade em algo melhor; reavaliação do próprio negócio ou da ocupação; nova oportunidade repleta de progresso.

Inativo: boas perspectivas em arrumar um trabalho; em breve arrumará uma ocupação, atitude sensata em mudar o rumo profissional ou dos negócios; se for aposentado, poderá voltar ao mercado de trabalho.

TEMPERANÇA

Financeiro: orçamento equilibrado e sem perspectiva de aumento de capital; não há prenúncio de mais dívidas, mas o fluxo financeiro é apertado; os investimentos somente são seguros se forem em longo prazo.

Ativo: trabalho ou negócio estável, sem alteração ou promoção; cuidado em desejar mudanças radicais nesse momento, tudo deve ser mantido como está e deve-se continuar investindo no futuro profissional.

Inativo: dificuldade em arrumar uma ocupação, seja um trabalho ou um negócio, somente em longo prazo encontrará o que deseja; deve reciclar o conhecimento ou aprender novo ofício para ocupar o tempo e se preparar para algo melhor.

DIABO

Financeiro: aumento de capital, bom fluxo de dinheiro, investimento com lucro imediato, pagamento das dívidas, melhoria financeira; contudo, não valoriza o que possui (o arcano menor poderá indicar se o ganho é honesto ou ilícito).

Ativo: possibilidade de promoção, competitividade profissional ou comercial que terminará em ganho; ousadia e sagacidade com boas perspectivas para o êxito profissional; poder pessoal e bom relacionamento com os amigos do trabalho.

Inativo: adaptação para qualquer atividade; arrumará um bom emprego em breve; perspicácia e ousadia que será frutífera no plano profissional.

TORRE

Financeiro: perda ou prejuízo inesperado; dívida que precisa ser saldada em breve; sem previsão de melhoria; deve-se reavaliar o orçamento e esforçar-se para o equilíbrio; também pode ocorrer atraso de pagamento ou contrato não cumprido por parte de terceiros.

Ativo: promoção ou transferência indesejada (sem benefícios, insatisfação); conflito ou mudança no âmbito do profissional; contrato ou palavra não cumprida (o arcano menor poderá indicar se haverá promoção, demissão ou calote).

Inativo: encontrará um trabalho temporário ou terceirizado, porém, bem abaixo do que planeja; contudo, precisa aceitar esse emprego, pois no futuro poderá ter boa oportunidade a partir dessa função.

ESTRELA

Financeiro: equilíbrio do orçamento, vivendo bem com o que possui; possibilidade de melhorias ou aumento de capital; bons investimentos em curto ou longo prazo; tudo acontece como desejado.

Ativo: trabalho ou negócio em plena expansão; boa classificação e tendência em ser promovido pela capacitação profissional; ótimo relacionamento com o meio ambiente nas horas de trabalho.

Inativo: bom trabalho ou negócio que chegará em breve; competição saudável e oportunidade em ganhar concurso profissional; amigos ajudam na reclassificação ou em alguma ocupação.

LUA

Financeiro: aumento de capital, crescimento financeiro, bonificação; possibilidade de excelente investimento com ganho em curto ou longo prazo; se houver dívida, poderá ser saldada; se alguém deve dinheiro (ao consulente), será pago.

Ativo: competição ou concurso para alguma promoção; indício de melhoria futura; boa reclassificação no trabalho ou negócio; aumento de atividade profissional com resultados positivos; favorecimento por causa das amizades, popularidade.

Inativo: boa oportunidade profissional, tudo se resolverá em breve; ofertas múltiplas (duas ou mais atividades poderão aparecer); capacidade para ser admitido por intermédio de concurso ou ajuda de terceiros.

SOL

Financeiro: equilíbrio no orçamento, pagamento da dívida (cliente) ou recebimento de empréstimo (terceiros); aumento de capital, bonificação, promoção; investimento bem-sucedido (qualquer plano); prosperidade e boa perspectiva em longo prazo.

Ativo: excelente posição profissional ou atividade que se prolonga; promoção, sucesso, desenvolvimento no trabalho; negócio com melhorias em longo prazo; bom relacionamento e reciprocidade no âmbito profissional.

Inativo: surgimento de alguma atividade muito em breve ou se encontra em vias de ser contratado; capacidade para prestar concurso; atividade que surge, futuro próspero na nova ocupação.

JULGAMENTO

Financeiro: aumento inesperado de salário; prejuízo ou dívida que será resolvido; nova fonte de renda, prosperidade futura; não é aconselhável fazer investimento ou financiamento em longo prazo.

Ativo: nova oportunidade profissional; mudança, reclassificação ou designação imprevista (o arcano menor indicará se haverá promoção ou demissão); futuro promissor com melhoria na ocupação antiga ou nova; bom relacionamento com os amigos de trabalho.

Inativo: amigo que ajuda a encontrar uma ocupação fixa, atividade provisória ou negócio autônomo; surpresa e atividade inesperada, porém, muito positiva.

MUNDO

Financeiro: equilíbrio financeiro, dívida e dificuldade que serão solucionadas, busca de melhoria de capital; investimento bem-sucedido em todas as áreas, realização plena dos recursos.

Ativo: melhoria no âmbito profissional, promoção ou mudança desejada (o arcano menor indica se haverá promoção ou pedido de demissão); questionamento sobre o futuro, desejando mudar de ramo ou atividade.

Inativo: trabalho ou atividade livre que surge em breve; chance em competição profissional ou em concurso público; futuro profissional promissor.

LOUCO

Financeiro: negligência com o orçamento básico, gastos excessivos, riscos financeiros desnecessários; investimento que trará prejuízo, nulidade nos lucros; dívida que se acumula (sem que se perceba o real perigo).

Ativo: displicência ou irresponsabilidade profissional; incapacidade e inadaptabilidade no ramo de atividade (necessita se aprimorar); não é bem-visto na empresa ou nos negócios; probabilidade de ser demitido em breve.

Inativo: não sabe o que fazer ou o que procurar, desorientação profissional; impossibilidade de arrumar uma ocupação devido à insatisfação; não deseja trabalhar, acomodação; crise existencial, deve buscar terapia.

PORTAIS SAGRADOS (6)

Qualquer dúvida sobre lançamento de tiragens, conselhos adicionais, atributos e dicas dos arcanos, sugiro uma revisão nesta trilogia; todas as tiragens deste capítulo são originais e foram desenvolvidas ao longo de minha carreira. As explicações sobre *finanças* e *trabalho* (inclusive o *atributo material* de cada carta, volume 2, capítulo 2) podem ser empregadas no aprimoramento da Roda Astrológica, do Peladan ou da Cruz Celta com perguntas relativas ao aspecto financeiro e profissional. Ao longo deste último volume, tenho apontado como empregar o significado de cada carta nos diversos lançamentos oraculares e de que maneira devemos extrair a respectiva linguagem. Sabemos que a partir de um conceito-chave (o núcleo gerador da carta), a linguagem do arcano principal se divide em quatro áreas distintas (material, mental, sentimental, espiritual) e dessas surgem desdobramentos específicos (amor, relação, dinheiro, trabalho, amizade, família, saúde, crença), cujas análises principais também podem ser modificadas de acordo com sua posição na tiragem (negativo, positivo, conselho, obstáculo), inclusive pelo arcano auxiliar. Observemos, então, como uma única carta possuirá linguagem peculiar de acordo com sua posição em uma tiragem; analisemos o arcano SACERDOTE em questões de ordem material.

- Roda Astrológica, casa 2 (dinheiro) — indica que está com as finanças organizadas ou o orçamento controlado, sugerindo que não há prejuízos, dívida, calote ou algum compromisso oneroso.
- Roda Astrológica, casa 6 (trabalho) — significa que a vida profissional se encontra estabilizada, podendo haver

melhorias em curto prazo; no caso de um desempregado, aponta que encontrará um bom trabalho em breve.

- Peladan, casa 2 (negativo) — identifica que naquele momento não há controle material, que tudo está desordenado, tendendo ao fracasso, à dívida ou ao calote; também pode indicar negócios ilícitos.
- Cruz Celta, casa 4 (inconsciente) — para uma situação profissional, denota que o consulente desconhece (nem imagina) que sua posição na empresa seja estável, que é benquisto entre os amigos de trabalho e que terá um bom futuro no local em que se encontra.
- Método europeu, Roda Astrológica, casa 2, Sacerdote + Cinco de Ouros — indica que o consulente tenta organizar a dificuldade financeira; talvez, por causa de pequenas perdas, mas tudo ficará sob controle.
    - Se Sacerdote estivesse com Dez de Copas, indicaria que o orçamento estava organizado e o dinheiro era abundante; talvez, feliz por tudo estar equilibrado, recebendo ou ganhando mais dinheiro.
    - Se fosse Oito de Espadas, revelaria que a organização financeira estaria prejudicada e surgiriam problemas materiais; talvez tivesse acordado algo ilícito sem saber ou acreditando que seria fácil resolver.
        - Observe que o valor arquetípico do Sacerdote — *organização* — foi mantido em todas as análises, mas a variação ocorreu de acordo com o arcano auxiliar.

TEMPLO DE ZEUS

Com base na energia do quadrado (matéria), devem ser feitas perguntas em relaçao ao objetivo desta tiragem, que serve para a análise de investimentos, negócios, dinheiro circulante ou aspectos financeiros de ordem geral. Direcione a consulta a uma das áreas estabelecidas pela abertura, por exemplo: *Como se encontra minha vida financeira*? *Terei sucesso em tal investimento*? *Haverá progresso financeiro em tal negócio*? A linguagem utilizada será o plano material da carta ou os parâmetros financeiros estabelecidos neste capítulo. Monte a tiragem na sequência sugerida de 1 a 4, leia na ordem numérica, observando a sequência das cartas e sua relação. As casas são autoexplicativas, ou seja, o PASSADO (1), o PRESENTE (2) e o FUTURO (3) do que foi solicitado, além de um CONSELHO (4). O conjunto se refere a aproximadamente um ano; assim, a casa 1 (passado) pode ser considerada um período que de três a quatro meses antes da consulta, e a casa 3 (futuro) inicia sua força espiritual em três ou quatro meses. Analisemos um exemplo taromântico completo.

- *A consulente perguntou como se encontrava a vida financeira que, para ela, não parecia fácil. Também como se projetaria em um futuro próximo, pois estava com muitas dívidas.* (Essa questão também poderia ser analisada pela Cruz Celta.)

Etruscan Tarot
Lo Scarabeo, Itália.

Casa 1 — PENDURADO. Indica que há mais ou menos quatro meses a situação estava crítica, havia muitas dívidas ou dificuldades financeiras, ocorrendo sérios obstáculos para equilibrar o orçamento.

Casa 2 — TEMPERANÇA. Sugere que os problemas do período anterior continuam sem solução; porém, as dívidas ou os obstáculos estavam controlados, não havendo seu aumento; contudo, a solução será em longo prazo.

Casa 3 — MORTE. Revela que no futuro, daqui a quatro meses, parte ou o todo poderá ser saldado, um novo caminho financeiro será encontrado e tudo tenderá ao equilíbrio de maneira rápida.

Casa 4 — SACERDOTISA. Orienta para que a consulente, no momento, fique mais tranquila, planeje melhor o próprio orçamento e não se desespere; pois refletindo e meditando conseguirá encontrar uma boa saída. (Note que o tarô aconselhou se acalmar; então, isso é um indício de que tudo se resolverá no devido tempo.)

Método europeu ou americano?

Como poderei interpretá-los para os casos financeiros? Vale sempre lembrar que somente para os arcanos principais existem infinitas possibilidades de interpretação, pois podem se projetar nos quatro elementos (material, mental, sentimental, espiritual); contudo, o arcano auxiliar somente se manifesta em um único elemento (naipe). Bem, mas como poderemos analisar? É simples. As regras elaboradas neste compêndio serão as mesmas para qualquer tiragem e leitura que se venha a aprender. Exemplo com o método europeu, em cujo lançamento um consulente questiona sobre a vida financeira.

Etruscan Tarot
Lo Scarabeo, Itália.

Nos meses passados, o consulente se encontrava muito bem financeiramente, tudo progredia de acordo com suas vontades e ideais, as possibilidades de crescimento eram visíveis, talvez houvesse abundância no plano material (casa 1, Carro + Ás de Espadas). No presente, a condição se encontra muito similar, o desejo de sucesso é viável e a fartura continua a passos largos; contudo, ele pode estar se envolvendo em questões fora dos parâmetros sociais ou legais para atingir os propósitos (casa 2, Diabo + Oito de Espadas) — aqui já vale um conselho para reavaliar os caminhos pelos quais está ganhando dinheiro e a possibilidade de algo suceder errado (revelado pelo arcano auxiliar) e haver um retrocesso ou sérios prejuízos bem mais adiante. Nos próximos meses haverá obstáculos a serem superados, necessitando de extrema cautela em tudo o que fizer com relação aos ganhos e ao dinheiro em si (casa 3, Justiça + Dois de Ouros) — talvez o que venha sendo executado deva e precise ser revisto em sua totalidade; caso contrário, haverá sérios empecilhos. O conselho (casa 4, Mago + Sete de Espadas) sugere que o consulente não se exceda e seja o mais superficial possível, se esquivando ou não falando abertamente sobre o que está fazendo. Enfim, a situação é de perigo; mas, apesar de indicar situações ilícitas, poderá sair vitorioso seguindo o conselho: ser dissimulado, ser diplomata, ser o mais evasivo possível!

- **Note e anote**: O tarô é um oráculo, não um ser moralista. Ele simplesmente analisa o que estiver traçado (de bom ou ruim). O tarô não tem por finalidade julgar ninguém, tampouco apontar o caminho de uma beatificação para os profanos. Jamais, em tempo algum, espere que as cartas (no caso, o mundo espiritual) tenham piedade de suas mazelas, de seus sofrimentos. Não, não é a função do tarô ou de qualquer oráculo o papel do perdão. Se estiver fazendo algo errado e o resultado por viável, ele revela o caminho do sucesso; caso esteja construindo algo muito positivo que seja prejudicial, também auxiliará na orientação. Não espere do tarô ou do mundo espiritual qualquer benção, apenas uma bússola para os seus caminhos.

FERRADURA DA SORTE

Lançamento para a vida financeira, compreendendo os prós e contras que envolvem o dinheiro circulante ou disponível. Cada posição é uma questão relativa a ganhos, salário, orçamento ou dívida, as casas não devem ser vistas como independentes, mas de maneira que uma ajuda ou interfere na outra. As casas 1, 4 e 7 relatam o caminho real da vida financeira, sendo as casas restantes informações e aconselhamentos para que, após o período já definido pelo destino (três meses), o efeito comece a surtir. É de suma importância assimilar as casas 5 e 6, pois as melhorias em longo prazo dependem exclusivamente do consulente compreendê-las. Podemos empregar qualquer método, mas usarei o básico para a compreensão rápida da estrutura oracular. Essa tiragem tem atributos além do analisado neste capítulo. Analise "influências" pelo atributo mental e "aprendizado" pelo núcleo/essência.

1 — Como está a situação FINANCEIRA?
2 — Quais os OBSTÁCULOS?
3 — Influências externas (PESSOAS).
4 — Influências externas (DESTINO).
5 — O que deve APRENDER?
6 — Qual o CONSELHO?
7 — Qual o FUTURO imediato (três meses)?

Exemplo taromântico completo:

- *Um consulente estava muito preocupado com suas dívidas, solicitou uma revisão do status e do futuro financeiro.*

Lo Scarabeo Tarot
Lo Scarabeo, Itália.

A primeira carta desse lançamento já revela que o consulente está gastando além do orçamento; não observa os limites pessoais, havendo perdas e dificuldades por negligência (casa 1, Roda da Fortuna). O obstáculo que dificulta a solução é a falta de ação/motivação do próprio consulente em planejar uma nova fase de vida, esse é um dos casos em que o livre-arbítrio está mal administrado (casa 2, Carro). O meio em que vive parece exigir demasiadamente do consulente, pois há uma necessidade contínua em manter um status social (casa 3, Diabo); contudo, o destino tem lhe ajudado bastante em novas oportunidades, abertura de caminhos e muita sorte (casa 4, Enamorado) — se reunirmos essa informação com as anteriores, entenderemos que não adianta ter muitas chances sem saber usá-las; até o momento, o lançamento sugere que o consulente não está sendo sábio com o que lhe é oferecido.

Agora, ao observarmos a casa de aprendizado, percebemos que é importante o domínio da situação, não temer perdas ou inglórias, não se deixar levar pelas palavras dos outros (casa 5, Força) — como se trata de um exercício pessoal, também sabemos que é muito difícil assimilar tal comportamento. Complementando, o conselho ideal seria ser mais racional, rever cada passo de seu orçamento, sendo imparcial diante da própria condição financeira (casa 6, Justiça). Por fim, a casa do futuro imediato esclarece que nos próximos meses haverá reorganização financeira com a chance de se resolverem todos os problemas e de maneira bem próspera (casa 7, Sacerdote) — apesar de essa última carta ser bastante benéfica, não se pode desmerecer as cartas anteriores, pois ficou claro que o consulente tem sorte, mas não tem o mínimo de gestão; assim, o problema provavelmente retornará. Para que esse círculo vicioso termine, é necessário seguir fielmente as mensagens das casas 5 e 6 (Força e Justiça).

CHAVE DE OURO

Tiragem exclusiva para o trabalho ou ocupação profissional, somente deve ser lançada para pessoas que estejam empregadas ou que tenham algum negócio próprio. Aconselho a usar o método básico ou europeu, fazendo uma análise de cada questão e, depois, de seu conjunto para entender a importância desse lançamento. As seis primeiras casas revelam de que maneira o trabalho foi construído, como a situação se encontra; já as três casas restantes (7, 8, 9) indicam o futuro atemporal dentro da empresa. Observe que a tiragem é uma espiral, cujo centro (casa 9) contém uma chave importante: a postura diante do destino profissional (no referido trabalho). Esta tiragem contém atributos diferentes deste capítulo. Analise "pensar" pelo atributo mental, "desejar" pelo atributo sentimental e "aprendizado" pelo núcleo/essência.

1 — O que PENSO sobre minha ocupação e a empresa?
2 — Qual o meu DESEJO atualmente, minha aspiração?
3 — O que não me deixará progredir, qual o OBSTÁCULO?
4 — Quais os meus ERROS agora, minha conduta?
5 — O que meu CHEFE/superior pensa sobre mim?
6 — Como meus COLEGAS me analisam?
7 — Destino: futuro FINANCEIRO nesta empresa.
8 — Destino: futuro PROFISSIONAL nesta empresa.
9 — A CHAVE DE OURO, o que fazer para melhorar?

Obs: Caso a tiragem seja para autônomo ou profissional liberal, reconsidere:

Casa 5 — O que CLIENTES/consumidores pensam sobre meu negócio?

Casa 6 — Como a CONCORRÊNCIA me analisa?

Exemplo taromântico completo:

- *Um consulente chegou entusiasmado com o novo emprego, pois desde que foi contratado há seis meses tem visto possibilidades de crescimento.*

Crystal Tarot
Lo Scarabeo, Itália.

Inicialmente (na casa 1) conseguimos perceber a grande expectativa do consulente vislumbrando um futuro de prosperidade e ascensão. Parece que o trabalho significa um antigo sonho que se realiza (Sol); também notamos que o desejo atual (revelado na casa 2) é obter rapidamente grande progresso, ter posição de notoriedade ou reconhecimento, incluindo o sucesso financeiro (Carro).

O grande obstáculo a ser superado ou aceito inicialmente se deve à falta de cargos/funções abertos na empresa para que ele possa crescer, bem como sua falta de habilidade com a profissão (casa 3, Estrela); ou seja, não será fácil o desenvolvimento, pois o empecilho é realizar a própria esperança! Outro fator a ser compreendido, este, sim, com seriedade, é a casa 4, uma vez que é revelado o erro que impede o crescimento ou alguma solução futura. Encontramos Diabo, cuja leitura é no atributo material, indicando que o consulente se *julga* superior a todos, o mais competente, o mais hábil e mais bem preparado; ora, isso revela falta de consciência social ou desrespeito ao ambiente de trabalho.

Seu chefe ou superior o observa como um empregado sereno, adaptável, competente, dedicado ao trabalho, pronto a ouvir e a receber as diretrizes profissionais, e que também aparenta ter boa capacidade gestora (casa 5, Temperança). No entanto, seus colegas o analisam como distante, não participativo ou comunicativo entre os iguais, muito rígido nas opiniões e com certo ar de moralidade; por tais razões, ele não recebe ajuda dos companheiros, pois não transmite carisma (casa 6, Pendurado).

O destino financeiro indica que os ganhos serão gradativos e vinculados à capacidade que ele apresentar, nada de extraordinário está previsto para atingir o grande sonho indicado na casa 1, talvez receba somente os aumentos regidos pela lei ou pelo contrato assinado (casa 7, Justiça). O destino profissional revela que em longo prazo será reconhecido pelos esforços, terá algum mérito, mas algo bem ajustado ao tempo de serviço e não à capacidade (que julga ter), novamente o conjunto de cartas indica que nada de diferente ocorrerá ao longo de sua carreira (casa 8, Eremita).

Bem, claro que se compararmos todas as casas até o momento entenderemos que o consulente está esperando demais de sua nova função e observando de menos a real competitividade profissional. Ao se julgar o melhor e, também, ter o apreço visível dos superiores, ele despreza ou subestima a capacidade intelectual e profissional de seus colegas que, inclusive, têm mais probabilidade de serem promovidos. Falta-lhe maturidade. A grande virada profissional seria seguir o conselho da CHAVE DE OURO estabelecido na casa 9: ENAMORADO — ser mais compreensível, mais afável, compartilhar o conhecimento, ajudar aos iguais (não temendo a concorrência), fazer amizades sólidas; assim, a conciliação e a reciprocidade prevaleceriam, ocorrendo maior probabilidade em acelerar o crescimento e atingir o desejado em menor tempo. As cartas foram lançadas e, se o cliente irá ou não aceitar o conselho, revendo o comportamento, será livre-arbítrio dele. *O tarotista não pode mudar o caminho do consulente, somente apontar a direção.*

MAPA DA FORTUNA

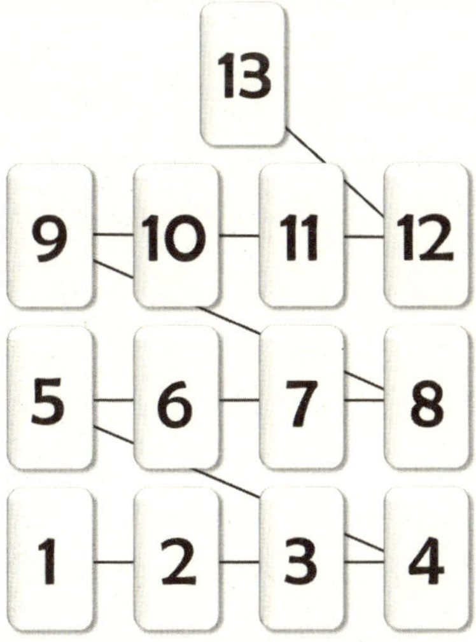

Após ler um dos lançamentos indicados anteriormente, também poderia abrir esta tiragem, pois cada casa de posição 1 a 12 representa um mês de previsão, sendo a casa 13 um conselho para equilibrar ou minimizar os percalços. Importante: a casa 1 será sempre a previsão do mês subsequente ao da consulta e as outras casas dão continuidade mensal até completar um ano. As cartas podem ser analisadas no atributo material ou, ainda, se a questão for especificamente sobre trabalho ou dinheiro, leia as interpretações deste capítulo. O arcano norteará o período dando ênfase aos acontecimentos, revelando a sorte e os obstáculos mês a mês. Este lançamento é muito útil quando se deseja uma prévia dos acontecimentos depois de qualquer tiragem, tais como, Chave de Ouro, Templo de Zeus ou Templo de Afrodite (sim, podemos usá-lo para leituras afetivas ou qualquer outra área, inclusive para Cruz Céltica ou Peladan). Caso tenha lançado a *Roda Astrológica*, também se poderia usar o MAPA DA FORTUNA para prever alguma área específica, no entanto, é necessária sempre uma pergunta objetiva: *Como os meses serão no plano financeiro? Como será meu relacionamento afetivo? Como será minha vida profissional?* Claro, para cada pergunta, um lançamento.

- MODELO. Após o lançamento da Roda Astrológica, o consulente deseja saber da previsão mensal de suas atividades profissionais. A consulta foi em <u>março</u> de 2013, então, o primeiro mês equivalerá a <u>abril</u> e assim por diante pelas doze casas; o atributo será sempre o material, independente do plano analisado.

The Tarot of Dürer
Lo Scarabeo, Itália.

Abril — Imperatriz (Casa 1): melhorias e ganhos já esperados no trabalho ou nos investimentos. A carta indica compras ou boas aplicações financeiras; sorte nos empreendimentos; orçamento equilibrado, gastando o que pode pagar.

Maio — Lua (Casa 2): aumento de capital, crescimento financeiro, bonificação; possibilidade de excelente investimento com ganho em curto ou longo prazo; se houver dívida, poderá ser saldada; se alguém deve dinheiro (ao consulente), será pago.

Junho — Sol (Casa 3): equilíbrio no orçamento, pagamento da dívida (cliente) ou recebimento de empréstimo (terceiros); aumento de capital, bonificação, promoção; investimento bem-sucedido (qualquer plano); prosperidade e boa perspectiva em longo prazo.

Julho — Torre (Casa 4): perda ou prejuízo inesperado; dívida que precisa ser saldada em breve; sem previsão de melhoria; deve-se reavaliar o orçamento e esforçar-se para o equilíbrio. Também pode ocorrer atraso de pagamento ou contrato não cumprido por parte de terceiros.

Agosto — Temperança (Casa 5): orçamento equilibrado e sem perspectiva de aumento de capital; não há prenúncio de mais dívidas, mas o fluxo financeiro é apertado; os investimentos somente são seguros se forem em longo prazo.

Setembro — Pendurado (Casa 6): pouco dinheiro circulante, não consegue equilibrar o orçamento, dificuldades em longo prazo; dívidas que se acumulam; necessita rever urgentemente os gastos, pois há alguma ilusão com o dinheiro.

Outubro — Sacerdotisa (Casa 7): pouco dinheiro circulante, não há aumento de capital, tudo se mantém como se encontra; se estiver poupando, ainda não possui condições de mudar a situação como deseja.

Novembro — Eremita (Casa 8): orçamento limitado pela economia programada ou pelos parcos recursos; não há dívida recorrente, nem projeção de dificuldades futuras, dinheiro equilibrado; não é aconselhável fazer negócios para auferir lucro rápido, nem investimentos de risco.

Dezembro — Justiça (Casa 9): orçamento apertado, devendo reavaliar os gastos e evitar assumir compromissos financeiros; cautela nos investimentos, não arriscar, nem emprestar dinheiro; dificuldades em saldar dívidas, diminuição dos recursos em médio prazo.

Janeiro — Sacerdote (Casa 10): reorganização do orçamento, investimento moderado, podendo poupar um pouco; indica economia planejada e que saldará as dívidas; geralmente esse arcano surge após algum período difícil com as finanças.

Fevereiro — Estrela (Casa 11): equilíbrio do orçamento, vivendo bem com o que possui; possibilidade de melhorias ou aumento de capital; bons investimentos em curto ou longo prazo; tudo acontece como desejado.

Março — Carro (Casa 12): melhoria no orçamento ou seu equilíbrio, bom fluxo do dinheiro, boa rentabilidade em todos os investimentos; há gastos excessivos que poderão ser saldados; encontro de soluçoes se houver alguma dívida ou dificuldades.

Conselho — Roda da Fortuna (Casa 13): ser flexível, aceitar as mudanças, deixar o destino fluir, encontrar nas oportunidades uma forma de criar novos caminhos; cuidado com a dispersão e a ansiedade que podem deter o avanço benéfico da vida.

- RESUMINDO — nos três primeiros meses após a consulta, haverá equilíbrio e boas perspectivas financeiras; no entanto, a partir no quarto mês, ocorrerá algum dissabor ou perda inesperada que trará dificuldades no orçamento por algum tempo. O consulente deve se precaver e ter o máximo de serenidade durante o período de julho/2013 a dezembro/2013, que se revelou ser o mais crítico. Após esse período, no último triênio do período analisado (janeiro a março de 2014), o orçamento e as diretrizes financeiras voltarão a se recuperar e o equilíbrio retornará ao final do ano. Para minimizar os obstáculos, é necessário seguir o conselho, sendo mais flexível, e acompanhar o ritmo do destino.

PARTE 5

CHAVE AUXILIAR

Ao LONGO DESTE VOLUME, FOI ENSINADO, PELA PRIMEIRA VEZ NA história do tarô, E EM UM único livro, tudo sobre os *quatro* modos existentes de se lançar a taromancia — as convergências e diferenças entre o método *básico*, o *europeu*, o *americano* e o *italiano*. Nos primeiros capítulos também foi esclarecida a importância de se estudar a estrutura e a configuração de uma tiragem além dos arcanos; para entender esse processo, sempre forneço uma explicação muito simples: **os arcanos são portais e as tiragens, suas chaves.** Entenda que, caso você não saiba a dimensão exata do lançamento, não conseguirá ler satisfatoriamente o tarô, ou seja, sem a chave certa, o portal oracular não se abrirá. Portanto, estude, assimile, teorize e exercite de maneira técnica, sempre que puder! Errando, volte aos estudos, mas não desista! Qualquer um está apto a lançar o tarô, todos são capazes de aprender essa linguagem simbólica e divina! *A prática traz a perfeição e a repetição fortalece o saber* — sempre tive esse axioma como princípio pessoal e o aconselho a adotá-lo também. Uma vez que tenha conhecido todos os lançamentos descritos, você não terá dificuldade em aplicar as técnicas complementares explanadas neste último capítulo, menos ainda em entender os atributos a serem relacionados a cada posição.

Realizar uma consulta ou lançar o tarô é algo extraordinário, pois revela muitos aspectos e caminhos sequer imaginados. Toda consulta deve, essencialmente, ser pessoal, pois as coletivas (esporte, concurso, política, guerra, desastre natural etc.) produzem resultados parciais, dúbios, indefinidos. Entretanto, nada impede que se executem previsões sociais. Apenas entenda que nem sempre conseguirá uma resposta clara e eficaz, visto que as variáveis cármicas envolvendo algumas situações são inúmeras. Na verdade, quanto mais individual e objetiva constituir a pergunta/questão formulada ao tarô, maiores serão as chances de assertividade. Concentre sua preciosa energia espiritual para alguém a quem possa oferecer diretamente sua ajuda ou para situações que demandem arbítrio do consulente. Ninguém tem maior força e poder para resolver as dificuldades que ele próprio — esse é um dos grandes mistérios que, após uma consulta, o consulente também precisaria descobrir: *o que é real e imaginário, o que se deve aprender?* Contudo, estando suscetível a orientação do tarô, ele cultivaria a benéfica semente que o mundo espiritual tenta plantar na consciência: o encontro de novos horizontes! Essas palavras também valem para todos nós, entendendo que o estudo do tarô não produz milagres, entretanto ajuda a reconstruir a vida, que trilhará (certamente) para a dignidade e o sucesso.

Em toda prática inicial, há sempre um detalhe despercebido pelo tarotista: *a previsão implícita*. Não importa o que se pergunte ao oráculo, absolutamente tudo encerrará uma relação estreita e direta com o amanhã (futuro, resultado, consequência). Até a mais simples angústia existencial ou a perene busca espiritual, que possivelmente o tarô ajudaria, terá os pronomes interrogativos "quando ou como". Haverá felicidade, dinheiro, amor, equilíbrio, autoconhecimento? Ou seja, estará sempre subentendido que a resposta contém uma orientação para o futuro, uma revelação que traga algum alento. Essa é uma das razões pelas quais sempre gravei minhas consultas para que o consulente levasse o arquivo (fita magnética ou digital) e escutasse posteriormente minhas orientações. Somente admitia questionamentos (para o período previsto) diante da mesma gravação, pois, além da ansiedade no ato da consulta, cada consulente tem aquisição linguística diferente e, entendo como natural, pode assimilar/entender de maneira equivocada uma palavra ou outra. Por exemplo: dizer "é *possível* que tal situação se realize" não teria a mesma característica de "tal situação se *realizará*" — a primeira é plausível e deriva do consulente, a segunda é concludente e não depende mais de ninguém (neste último caso, o consulente poderia não entender/aceitar a realização, mas não conseguiria detê-la, somente recusar e arcar com as consequências boas ou más). Nunca me cansarei de enfatizar que é impossível em uma tiragem/lançamento encontrar alguma distinção entre *previsão* e *orientação*, uma vez que a partir da consulta tudo remete ao futuro, mesmo que seja a solução de algo passado ou presente. Autoconhecimento? Estudar o tarô é um dos caminhos para encontrá-lo; porém, ao consulente, resta apenas alguma orientação diante das cartas.

Neste capítulo apresentarei uma série de tiragens que fui aprendendo ou desenvolvendo (criando) ao longo de minha carreira, pois para cada consulente havia uma necessidade específica (além do básico da vida financeira e afetiva). Ora, cada pessoa é um mundo diferente e, por isso, sempre opte por uma tiragem mais adequada ao assunto, assim é possível ter uma resposta rápida e eficiente. Por exemplo, se o consulente somente deseja saber sobre a vida conjugal, não abra a Roda Astrológica, nem realize perguntas com o Peladan, utilize o Templo de Afrodite ou a Cruz Celta para obter respostas bem mais eficientes. Contudo, se o consulente desejar saber se irá se casar naquele ano, então, não se deve abrir o Templo de Afrodite, pois a tiragem mais indicada seria o Peladan ou, talvez, apenas o Conselho. Quer saber mais de si mesmo? Opte pelo Labirinto. Desejando entender o amigo, abra o Quadrado Pessoal. Família em desarmonia? Lance a Santa Ceia. Enfim, as tiragens a seguir promoverão o preenchimento de lacunas bem definidas, serão ótimas ferramentas para uma boa orientação oracular. Nas tiragens a seguir não haverá exemplos devido a redundância que algumas casas poderiam remeter, mas em cada lançamento será indicado o atributo de leitura — acredito que não terá dúvida alguma para uma boa interpretação.

PORTAIS SAGRADOS (7)

Autoconhecimento

QUADRADO PESSOAL

QUAL É O MEU LADO OCULTO?

Tiragem muito eficaz quando necessitamos saber de nosso verdadeiro interior ou o de uma pessoa, descobrindo mistérios e segredos da personalidade. Deve-se jogar uma vez por ano, anote para não esquecer. Essa abertura não exige pergunta, mas muita concentração na pessoa pesquisada. As casas são autoexplicativas. Embaralhe e escolha quatro arcanos maiores, aplique somente o método básico neste lançamento.

1 — IDENTIDADE (atributo mental)
Como é o interior, a real personalidade?
2 — SOMBRA (atributo obstáculo)
O que esconde, deseja ser ou ter?
3 — PROJEÇÃO (atributo mental)
Como é visto pelo meio social?
4 — APRENDIZADO (atributo conselho)
O que deve desenvolver?

ENCRUZILHADA

Qual é o caminho da paz interior?

Esta tiragem revela o que o consulente deseja de si e da vida, promovendo ponderações para um futuro melhor. Embaralhe e escolha nove cartas, usando exclusivamente o método básico e lendo na sequência cruzada, depois tenha atenção ao conjunto de cartas inferiores (mundo interior), depois, de superiores (mundo exterior). A posição 9 é válida para seis meses.

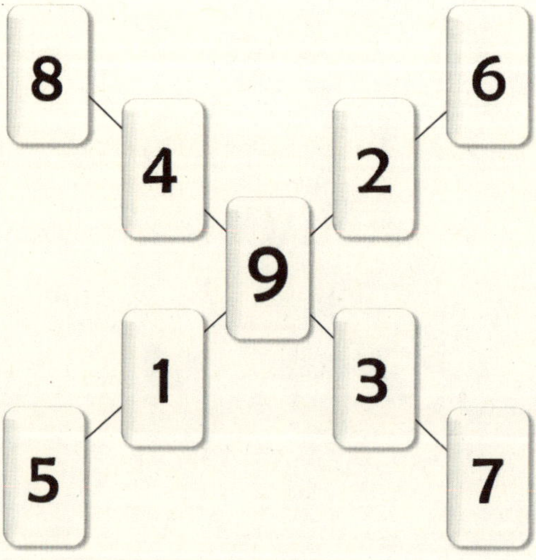

1 — Qual é minha natureza oculta?
2 — Como sou influenciado pelos outros?
3 — Como planejo a vida?
4 — Como expresso meus valores?
5 — Como estão meus sentimentos?
6 — Qual é o meu comportamento social?
7 — Problemas do passado estão presentes?
8 — Devo solicitar ajuda de amigos?
9 — Qual é o conselho?

LABIRINTO

QUE TAL UMA AUTOAVALIAÇÃO?

Como estou? Esta abertura é excelente para uma profunda reflexão de si mesmo ou bem orientar um amigo ou um consulente. Usei esta tiragem durante muitos anos, uma vez por mês, para avaliar meu comportamento, e ela auxiliou-me bastante no caminho do autoconhecimento. Cada arcano deve ser analisado com os tópicos do NÚCLEO (volume 2, capítulo 2), principalmente o item *advertência* (este fornecerá a solução). Utilize unicamente o método básico (arcanos maiores), leia em ordem sequencial. Perguntas não são necessárias, pois as casas são autoexplicativas. Deseja maior reflexão sobre sua vida, um bom estudo para alguns dias? Então, leia o tópico ESTRUTURA TERNÁRIA (página 145, volume 1), relacionando as vias (indução, reflexão, dedução) com o lançamento. Interprete também as três fases do equilíbrio (página 149, volume 1).

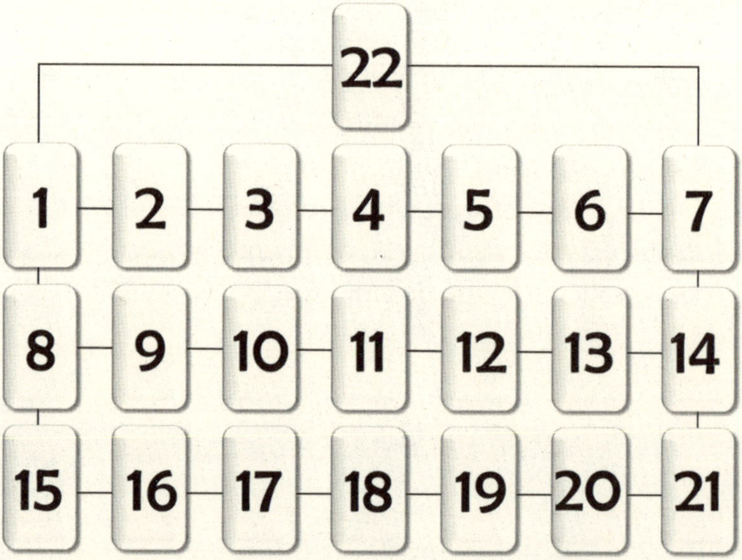

1 — Casa do MAGO (Como se encontra a iniciativa?)
2 — Casa da SACERDOTISA (Como se encontra a reflexão?)
3 — Casa da IMPERATRIZ (Como se encontra a criatividade?)
4 — Casa do IMPERADOR (Como se encontram as realizações?)
5 — Casa do SACERDOTE (Como se encontra a sociabilidade?)
6 — Casa do ENAMORADO (Como se encontram as escolhas?)
7 — Casa do CARRO (Como se encontram os objetivos?)
8 — Casa da JUSTIÇA (Como se encontra o discernimento?)
9 — Casa do EREMITA (Como se encontra a sabedoria?)
10 — Casa da RODA DA FORTUNA (Como se encontra a renovação?)
11 — Casa da FORÇA (Como se encontra a coragem?)
12 — Casa do PENDURADO (Como se encontra a resignação?)
13 — Casa da MORTE (Como se encontra a autocura?)
14 — Casa da TEMPERANÇA (Como se encontra a paciência?)
15 — Casa do DIABO (Como se encontram os desejos?)
16 — Casa da TORRE (Como se encontra a superação?)

17 — Casa da ESTRELA (Como se encontra a esperança?)
18 — Casa da LUA (Como se encontra o passado?)
19 — Casa do SOL (Como se encontra a reciprocidade?)
20 — Casa do JULGAMENTO (Como se encontra a transcendência?)
21 — Casa do MUNDO (Como se encontra o poder pessoal?)
22 — Casa do LOUCO (Como se encontra a capacidade de inovar?)

PORTAIS SAGRADOS (8)

Espiritualidade

JANELA ASTRAL

TENHO AJUDA DOS MESTRES ESPIRITUAIS?

Esta tiragem é um importante instrumento para análise do plano astral em cuja interpretação é possível descobrir a força interior e o controle do caos espiritual. No astral está concentrada a energia motriz, o poder pessoal diante de forças humanas ou de entidades que não pertencem ao nosso campo espiritual. Nele ainda reside o escudo protetor de forças negativas, como a inveja e o mau-olhado. Embaralhe e escolha três cartas, usando exclusivamente o método básico. Leia na sequência do lançamento. Os atributos para uma boa interpretação são: espiritual (posição 1), mental (posição 2), material (3), conselho (4); adicione também a *advertência* para cada uma delas.

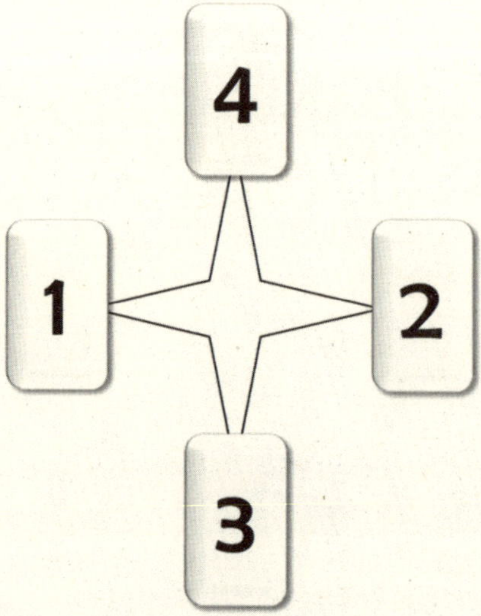

1 — Como está minha FORÇA astral?
2 — Tenho o DOMÍNIO da negatividade?
3 — O MOMENTO cármico material.
4 — O que DEVO fazer para proteger-me?

PIRÂMIDE ESPIRUTAL

Que mistério se deve aprender?

Como se encontra o universo espiritual? Tiragem adaptada da cabala mística, que surgiu em literaturas no final do século XIX. Atualmente existem muitas variações na significação das casas, tal possibilidade de interpretação faz parte do ensinamento cabalista; a seguir é apresentada uma variação de análise do mundo espiritual. Embaralhe e escolha três cartas, usando o método básico ou o europeu. Leia as três casas pelo atributo espiritual em conjunto com o item advertência (núcleo), na terceira carta também deve ser acrescentada o atributo de aconselhamento. Faça a leitura em ordem sequencial. Perguntas não são necessárias, as casas são autoexplicativas; contudo, *são complementares e não individuais*. O lançamento é válido por um ano.

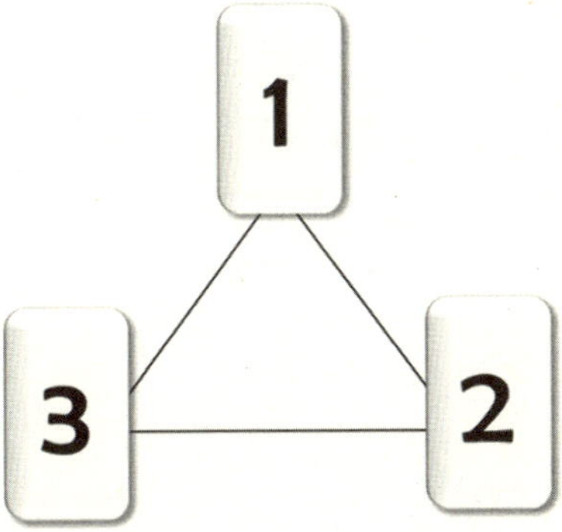

1 — KETHER: consciência espiritual, revelação da inspiração divina, busca de interiorização; *indica* o ponto espiritual ou o degrau de maturidade no presente momento de vida.

2 — CHOCKMAH: consciência humana, descoberta do propósito da vida, planejamento universal; *indica* o ponto de evolução pessoal ou o que aprendeu com as experiências passadas.

3 — BINAH: consciência matéria-espirito, percepção de todas as coisas; *indica* o aconselhamento para o equilíbrio de Kether e de Chockmah.

ZIGURATE

Minha consciência superior está iluminada?

Como se encontra meu caminho espiritual? Tiragem para uma profunda análise do mundo espiritual, servindo para descobrir os pontos fracos e fortes, positivos e negativos, bons e maus; também, ajuda a melhorar a autoimagem. Embaralhe e escolha dez arcanos maiores, usando apenas o método básico. Note que a casa 4 deve ser interpretada com o atributo material do arcano e a casa 10 com o atributo de conselho, as restantes por intermédio do plano espiritual (1, 2, 3, 5, 6, 7, 8, 9). O método é autoexplicativo, não há perguntas adicionais; aconselho a lançar em uma periodicidade de três meses.

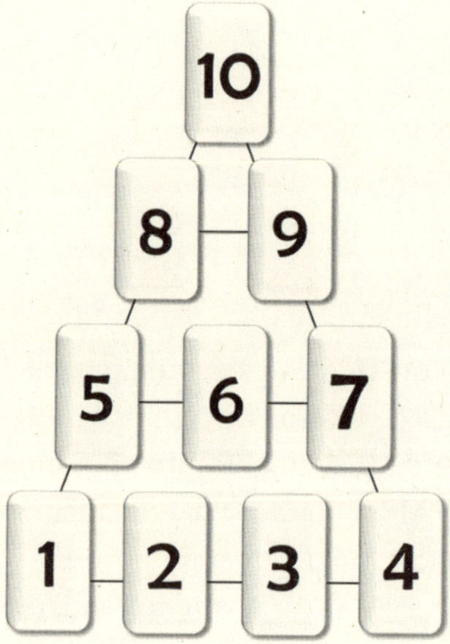

1 — O que tenho realizado ou feito de minha vida espiritual?
2 — Busco autoconhecimento, fraternidade, religião?
3 — Pratico filantropia, ajudo ao próximo, tenho compaixão?
4 — Serei atendido pelas orações, apelos, magia, ritual?
5 — Tenho poder pessoal, força energética, controle astral?
6 — Tenho poder de cura, autocura, sensibilidade, percepção?
7 — Tenho poder de magia, magnetismo astral, atração material?
8 — Como se encontra minha mediunidade, canalização, intuição?
9 — Qual meu futuro astral e espiritual nos próximos três meses?
10 — Conselho para uma vida melhor nos próximos três meses.

PORTAIS SAGRADOS (9)

Família

SANTA CEIA

MINHA FAMÍLIA ESTÁ EM HARMONIA?

O que falta para prosperar? Este lançamento é válido se houver, no mínimo, um casal e um filho morando juntos. Embaralhe e escolha 12 cartas, empregue o método básico ou o europeu. A leitura da casa 4 será transformada caso haja somente um filho, sendo sua interpretação relacionada com o estado comportamental dele. A casa 6 se refere a outras pessoas que moram na mesma casa (mãe, sogra, tio etc.); caso não haja, pode interpretar como a influência de familiares.

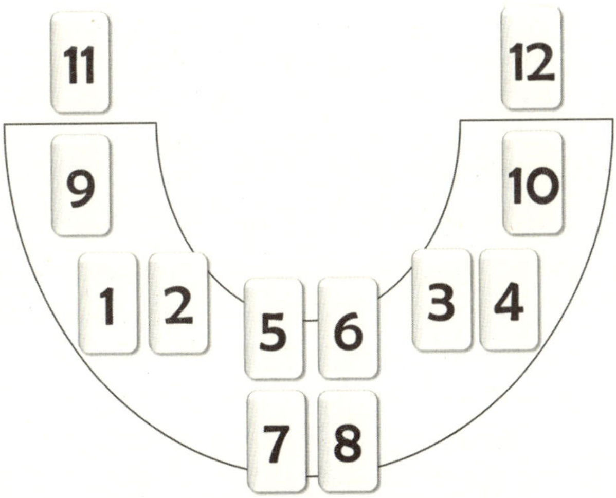

1 — Passado da família.
2 — Passado do casamento.
3 — Relacionamento atual do casal.
4 — Relacionamento atual entre os irmãos.
5 — Obstáculos atuais do casamento.
6 — Outros familiares ajudam/apoiam?
7 — Qual é a influência dos vizinhos?
8 — A família está harmonizada?
9 — Conselho para a família.
10 — Conselho para o casal.
11 — Futuro da família (seis meses).
12 — Futuro do casamento (seis meses).

TESOURO

COMO ESTÁ MEU FILHO? POSSO AJUDÁ-LO?

Esta tiragem é de grande valia para pais cuidadosos, pois ajuda a compreender a criança ou o adolescente e, ainda, algum filho que dependa da família. Embaralhe e escolha oito cartas, empregue o método básico ou o europeu. A casa 7 poderá ser renomeada e a casa 8, retirada do lançamento caso o filho seja órfão. Também poderia ser substituída para quem fornece o suporte familiar; no entanto, deve-se manter as duas casas se os pais forem separados ou, talvez, adotivos. O lançamento é individual para cada filho natural ou adotivo. As casas devem seguir os referidos atributos, acrescidos da análise de *advertência*.

1 — Como estão os pensamentos do filho?
2 — Qual é o estado emocional dele?
3 — Quais são as expectativas para o futuro?
4 — O que deseja da família, desse lar?
5 — Qual o erro dos pais?
6 — Como os amigos influenciam?
7 — Qual o conselho para a mãe?
8 — Qual o conselho para o pai?

LINHAGEM

PAIS SEPARADOS E SEUS FILHOS, COMO SE RELACIONAM?

Como encontrar afeto em um lar dissolvido? Tiragem para pessoas divorciadas ou separadas que tenham, ao menos, um filho em comum. Este lançamento ajuda na busca de harmonização da família, visando a melhor educação ou relacionamento com os filhos. Embaralhe e escolha nove cartas, empregue o método básico ou o europeu.

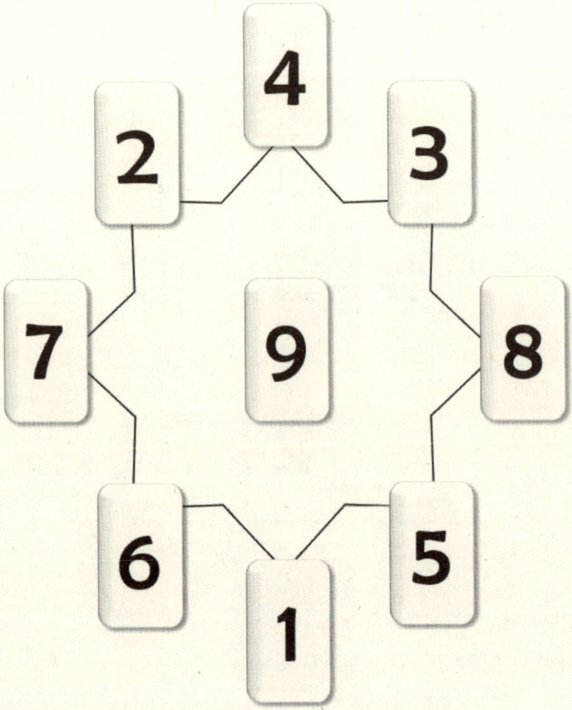

1 — Qual foi o motivo da separação?
2 — Quais são os objetivos do consulente?
3 — Quais são os objetivos do outro agora?
4 — Como estão os filhos?
5 — Como o consulente se relaciona com os filhos?
6 — Como o outro se relaciona com os filhos?
7 — A família do consulente presta apoio emocional?
8 — A família do outro presta apoio emocional?
9 — Conselho para o consulente em relação aos filhos

PORTAIS SAGRADOS (10)

Destino

REGÊNCIA SEMANAL

O QUE ME FAVORECE ESTA SEMANA?

Quais as vantagens, advertências ou obstáculos? Tiragem para descobrir o arcano-regente do dia, cuja energia revelará a força do destino, o caminho pelo qual se desenvolve tudo o que se faz ou se almeja. Cuidado, esta tiragem não revela os acontecimentos, mas o meio ambiente em que os desejos estão inseridos, servindo como um orientador nos dias em que houver abertura ou obstáculo, ajuda ou interferência. Embaralhe e escolha sete cartas, empregue o método básico ou o europeu. Regra: a casa 1 representa o dia seguinte da leitura, as sucessoras completam os dias da semana. Tome nota: A leitura deve ser feita pelo atributo material junto com o atributo advertência.

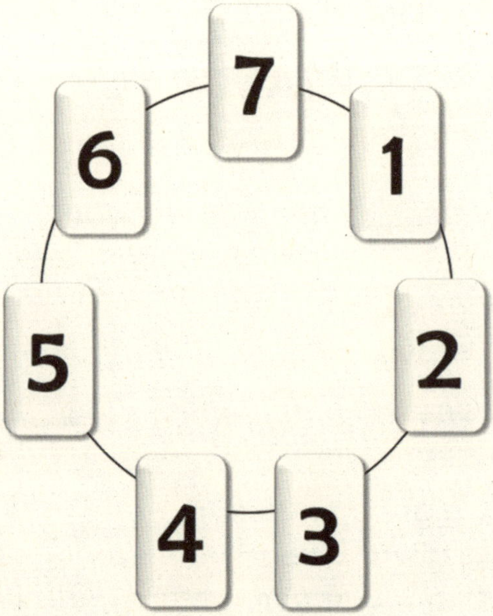

REGÊNCIA MENSAL

COMO ESTARÃO MEUS PRINCIPAIS CAMINHOS?

A vantagem deste lançamento está na rapidez e simplicidade em analisar as áreas de maior interesse, bem como o arcano-regente do mês (a força do destino, o caminho no qual se desenvolve o desejo ou a ação). Costumo chamar esta tiragem de ARO DA RODA, visto que parece ser parte da Roda Astrológica. Não necessita de pergunta objetiva, pois as casas são autoexplicativas e valem para um mês; caso deseje lançar os meses seguintes, escolha o máximo de seis conjuntos no total. Regra: Embaralhe separadamente os arcanos maiores e os menores, depois, escolha um arcano maior (regência) e quatro arcanos menores (áreas); toda a leitura se processa no atributo material, acrescida de advertência.

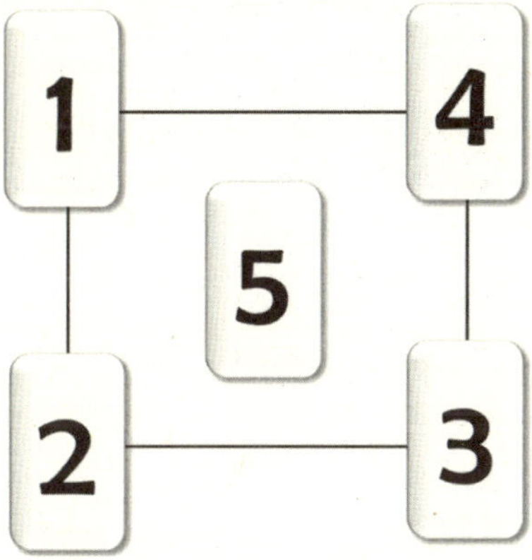

1 — DINHEIRO (arcano menor)
Como se encontrará a questão financeira?

2 — TRABALHO (arcano menor)
Como será o ritmo profissional? Se não tiver emprego, deve-se analisar a tendência em arrumá-lo.

3 — AMOR (arcano menor)
Como ficará o namoro/casamento? Se o consulente for solteiro, deve-se interpretar a tendência de encontrar uma pessoa.

4 — SAÚDE (arcano menor)
Como se encontrará a saúde física, a energia e a disposição?

5 — REGÊNCIA (arcano maior)
Como estará o destino do mês em curso?

REGÊNCIA ANUAL

Como vai ser o meu destino?

Conheço várias técnicas similares de aniversário aplicadas ao tarô, mas o procedimento explanado a seguir foi aquele com que tive maior assertividade. Meus alunos e centenas de leitores (da primeira edição deste volume, de 2003) chegaram à mesma conclusão. Apesar de a princípio parece ser complexa, a vida sempre se apresenta dessa maneira, não é verdade? Então, tenha paciência. Essa prática não pode ser considerada uma tiragem ou lançamento, uma vez que faremos alguns cálculos para descobrir dois símbolos que, a partir da data de aniversário, influenciarão por um ano. Entretanto, nada impede que sejam analisados períodos passados para se compreender alguma fase da vida, ou que se avancem quantos anos desejar se organizando para o futuro. Estude e analise atentamente como se processa o cálculo para encontrar o arcano-regente principal e o secundário, que poderão ser dois arcanos maiores ou um arcano maior e outro menor.

O ARCANO-REGENTE PRINCIPAL é sempre o caminho pelo qual iremos construir nosso desejo e trilhar nossa ação e diretriz, descobrindo se o período será fácil ou complicado e, ainda, se apresentará novos caminhos ou se estarão fechados. Complementando a interpretação, O ARCANO-REGENTE SECUNDÁRIO simboliza a influência de terceiros, dos agregados, dos núcleos em que se vive; podemos vislumbrar de que maneira eles ajudam ou dificultam a jornada. *Cuidado*, não se trata de acontecimentos, mas unicamente de se entender a nossa senda e o meio ambiente; por vezes, temos os caminhos abertos e não resolvemos nada e, em outras, encontramos obstáculos e os vencemos. As cartas deverão ser interpretadas com todas as condições positivas e negativas relatadas nos tópicos *Sintoma* e *Núcleo* (volume 2, *Tarô, vida e destino*). As regras de cálculo se baseiam nos quatro quadros apresentados a seguir.

QUADRO 1 — DADOS PRINCIPAIS		
Nome:		
Data de nascimento:	Ano de aniversário:	Idade:
Período da regência:		

QUADRO 2 — Cálculo								
	Coluna 1	Coluna 2	Coluna 3	Coluna 4	Coluna 5	Coluna 6	Coluna 7	Coluna 8
	DIA	DIA	MÊS	MÊS	ANO	ANO	ANO	ANO
Linha 1								
Linha 2								
Linha 3								
Linha 4								
Linha 5								
Resultado:								

QUADRO 3 — FAIXA ETÁRIA							
Coluna 1	Coluna 2	Coluna 3	Coluna 4	Coluna 5	Coluna 6	Coluna 7	Coluna 8
1	2	3	4	5	6	7	8
9	10	11	12	13	14	15	16
17	18	19	20	21	22	23	24
25	26	27	28	29	30	31	32
33	34	35	36	37	38	39	40
41	42	43	44	45	46	47	48
49	50	51	52	53	54	55	56
57	58	59	60	61	62	63	64
65	66	67	68	69	70	71	72
73	74	75	76	77	78	79	80
81	82	83	84	85	86	87	88
89	90	91	92	93	94	95	96

QUADRO 4 — ARCANO-REGENTE							
1	Mago	21	Mundo	41	Ás de Espadas	61	Sete de Copas
2	Sacerdotisa	22	Louco	42	Dois de Espadas	62	Oito de Copas
3	Imperatriz	23	Pajem de Ouros	43	Três de Espadas	63	Nove de Copas
4	Imperador	24	Cavaleiro de Ouros	44	Quatro de Espadas	64	Dez de Copas
5	Sacerdote	25	Rainha de Ouros	45	Cinco de Espadas	65	Pajem de Paus
6	Enamorado	26	Rei de Ouros	46	Seis de Espadas	66	Cavaleiro de Paus
7	Carro	27	Ás de Ouros	47	Sete de Espadas	67	Rainha de Paus
8	Justiça	28	Dois de Ouros	48	Oito de Espadas	68	Rei de Paus
9	Eremita	29	Três de Ouros	49	Nove de Espadas	69	Ás de Paus
10	Roda da Fortuna	30	Quatro de Ouros	50	Dez de Espadas	70	Dois de Paus
11	Força	31	Cinco de Ouros	51	Pajem de Copas	71	Três de Paus
12	Pendurado	32	Seis de Ouros	52	Cavaleiro de Copas	72	Quatro de Paus
13	Morte	33	Sete de Ouros	53	Rainha de Copas	73	Cinco de Paus
14	Temperança	34	Oito de Ouros	54	Rei de Copas	74	Seis de Paus
15	Diabo	35	Nove de Ouros	55	Ás de Copas	75	Sete de Paus
16	Torre	36	Dez de Ouros	56	Dois de Copas	76	Oito de Paus
17	Estrela	37	Pajem de Espadas	57	Três de Copas	77	Nove de Paus
18	Lua	38	Cavaleiro de Espadas	58	Quatro de Copas	78	Dez de Paus
19	Sol	39	Rainha de Espadas	59	Cinco de Copas		
20	Julgamento	40	Rei de Espadas	60	Seis de Copas		

CÁLCULO

1. O QUADRO 1 contém os dados principais (nome, data de nascimento, a idade que deseja o cálculo etc.). Preencha todos os campos solicitados. Por exemplo, vamos calcular para Ronaldinho (o fenômeno), jogador de futebol, a data de 1999.

Nome: Ronaldo Luís Nazário de Lima		
Data de nascimento: **22/07/1976**	Ano de aniversário: **1999**	Idade: **23 anos**
Período da regência: 22/07/1999 a 21/07/2000		

2. No QUADRO 2, preencha a linha 1 com a data de nascimento por completo, o dia e mês que contenha um numeral, devendo-se acrescentar o zero inicial. Por exemplo:

Linha 1	2	2	0	7	1	9	7	6

3. O preenchimento da linha 2 merece máxima atenção!
   a) Some os algarismos do ano pesquisado, em nosso exemplo, 1 + 9 + 9 + 9 = 28 (nunca reduza o resultado, mantenha sempre o valor exato da soma).
   b) No QUADRO 3 encontre o número da coluna que corresponde à idade do aniversário; em nosso exemplo, 23 anos está na coluna 7.
   c) Marque na linha 2, coluna 7, o resultado da soma do ano requerido.

Linha 2							28	

4. Transfira para a linha 3 as somas *individuais* de cada coluna das linhas 1 e 2; novamente, mantenha o valor exato do

resultado. Em nossa explanação, a única soma ocorreu na coluna 7, nas restantes, por não haver valor, apenas repetimos a linha 1. Então:

Linha 3	2	2	0	7	1	9	35	6

5. Na linha 4, some todos os valores da linha 3 e, com esse resultado, siga até o QUADRO 4 para obter o ARCANO-REGENTE SECUNDÁRIO. Em nosso exemplo, o resultado foi 62, que corresponde ao OITO DE COPAS.

Linha 4	2 + 2 + 0 + 7 + 1 + 9 + 35 + 6 = 62
	ARCANO-REGENTE SECUNDÁRIO: **OITO DE COPAS**

6. Transfira o resultado total da soma da linha 4 para a linha 5 e some novamente os algarismos. Reveja o Quadro 4 e obtenha o ARCANO-REGENTE PRINCIPAL. Raramente ocorre de haver dois arcanos maiores como regentes, mas é possível, e cada um atuará em níveis diferentes (caminho pessoal e meio ambiente). Finalizando nosso exemplo, encontramos o arcano JUSTIÇA.

Linha 5	6 + 2 = 8
	ARCANO-REGENTE PRINCIPAL: **JUSTIÇA**

7. Resultado e fatos públicos do exemplo:
   - Regência principal: JUSTIÇA.
   - Regência secundária: OITO DE COPAS.
   - FATOS PÚBLICOS — Ronaldinho casou-se com Milena, que estava no quarto mês de gravidez; também foi pai nesse mesmo período; teve problemas de saúde e se afastou do futebol, retornando ao Brasil para tratamento. Leia o significado na

seção SINTOMA e NÚCLEO desses arcanos (volume 2, páginas 125 e 369), traçando um paralelo dessas informações.

Mais dois exemplos para fixação da técnica de cálculo:

ARCANO-REGENTE DE ANIVERSÁRIO								
Nome: Mahatma Gandhi (líder indiano)								
Data de nascimento: 02/10/1869				Ano de aniversário: 1907			Idade: 38	
Período da regência: 02/10/1907 a 01/10/1908								
	Coluna 1	Coluna 2	Coluna 3	Coluna 4	Coluna 5	Coluna 6	Coluna 7	Coluna 8
	DIA	DIA	MÊS	MÊS	ANO	ANO	ANO	ANO
Linha 1	0	2	1	0	1	8	6	9
Linha 2	-	-	-	-	-	17	-	-
Linha 3	0	2	1	0	1	25	6	9
Linha 4	0 + 2 + 1 + 0 + 1 + 25 + 6 + 9 = 44							
	Arcano-regente secundário: **QUATRO DE ESPADAS**							
Linha 5	4 + 4 = 8							
	Arcano-regente principal: **JUSTIÇA**							
FATOS PÚBLICOS — Gandhi foi preso em 1907 por incitar o movimento revolucionário; nessa mesma época, lançou o conceito de *Satyagraha* (não submissão à injustiça, força da verdade) cujo fundamento seria a base da independência da Índia décadas mais tarde; se divorciou em 1908, mudando-se para a África do Sul, onde permaneceu recluso até 1914.								

ARCANO-REGENTE DE ANIVERSÁRIO		
Nome: Elvis Presley (cantor)		
Data de nascimento: 08/01/1935	Ano de aniversário: 1967	Idade: 32
Período da regência: 08/01/1967 a 07/01/1968		

	Coluna 1	Coluna 2	Coluna 3	Coluna 4	Coluna 5	Coluna 6	Coluna 7	Coluna 8
	DIA	DIA	MÊS	MÊS	ANO	ANO	ANO	ANO
Linha 1	2	9	0	8	1	9	5	8
Linha 2								23
Linha 3	2	9	0	8	1	9	5	31
Linha 4	2 + 9 + 0 + 8 + 1 + 9 + 5 + 31 = 65							
	Arcano-regente secundário: PAJEM DE PAUS							
Linha 5	6 + 5 = 11							
	Arcano-regente principal: FORÇA							
FATOS PÚBLICOS — Esse foi considerado um período de amadurecimento musical, um divisor de águas em sua já consagrada carreira, recebendo um Grammy; também se casou com Priscilla Beaulieu, seu grande amor, que engravidou de sua primeira e única filha, Marie Presley.								

QUADROS PARA CÁLCULO

ARCANO-REGENTE DE ANIVERSÁRIO		
Nome:		
Data de nascimento:	Ano de aniversário:	Idade:
Período da regência:		

	Coluna 1	Coluna 2	Coluna 3	Coluna 4	Coluna 5	Coluna 6	Coluna 7	Coluna 8
	DIA	DIA	MÊS	MÊS	ANO	ANO	ANO	ANO
Linha 1								
Linha 2								
Linha 3								
Linha 4								
	Arcano-regente secundário:							
Linha 5								
	Arcano-regente principal:							

<table>
<tr><th colspan="9">ARCANO-REGENTE DE ANIVERSÁRIO</th></tr>
<tr><td colspan="9">Nome:</td></tr>
<tr><td colspan="4">Data de nascimento:</td><td colspan="3">Ano de aniversário:</td><td colspan="2">Idade:</td></tr>
<tr><td colspan="9">Período da regência:</td></tr>
<tr><td colspan="9"></td></tr>
<tr><td rowspan="2"></td><td>Coluna 1</td><td>Coluna 2</td><td>Coluna 3</td><td>Coluna 4</td><td>Coluna 5</td><td>Coluna 6</td><td>Coluna 7</td><td>Coluna 8</td></tr>
<tr><td>DIA</td><td>DIA</td><td>MÊS</td><td>MÊS</td><td>ANO</td><td>ANO</td><td>ANO</td><td>ANO</td></tr>
<tr><td>Linha 1</td><td></td><td></td><td></td><td></td><td></td><td></td><td></td><td></td></tr>
<tr><td>Linha 2</td><td></td><td></td><td></td><td></td><td></td><td></td><td></td><td></td></tr>
<tr><td>Linha 3</td><td></td><td></td><td></td><td></td><td></td><td></td><td></td><td></td></tr>
<tr><td rowspan="2">Linha 4</td><td colspan="8"></td></tr>
<tr><td colspan="8">Arcano-regente secundário:</td></tr>
<tr><td rowspan="2">Linha 5</td><td colspan="8"></td></tr>
<tr><td colspan="8">Arcano-regente principal:</td></tr>
</table>

<table>
<tr><th colspan="9">ARCANO-REGENTE DE ANIVERSÁRIO</th></tr>
<tr><td colspan="9">Nome:</td></tr>
<tr><td colspan="4">Data de nascimento:</td><td colspan="3">Ano de aniversário:</td><td colspan="2">Idade:</td></tr>
<tr><td colspan="9">Período da regência:</td></tr>
<tr><td colspan="9"></td></tr>
<tr><td rowspan="2"></td><td>Coluna 1</td><td>Coluna 2</td><td>Coluna 3</td><td>Coluna 4</td><td>Coluna 5</td><td>Coluna 6</td><td>Coluna 7</td><td>Coluna 8</td></tr>
<tr><td>DIA</td><td>DIA</td><td>MÊS</td><td>MÊS</td><td>ANO</td><td>ANO</td><td>ANO</td><td>ANO</td></tr>
<tr><td>Linha 1</td><td></td><td></td><td></td><td></td><td></td><td></td><td></td><td></td></tr>
<tr><td>Linha 2</td><td></td><td></td><td></td><td></td><td></td><td></td><td></td><td></td></tr>
<tr><td>Linha 3</td><td></td><td></td><td></td><td></td><td></td><td></td><td></td><td></td></tr>
<tr><td rowspan="2">Linha 4</td><td colspan="8"></td></tr>
<tr><td colspan="8">Arcano-regente secundário:</td></tr>
<tr><td rowspan="2">Linha 5</td><td colspan="8"></td></tr>
<tr><td colspan="8">Arcano-regente principal:</td></tr>
</table>

ARCANO-REGENTE DE ANIVERSÁRIO		
Nome:		
Data de nascimento:	Ano de aniversário:	Idade:
Período da regência:		

	Coluna 1	Coluna 2	Coluna 3	Coluna 4	Coluna 5	Coluna 6	Coluna 7	Coluna 8
	DIA	DIA	MÊS	MÊS	ANO	ANO	ANO	ANO
Linha 1								
Linha 2								
Linha 3								
Linha 4								
	Arcano-regente secundário:							
Linha 5								
	Arcano-regente principal:							

ARCANO-REGENTE DE ANIVERSÁRIO		
Nome:		
Data de nascimento:	Ano de aniversário:	Idade:
Período da regência:		

	Coluna 1	Coluna 2	Coluna 3	Coluna 4	Coluna 5	Coluna 6	Coluna 7	Coluna 8
	DIA	DIA	MÊS	MÊS	ANO	ANO	ANO	ANO
Linha 1								
Linha 2								
Linha 3								
Linha 4								
	Arcano-regente secundário:							
Linha 5								
	Arcano-regente principal:							

PARTE

6

TAROMANCIA, A ORIGEM

A PRIMEIRA EDIÇÃO DE CADA VOLUME DESTA TRILOGIA FOI PUBLICADA EM ANOS SEQUENCIADOS (2000, 2001, 2003, respectivamente), possibilitando certa flexibilidade e incremento entre uma obra e outra. Logo após a publicação do primeiro volume,[30] recebi uma série de e-mails e cartas solicitando detalhamentos sobre alguns pontos históricos. Os leitores estavam ávidos por saber como havia chegado a determinadas conclusões sobre a *origem da taromancia*. Interessante, pois o *manifesto*[31] a seguir já estava em meu site[32] desde 1998, mas a internet se iniciava no Brasil e o acesso ainda era restrito a poucos. Além dessas coincidências (que sabemos não existir, pois é o destino mesmo!), essas mesmas questões também foram responsáveis pela minha entrevista com a jornalista Marília Gabriela[33] (no programa De Frente com Gabi), com a apresentadora Leda Nagle (no programa Sem Censura) e com a atriz Patricya Travassos (no programa Alternativa: saúde). Então, não tive mais dúvidas, inclui o manifesto

---

30 Lançado pela editora Elevação em 4 de maio de 2000 na XVI Bienal do Livro de São Paulo sob o título *Tarô, ocultismo e modernismo* (atualmente revisto e ampliado com o título *Tarô, simbologia e ocultismo*, pela editora Nova Era).

31 O artigo original está no site *Clube do tarô* (www.clubedotaro.com.br), um espaço democrático e que reúne pensamentos das mais variadas correntes de ensino, de simbologistas a cabalistas, de novatos a profissionais, transitando por entusiastas.

32 www.neinaiff.com.

33 Partes da entrevista estão disponíveis no canal de vídeos: www.youtube.com/neinaiff.

no segundo volume (*Tarô, vida e destino*), que estava para ser lançado. Sem sombra de dúvidas, *o conjunto desta obra* revolucionou o pensamento dos tarólogos e tarotistas brasileiros, expurgando muitos equívocos históricos — como: o tarô surgiu nas pirâmides do Egito ou da cabala de Moisés e pertencia aos ciganos; o tarô mitológico veio da Grécia ou da extinta Atlântida; o tarô foi oculto durante a Inquisição e pertencia a fraternidades ocultas —, entre outros pensamentos e teorias *non sequitur*. Por outro lado, também ajudou estudantes e tarólogos a se tornarem mais críticos, ao revelar novas estruturas (divisão do tarô em seis caminhos, conceito de atributos e planos de análise oracular, sintomas entre os arcanos, classificações dos baralhos e dos métodos de tiragens). Todos que estudam esta obra enriquecem o conhecimento, revolucionam o próprio saber e aclaram pontos obscuros que obra editorial alguma ousou revelar até então. A trilogia é um marco, conferindo ordem e coerência aos estudos.

Retornando ao contexto histórico e ao *manifesto*, atualmente, muitos desses dados são facilmente localizados em blogs e sites; no entanto, mesmo assim, ainda encontramos as mesmas dúvidas entre os novatos ou entre outros profissionais que ainda não tiveram contato com este trabalho ou com os maravilhosos livros nos quais foi baseado. Se por breves instantes tive alguma dúvida sobre minhas próprias opiniões (pelas duras críticas recebidas à época do lançamento do manifesto), hoje as considero absolutamente verdadeiras e inquestionáveis, principalmente após ler dois importantes livros: *A Wicked Pack of Cards, the origins of the occult tarot* e *A History of the Occult Tarot: 1870-1970*, fartamente documentados pelos historiadores Ronald Decker e Thierry Depaulis e pelo filósofo Michael Dummett — cada um de *nós* seguiu caminhos distintos de pesquisa, mas abordamos as mesmas conclusões sobre o surgimento da taromancia.

Entre 2006 e 2013, durante a revisão e atualização desta trilogia (*Estudos completos do tarô*), por diversas vezes fiquei tentado a acrescentar (ou desmembrar) o manifesto junto ao conteúdo do capítulo *Gênese do tarô* (volume 1), mas havia tantas informações históricas a serem incluídas que preferi trazê-lo para o último volume, encerrando todas as teorias do tarô, falando de seu primórdio, mas projetando-o para o futuro. Creio que os assuntos[34] se complementam e deixam bem clara a minha posição perante o tarô como arte divinatória (ou adivinhatória ou oracular ou orientadora, como queiram). Como *oroboros*, aqui retomo onde toda minha reestruturação espiritual sobre o tarô começou, transformando minha vida... "Egito? Todos dizem que as cartas vieram do Egito! Cadê, então?" Desejo que você faça o mesmo em sua busca espiritual.

[34] O tópico *Gênese do tarô*, volume 1, em conjunto com o *Manifesto para o futuro do tarô*.

MANIFESTO PARA O FUTURO DO TARÔ

Minha pesquisa se iniciou em 1987, logo após o retorno de minha primeira viagem a Nova York. As imagens ainda regressam vivas ao lembrar a forma como entrei entusiasmado na ala egípcia do Metropolitam Museum of Art. Animadamente, procurava de vitrine em vitrine, papiro a papiro, sarcófago a sarcófago, algo referente às cartas do tarô, uma imagem, talvez um pequenino símbolo que fosse. Cadê? Ora, todos os livros publicados no Brasil em conjunto com a querida revista *Planeta* apontavam para isto: EGITO, O TARÔ VEIO DO EGITO! O povo esotérico que ministrava palestras em todos os cantos do Rio de Janeiro e de São Paulo apregoava isto: EGITO, O TARÔ VEIO DO EGITO! Até nas reuniões da Rosa Cruz (AMORC) se revelava secretamente isto: EGITO, O TARÔ VEIO DO EGITO! Vejam os anagramas: TAROT e TORAT — diziam os fráteres e as sórores a cada grau adquirido! Outros, na primeira aula de tarô, escreviam no quadro negro com letras bem grandes: ROTA, OTAR, TORA... Bem, eu pensava rindo: faltou RATO!

Voltemos ao maravilhoso museu nova-iorquino, que possui uma das maiores coleções egípcias do mundo.

— Onde está o tarô? — eu perguntava inquieto aos assistentes.

— Não sei de nada, não é de meu setor; pergunte no balcão de informações — respondiam laconicamente.

Continuei andando pelo museu. Tudo era arrebatador, pela primeira vez estava vendo sarcófagos, múmias e papiros originais! Mas, ao mesmo tempo, eu estava muito frustrado com a experiência "onde está o tarô egípcio?", e de hora em hora parava absorto em alguma ala. Já meio cansado, não encontrando nada do tarô nos recintos do período egípcio, assírio-babilônico, grego, copta, romano e medieval, entrei na galeria de arte renascentista. Pasmem! Como um

Temperança (1485), Galeria 520,
Metropolitam Musem of Art,
NY, EUA

relâmpago, algo familiar brotou das tapeçarias, dos quadros e das esculturas bem diante de meus olhos. Sim, havia traços e adereços que lembravam algumas imagens do tarô de Marselha! Pô, mas todos (no Brasil) diziam *que tava no Egito*! E, mais: o coração disparou quando vi uma pequenina placa alemã de bronze datada de 1485 com uma imagem similar à carta da Temperança! Dei um pulo e o sorriso voltou! E vi outra, ficando ainda mais eufórico — uma placa holandesa do mesmo período: O *triunfo das virtudes cardinais*: *Temperança*, *Prudência*, *Força e Justiça*. Também outra: uma mandorla rodeada dos quatro animais querúbicos, igual ao arcano *Mundo*! Eram representações que o tarô de Marselha carregava! Mudei meu olhar e passei a procurar cartas, somente cartas, produzidas em qualquer período. Vi inúmeros quadros com cenas de carteado, dentre eles, pinturas de Pieter de Hooch (1629-1684), Caspar Netscher (1639-1684), François Drouais (1727-1775) e Paul Cézanne (1839-1906). Mas nada com os arcanos (trunfos) do tarô propriamente ditos, somente o baralho comum, similar aos arcanos menores.

- Gostaria de avivar a memória do leitor: estamos nos reportando a uma época em que não havia internet, tampouco suas facilidades de pesquisa. No Brasil, não havia cartão de crédito internacional, a quantidade de dólares para viajar era limitada, além de estarem em vigor sérias restrições para a importação[35] de qualquer produto até meados de 1992. Comprar livros via encomenda internacional, então, nem pensar. Tarô? Pior ainda. Então, aproveitei aquela viagem e trouxe tudo o que podia (financeiramente, é claro). Ao retornar a casa, com a cabeça fervilhando de ideias, passei a ler aquilo para o qual nunca havia dado a mínima importância — *prefácio*, *menções a terceiros e*, *principalmente*, *a bibliografia ou a vida do autor*. Foi exatamente nesses pontos que transformei sensivelmente minha percepção sobre o tarô.

Em 1988, no decorrer da releitura de todos os livros que possuía, faltavam pequenos elementos históricos para montar o quebra-cabeça e, detalhe, todo o povo esotérico continuava a declarar: *os sacerdotes egípcios inventaram um jogo de cartas para preservar o conhecimento vindo da Atlântida*, *e os ciganos o trouxeram para a Europa*. Sabe aquela dúvida que fica, mesmo ainda tendo certeza da verdade? Pois é, eu ainda não estava seguro, pois muitos continuavam a proclamar: EGITO, O TARÔ VEIO DO EGITO! Rádio, revistas e televisão: EGITO, O TARÔ VEIO DO EGITO! — isso era repetido à exaustão. Achei melhor abstrair essa história, nem me importar com ela, não iria nadar contra a maré naquele momento.

Fiz um esforço e investi em uma viagem a Paris e a Londres (em 1989) para tirar algumas dúvidas sobre a arte egípcia e a renascentista, vasculhando o museu do Louvre e o museu Britânico, entre bibliotecas e livrarias especializadas. Encontrei dezenas de pinturas e tapeçarias a partir do período renascentista que poderiam se associar às imagens

[35] As fronteiras alfandegárias foram abertas durante o governo Collor (1990-1992) e o comércio de tarôs importados se evidenciou por volta de 1996-1998, até então havia apenas uns cinco tipos sendo comercializados nas livrarias. Primeiramente chegaram os baralhos da AGM AGMüller, depois da U.S. Games Inc. e, por fim, os tarôs da Lo Scarabeo; mas tudo se processou graças aos esforços de duas mulheres empreendedoras: Cristiné (Loja Exoterika – Rio de Janeiro) e Léa (Loja Viraj – São Paulo), que acreditaram no futuro do tarô no Brasil e foram as primeiras distribuidoras de tarôs no país.

do tarô, mas nada do continente africano, tampouco do Oriente Médio. É impressionante como os tarôs Visconti-Sforza, o Jacques Vieville e o próprio Marselha (Nicolas Conver, entre outros) são retratos fiéis de uma época. Foi o remédio de que necessitava para me curar definitivamente da praga do Egito e dos fungos das pirâmides "contendo as imagens do tarô gravadas em lâminas de ouro em suas galerias sagradas". Por fim, andei por essas cidades em busca de livros e tarôs (trouxe muitos, óbvio) e encontrei uma obra que fez "a diferença" em minha vida profissional — *The Encyclopedia of Tarot, Volume 1*, de Stuart R. Kaplan — contendo amostras de centenas de tarôs. E, veja como é o destino: hoje o *tarô clássico Nei Naiff* está inserido nessa coleção enciclopédica, ilustrado na página 279 do quarto volume.

RETOMANDO ÀS PONDERAÇÕES SOBRE O PASSADO DO TARÔ. A pesquisa se iniciou com o livro *Tarô dos Boêmios* (Paris, 1889) que seguramente é o primeiro na *história do tarô* a abordar os arcanos, tanto sob a ótica cabalística quanto das tiragens adivinhatórias em uma única obra, pois os autores daquela época se reportavam a um ou a outro pensamento. O livro em questão foi escrito pelo médico espanhol radicado na França Gérard Anaclet Vincent Encausse, conhecido como **PAPUS** (1865-1916), um dos maiores ocultistas do século XIX, quiçá de todos os tempos. Incrível como, quando li o livro pela primeira vez, não prestei atenção em algumas passagens, mas ao reler, infelizmente, encontrei certa arrogância nos últimos capítulos. Ele relata que as *mulheres eram burras o suficiente para não entenderem sua obra cheia de números, letras hebraicas e deduções abstratas, que pertencia aos homens da ciência, mas como era tradição delas jogarem cartas, ele escreveria algumas páginas para não se aborrecerem*; também esclarece *às ignorantes leitoras que o homem tem a razão e a mulher a intuição* — tudo isso é um resumo da introdução do capítulo XX do livro. Pensei: HOMENS NÃO JOGAVAM CARTAS? POR QUE EXULTOU A CABALA E DESDENHOU A CARTOMANCIA? — essas questões ficaram ecoando em minha mente.

Tal fato foi uma luz no fim do túnel para iniciar o que eu desejava: *entender um pouco do passado do tarô*, não sob a ótica mística, mas unicamente temporal e literária. Como um detetive, segui os passos de Papus para entender seu ponto de vista, que soa desagradável aos dias atuais (*mulheres são vazias de inteligência* versus *homens possuem deduções abstratas*). Observei a bibliografia daquele livro, percebendo que sobre o tarô ele citava muitos autores de sua época, mas como ponto de partida era sempre as obras de Antoine Court de Gébelin, datadas de 1775 a 1781. Então, comecei a pesquisar algumas obras possíveis sobre o assunto: Gébelin (1781), Etteilla (1787), Claude de Saint Martin (1790), Saint Yves d'Alveydre (1830), Jean-Alexandre Vaillant (1850), Éliphas Lévi (1854), Stanilas de Guaita (1886) e MacGregor Mathers (1888), dentre outros; entretanto, não cheguei a lugar algum, pois notei que citavam uns aos outros, mas tinham **sempre** como base três personagens: GÉBELIN, ETTEILLA e LÉVI. Até esse ponto, nenhuma novidade, pois todos os estudantes de tarô já ouviram falar que eles escreveram sobre as origens do tarô esotérico/oculto.

Livro dos mortos (detalhe)
Museu Britânico, Londres.

Ao pesquisar o francês **ANTOINE COURT DE GÉBELIN** (1725-1784), a citação mais antiga encontrada em qualquer livro sobre a história do tarô, fiquei estarrecido com o que fora negligenciado, não sei se propositalmente ou por falta de informação. Vejamos, o predicativo preferido fornecido por terceiros sobre o autor era: maçom.[36] Sim, isso era verdade, mas apenas parte dela. O

[36] A maçonaria desse período tinha mais raízes políticas do que místicas.

que não diziam: ser filho de Antonie Court (1695-1760), considerado o restaurador do protestantismo na França e fundador de um importante seminário teológico (evangélico-cristão) na Suíça. Creio ser importante salientar que Gébelin não teve uma vida dedicada ao ocultismo ou à magia, como encontramos na existência de Papus, por exemplo. Longe disso. Ele foi ordenado pastor em 1754 e, até o fim de seus dias, defendeu com fervor o protestantismo, uma religião então perseguida na França. O que o aproximou das ciências ocultas foi seu interesse por mitologia, história e linguística, e junto com o idealizado pai, apresentava uma única obsessão: *descobrir a língua primeva que dera origem a todas as outras ou que explicaria as várias mitologias conhecidas*; *também acreditavam que seriam símbolos, talvez, os hieróglifos egípcios* — eis o ponto chave de sua vida.

Certo dia, como ele mesmo admite,[37] havia sido convidado a conhecer um jogo de cartas (tarô) e, em menos de *quinze minutos*, ele mesmo declarava ser um livro egípcio salvo das chamas, relatando que *ninguém antes dele havia desconfiado dessa origem pelo fato de as imagens serem muito comuns* e, por isso, nenhum cientista(!) se dignou a estudá-las. Acrescentou, ainda, que durante os primeiros séculos da Igreja, os egípcios, que estavam muito próximos dos romanos, *ensinaram-lhes* os jogos de cartas. Também fez uma relação dos arcanos com algumas letras egípcias e hebraicas, apontando que a tradução egípcia para o vocábulo TAROT seria "tar" = caminho, estrada + "ros ou rog" = rei, real. Ufa! Toda essa incrível descoberta histórico-geográfica se deu em uma única visita a uma cartomante!

Se aceitarmos essa tese como verdadeira, como é possível haver um período aproximado de 17 séculos, até então, e *absolutamente* ninguém escrever sobre sua origem ou sobre a taromancia? Itália, Espanha, França e Inglaterra foram berços de *renomados* historiadores, enciclopedistas, ocultistas, todos formadores de opinião e de grande saber — alquimia, hermetismo, astrologia, cabala — e Gébelin os

---

37 Quarto volume da obra *Monde primitiv, analysé et comparé avec le monde moderne* (Mundo primitivo, analisado e comparado com o mundo moderno). Essa obra teve nove volumes, sendo publicada periodicamente entre 1775 e 1784.

declara incapazes de observar o que ele (em sua enorme sapiência evangélica) descobriu *exatamente* em 15 minutos. Então, onde estaria a tão defendida *tradição egípcia* do tarô?

Devo esclarecer mais um fato: Gébelin NÃO escreveu seus livros para o ocultismo! Toda hipótese (e apoteose) egípcia das cartas não passa de parcas páginas com relação ao conteúdo da obra, pois a grande busca é pela língua primeva, não pela teorização do tarô. O conteúdo original de seus livros é, antes de tudo, um estudo sobre linguística, etimologia e filologia, no qual tanto os símbolos do tarô quanto a escrita egípcia, grega, ameríndia ou qualquer outra estariam sob uma mesma árvore gramatical. Gébelin recebeu condecoração do rei Luís XVI por aquela afamada obra gramatical, respeito era o que não lhe faltava. Suas ideias etimológicas percorreram o mundo da ciência, todos os arqueólogos queriam falar com ele, pois era uma febre europeia descobrir as chaves dos hieróglifos egípcios. Apenas uma única pessoa esotérica/ocultista que se tem notícia compartilhou (no mesmo período) as mesmas ideias sobre a origem egípcia e fins adivinhatórios das famosas cartas de tarô: o francês Etteilla. Podemos afirmar que *nenhum ocultista ou cabalista* esteve com eles em vida, e, por décadas, após suas mortes; do mesmo modo que jamais foram citados por trazerem à luz certa equiparação do tarô com outras artes místicas. Na verdade, ocultista algum aceitou essas teorias! Caso a se pensar, e muito a refletir, sobre a tradição milenar do tarô tão divulgada nos livros do século XIX e XX! Continuemos, então, minha busca pela taromancia. Não encontrei muitas referências sobre a vida de **ETTEILLA**,[38]

[38] Quando escrevi este manifesto no final da década de 1990, não havia sido publicada nenhuma biografia sobre Etteilla, sendo muito improvável que alguém tivesse lido algo diferente até então que não fosse indicando ser "charlatão e embusteiro". Todos, sem exceção. Nem a enciclopédia de Stuart R. Kaplan trazia dados mais concretos de sua vida. No meio on-line, somente entre 2005 e 2009 começaram a surgir informações mais precisas sobre sua vida ou concepções sobre o surgimento da taromancia, mas baseadas nas obras de Decker, Depaulis e Dummett. As conclusões deste manifesto antecedem as referidas obras e sites; no entanto, manterei o texto com as ideias originais para não desviar de minhas primeiras deduções naquela época. No momento, acrescento apenas algumas notas que não estavam presentes na primeira edição deste manifesto. Nome de batismo: **JEAN-BAPTISTE ALLIETTE** (1738–1791), nascido em Paris, filho de ⇨

tampouco nome completo ou dados pessoais, além do que está exposto nas obras dos ocultistas do século XIX (e copiado em todos os livros do século XX), dizendo que seu apelido era um anagrama do verdadeiro nome, *Alliette*. Também relatam que editou um baralho[39] (*Livre de Thot*) e publicou muitos livros, dos quais 11 são sobre o tarô adivinhatório; informam que teve uma seleta clientela, morou em um dos locais mais luxuosos de Paris (Hotel de Crillon) e que ensinava tarô para quem desejasse aprender (sem restrições para homem ou mulher, credo ou raça). No entanto, mais de meio século após sua morte, não sei se por esses motivos, os ocultistas o tratam com desprezo, como um charlatão (sem nunca o terem conhecido). Éliphas Lévi e Papus o desdenham (em seus livros) por seguir os passos de Gébelin com as mesmas ideias da origem egípcia, das letras hebraicas e por lançar um tarô que avaliaram sem fundamento simbólico (por ser diferente do tarô de Marselha). E, novamente, ecoou a mesma questão anterior: HOMENS NÃO JOGAVAM CARTAS? E como eles (Lévi e Papus) podiam ajuizar algo que, sinceramente, não havia parâmetros?

- Vamos nos afastar um pouco do contexto ocultista e retornar aos historiadores e arqueólogos que devem ter acreditado em Gébelin até que **JEAN-FRANÇOIS CHAMPOLLION** (1790-1832) decifrasse os hieróglifos por intermédio da Pedra de Roseta. Champollion publicou, em 1822, a relação *legítima* do alfabeto egípcio e seus fonemas, trabalho que lhe rendeu o disputado cargo de curador do departamento egípcio do Museu do Louvre, em Paris, em 1826. Após sua morte, foi publicado, em 1835, seu mais precioso trabalho

---

comerciantes de sementes, seguiu os passos da família e também negociava livros raros, além de ser um famoso cartomante em Paris; criou o próprio pseudônimo derivado do anagrama de seu sobrenome (Alliette = Etteilla). À medida que avançar este manifesto, irei fornecendo mais dados importantes sobre a vida dele.

[39] Talvez o primeiro tarô transcultural do qual se tem notícia com motivos esotéricos; embora, à época ninguém prestasse atenção nisso, pois viam apenas o tarô de Marselha como o original.

no qual divulga toda a gramática e literatura egípcia jamais revelada em toda a história desde seu desaparecimento no início do cristianismo. Descobre-se que tudo o que Gébelin escrevera a respeito do tarô como língua primeva ou da codificação dos hieróglifos egípcios estava errado, em nada se sustentava perante as *verdadeiras* revelações da história do Egito — não existe a palavra *tarot* na língua egípcia(!), tampouco o que supostamente Gébelin disse ter traduzido (*tarot* = estrada real); além disso, tudo o que ele decifrara de alguns hieróglifos estava absolutamente errado(!) — *esta é outra parte negligenciada pelos ocultistas*, bem como a forma inconsistente da revelação de terem sido necessários 15 minutos para descobrir a própria origem das cartas de tarô — *Por quê?* Eu me perguntava frequentemente. Alguém já havia se questionado isso? Se, sim, por que não opinaram?

Pedra de Roseta, Museu Britânico, Londres. Foto do autor, 2008.

Outros pontos surgiram quando reli as obras do ocultista e escritor francês **ÉLIPHAS LÉVI** (1810-1875), pseudônimo de *Alphonse Louis Constant*. Em dois livros — *Dogma e ritual de alta magia* (1854) e *História da magia* (1859) — ele abomina publicamente as obras de Etteilla, contesta a origem egípcia teorizada por Gébelin e repudia a tradução *tar* = caminho e *ot* = real. Bem, encontrei uma voz dissonante, mas por poucas linhas, pois seguiu por outro viés ainda mais arriscado, introduzindo que havia sido Moisés(!) quem escondera nos símbolos do tarô a verdadeira cabala, ensinando aos egípcios o jogo[40] com os símbolos do tarô. Também, pela primeira vez, um ocultista faz uma acalentada tese de associações das 22 letras hebraicas com os 22 arcanos maiores, revelando que a palavra *tarot* é análoga à palavra sagrada יהוה (IHVH ou *tetragramaton*), deixando de ser egípcia para se tornar hebraica(!). Lévi ainda postulou que a palavra *tarot* era uma variação dos vocábulos (agora latinos, não mais egípcios, tampouco hebraicos!) *Rota*, *Ot-Tara*, *Hathor*, *Tora*, *AsTaroth*, *Tika* (essa teoria foi copiada à exaustão em tudo quanto é livro de tarô, infelizmente). Nunca escreveu sobre os 56 arcanos menores, tampouco deu importância a eles, nem disse de onde vieram suas teorias hebraicas sobre o tarô, mas usou todos os livros de cabala para torná-la instigante.

Assim como no livro de Papus, em uma segunda leitura, também identifiquei críticas cruéis às mulheres — despreza Mlle Lenormand, relatando (literalmente) ser gorda, feia, ininteligível e louca! Lévi também execra outras duas cartomantes (Madame Bouche e Madame Krüdener), dizendo serem prostitutas (*coquetes ou Salomé* à época). Reparei

[40] Consultando pessoalmente diversos museus (Louvre, British, Metropolitan, Vaticano, Ufizza, Prado, Brera, Staatliches, National, entre tantos), bibliotecas e livros sobre a cultura egípcia, podemos afirmar que nunca foi descoberta ou comentada por historiadores e arqueólogos a existência de "cartas ou algo semelhante" nessa cultura ou região; tampouco encontrada a palavra "tarot = estrada real" em qualquer papiro existente. Outro fator importante a ser lembrado, pois acho que a Éliphas Lévi não lhe foi avisado, é que Moisés recebeu o conhecimento da cabala após o êxodo do Egito, depois perambulou por 40 anos pelo deserto até chegar a Canaã e morrer, logo em seguida. Tornou-se uma *persona non grata* nas terras dos faraós.

Mlle Lenormad (1772-1843)
por Jeanne Philiberte Ledoux
Museu Bowes,
Durham, Ingalterra.

que tanto Lévi quanto Papus condenavam as práticas femininas de cartomancia por acreditarem que *as mulheres usurpavam o poder do homem na ciência oculta*. Passei a refletir sobre esses vocábulos "elegantes" que encontrei em livros considerados tão "elevados" pela maioria dos ocultistas — em resumo, dizia: ETTEILLA ERA CHARLATÃO, GÉBELIN ERA BURRO, AS MULHERES ERAM IGNORANTES E ELES (LÉVI E PAPUS) SE CONSIDERAVAM OS GUARDIÕES DO SABER. *Indagava-me, por quê? Qual a razão de tanto escárnio público se não havia elementos plausíveis para isso?* Isso me estranhava cada vez mais. Bem, encontrei outras passagens nos mesmos livros que me deixaram bastante intrigado; pois pareceu-me que Lévi sabia da verdade sobre o passado do tarô, mas não sei se por desatenção ou se propositalmente (como havia feito com a conspiração mosaísta), preferiu não associar razoabilidade às informações apresentadas.

- **LEIA atentamente.** Lévi narra que o tarô mais *antigo* que se conhece é o Tarô de Gringonneur (1392) e que a Biblioteca Imperial (Paris) tem uma vasta coleção de todas as épocas. Fato interessante é que contesta a origem dos ciganos revelada na obra de Jean Alexandre Vaillant (*Les Rômes, historie vraie des vrais Bohémiens*, 1854 — a mesma obra que Papus se basearia para fazer sua apologia ao tarô). Vaillant diz que os ciganos seriam *egípcios* e teriam entrado na Europa no início do século XV; no entanto, Lévi nega a afirmação, pois os ciganos são originários da *Índia*! Temos três verdades absolutas: *os ciganos* *são indianos, eles chegaram ao continente europeu entre 1417 a 1422, e o tarô já reinava absoluto em alguns países nessa mesma época.*

SURGEM, ENTÃO, ALGUMAS QUESTÕES.

1. Por que Lévi não questionou a razão de haver tanto tempo sem que algum renomado ocultista escrevesse a respeito do tarô?
2. Por que Papus insistiu na ideia de que os ciganos eram egípcios, uma vez que era de conhecimento público a origem indiana?
3. Por que todos sustentaram Gébelin, tanto na tradução da palavra francesa *tarot* quanto na origem egípcia das cartas?

Antes de continuar, é importante salientar que TODOS os conceitos que Lévi descreve sobre o tarô e a cabala NÃO são teorias próprias, mas parte do trabalho de Gébelin e parte da obra *Table Natural du Rapports* (1792), do ocultista Claude de Saint Martin (1743-1803); contudo, infelizmente, a retórica se aproxima à dos antigos sofistas. Outro dado impressionante, que também não havia percebido na primeira vez que li, é que absolutamente tudo o que Lévi e Papus escreveram sobre a cabala e os sistemas ritualísticos pode ser encontrado nos seguintes livros: *Magus*, de Frances Barret (1801); *La langue hébraique restituée*, de Fabre D'Olivet (1825); e *La Science Cabalistique*, de Lenain (1823), que, por sua vez, tem bases sólidas na obra *Kabala Denudata*, de Christin Knorr von Rosenroth (1684) — não há nada de novo, melhor didatismo ou melhorias estruturais (o que é normal na dialética), é literalmente a cópia da cópia. Notemos que Lévi, da mesma forma que Gébelin, não se baseou em nenhum escrito antigo, lenda ou fraternidade oculta para estabelecer a relação entre a cabala e o tarô, menos ainda, sobre a história das cartas(!); tampouco surgiu alguma entidade espiritual revelando esses segredos. Nenhum conteúdo histórico ou esotérico foi escrito sobre o tarô antes da obra *Monde Primitiv, Analysé et Comparé avec le Monde Moderne* (1775-1784); portanto, Gébelin inventou a história egípcia, Lévi inventou a história hebraica,

Valliant inventou a história cigana e Papus amalgamou os três, atestando certa credibilidade.

Contudo, verdade seja dita sobre as obras de Éliphas Lévi e de Papus com relação aos textos de magia, cabala e filosofia: são perfeitos e alguns desses pensamentos ainda são maravilhosos nos dias atuais. A única questão que ainda manifesto (aqui) é a *relação histórica do tarô e a forma que entrou no esoterismo*. A essa altura eu já tinha uma noção bem razoável de que nenhum ocultista até o século XIX dispunha de algo que sustentasse o passado do tarô da forma que encontramos nas outras ciências: alquimia, hermetismo, astrologia, magia, cabala. Está absolutamente claro o círculo vicioso de informações, um compilando o outro, um citando o outro — talvez estivessem disputando quem seria o "pai da criança". Entretanto, tudo tem seu lado positivo, o interesse dos ocultistas pelo tarô cresceu e, cada um, ao seu modo, contribuiu para a pesquisa[41] dos arcanos e a evolução de sua linguagem.

A dissertação de Lévi sobre a cabala em associação com o tarô e a magia chamou a atenção do ocultista inglês **MACGREGOR MATHERS** (1854-1918), que adota o conceito cabalístico e o tarô como ferramenta esotérica, mas faz correções[42] segundo seu entendimento místico para aplicar, pela *primeira vez na história das ciências ocultas*, o tarô como instrumento de meditação e de estudos ritualísticos (monografia) para galgar os graus de uma fraternidade: *Golden Dawn* (Ordem Hermética da Aurora Dourada). Em 1888, no mesmo ano de fundação da referida comunidade mística, MacGregor lança o livro *The Tarot, its occult signification*, com base no trabalho cabalístico de Lévi e de Stanislas de Guaita, e, pasmem,

[41] Tudo é válido no âmbito de sua exploração simbólica, mas a consciência de seu surgimento é um passo importante para o futuro dessa arte.

[42] Lévi considera a primeira letra hebraica *aleph* (א) relativa ao Mago; no entanto, MacGregor atribui a segunda letra *beth* (ב) a esse mesmo arcano. Lévi usa *daleth* (ד) para o Imperador, e MacGregor associa a letra *heh* (ה). Gébelin e Lévi consideram a letra *tau* (ת) para o Louco, e MacGregor prefere a letra *aleph* (א), mas há correntes que ditam ser a letra *shim* (ש). *Durma-se com um barulho desses*! Veja as principais correntes (divergentes) na página 227, volume 1.

nos conceitos de cartomancia de Etteilla. Elemento importante: essa fraternidade inglesa mudaria por completo a visão do tarô no mundo(!) por intermédio de alguns seguidores e dissidentes, como Arthur Waite, Carl Zain, Paul Case, Manley Palmer, Israel Regardie e Aliester Crowley, que por sua vez, também compilaram (pasmem, outra vez) as informações taromânticas de Etteilla, embora atestassem que fosse um verdadeiro embuste!

> ***Veja que curioso***: *Eles haviam ensinado o tarô com as mensagens de Etteilla e, ao mesmo tempo, o criticavam. Adoravam elaborar teses e mais teses cabalísticas, para, depois, terminarem à mesa com as palavras de Etteilla, omitindo o fundamento oracular. Estranho, não é?* Mas fato é fato, história é história, nada é minha opinião, tudo isso está publicado, basta traçar os caminhos.

Bem, ainda não terminou a equação, pois, para piorar o dilema, encontramos um sério problema — observe que se aceitarmos a associação tarô/cabala de Lévi, o sistema desenvolvido por MacGregor estaria errado; se acolhermos o princípio cabalístico de Crowley ou de Waite, o engendramento de MacGregor e de Lévi estariam em desacordo; e se formos, ainda, comparar com Papus ou Gébelin todas as relações se contradizem. **QUEM ESTÁ COM A RAZÃO OU ISSO NÃO FAZ A MENOR DIFERENÇA PARA A TAROMANCIA?** Voltemos, então, a Papus — depois de estudar os autores citados até o momento, reli o *Tarô dos Boêmios* (já era a quinta vez!) e, finalmente, descobri que o livro é uma fonte arqueológica inestimável! Engraçado, mas após ver tanta incoerência naquelas páginas, terminei por me apaixonar (não pelo ralo conteúdo tarológico, mas pelas referências literárias). A história da origem do tarô (hermético e adivinhatório) está absolutamente toda cravada (e enterrada) lá, só não vê a majestosa lápide quem não quer!

A cada capítulo há subtítulos se referindo a todos os demais, um verdadeiro museu das origens do tarô esotérico. Dentre as dezenas de livros nos quais Papus se fundamentou, apenas pequena parte era claramente sobre o tarô, sendo o livro de *Gébelin o mais antigo e o de MacGregor, o mais novo*! Então, OBSERVEMOS os autores mais influentes de sua época, cujas obras se tornaram uma cadeia viciosa sobre as origens do tarô:

1. Antoine Court de GÉBELIN (1775)
2. ETTEILLA (1783)
3. Claude de SAINT MARTIN (1792)
4. Jean Alexander VAILLANT (1853)
5. Éliphas LÉVI (1854)
6. Paul CHRISTIAN (1854)
7. Saint-Ivres D'ALVEYDRE (1884)
8. Joséphin PÉLADAN (1885)
9. Stanislas de GUAITA (1886)
10. Oswald WIRTH (1888)
11. MacGregor MATHERS (1888)
12. PAPUS (1889)

Um se baseou no outro, cada qual colocou sua teoria e fez suas próprias correções sem se questionarem por mais de um século — *ingenuidade, manipulação, arrogância, vaidade, eloquência? Não saberia (eu) responder, mas a verdade doeu.* Eles tatearam no escuro para falarem sobre o passado do tarô, mas *não sabiam absolutamente nada*. Todavia, encontrei algo interessante: por mais que fizessem a retórica cabalística e a verborreia para provar aqueles pontos de vista (sofistas ou não), as explicações práticas sobre os lançamentos do tarô sempre terminavam na **CARTILHA DE ETTEILLA**. *Por quê?* — pensava (eu). *Qual o motivo de execrarem a figura desse cartomante se todos haviam sorvido unicamente aquele saber para lerem os arcanos do tarô?*

Tarot du Thot, Etteilla (século XIX)
Dusserre, França.

A ESSA ALTURA JÁ ME SENTIA UM ÓRFÃO! Estava sendo obrigado a jogar fora minhas convicções de que o tarô era sagrado, guardado a sete chaves por homens eruditos, e que escondia toda ciência antiga. Ou pior: que o mundo capitalista nos obrigou a sustentar todo e qualquer mercenário de plantão disposto a tirar vantagens de "tarólogos com almas puras, crédulos e dispostos a lutar por uma tradição inexistente". Ora, diante de tamanha disparidade histórica e da propagação em massa pelos ocultistas do século XIX sobre as origens secretas do tarô, acredito que eles próprios subverteram o sentido taromântico e simbólico do arcano em benefício próprio. *Qual a razão de odiarem o homem ou a mulher cartomante, pregando a supremacia masculina na ciência oculta*? — ainda me questionava. Afinal, onde se encontraria a espiritualidade, quem estaria apostando do lado da luz? A cartomante ou os autointitulados "guardiões do saber"? Perceba a incoerência: criticavam a "cartomancia" e, no entanto, ensinavam a mesma cartomancia em seus "verdadeiros" livros.

Mas eu podia estar errado, *eu desejava (ainda) acreditar em seu aspecto intocável pela profanidade! Sinceramente, eu queria estar equivocado* e achar que todo o sofisma sobre a cartomancia fosse ilusão minha! Está bem, entendi a falta de base que tiveram e a forma como a pseudo-história egípcia ou hebraica chegara até nossos ouvidos — mas, e antes de Gébelin? Estaria, o tarô, em uma arca sagrada aos pés do Graal? Sendo escondido, noite após noite, do famigerado Santo Ofício? Durante a década de 1990, bisbilhotei várias obras internacionais, referências históricas, bibliotecas e museus da Europa e dos Estados Unidos, inclusive descobri (ao acaso) dois museus dedicados exclusivamente ao tarô — Museu Fournier (Alava, Espanha) e Museu da Cidade (Marselha, França), ambos com mais de 30 mil documentos sobre o passado das cartas. Porém, quanto mais estudava a história e os símbolos naturais dos arcanos, mais me afastava daquele mito romântico cigano-egípcio-cabalístico repleto de segredos herméticos do deus Thot e dos 72 sábios ao redor de Moisés. Assim, terminei por vislumbrar um importante conceito dessa jornada: **SEPARAR O QUE É O TARÔ DAQUILO QUE DESEJAM QUE O TARÔ SEJA!**

Ora, hoje, quando olhamos para o passado[43] documentado, observamos que o tarô esteve inserido na sociedade europeia de diversas formas, por séculos e séculos, na cara de quem quisesse ver; pois, além das cartas e do ludismo em si, havia pintura, música e literatura mostrando o tarô! Era um produto controlado por estatais, altamente tributado por todos os governos, havia famílias de artesãos envolvidas e fazia parte de espólios. Enfim, era parte integrante da sociedade. Vejamos minhas últimas considerações históricas para este manifesto:

1. Onde estavam os senhores da Inquisição que todos dizem ter perseguido o tarô? Dormindo? Sabemos que o arcano 15, a figura do temido Diabo, sempre esteve presente nas mãos de

[43] Leia (ou releia) a história cronológica no capítulo GÊNESE DO TARÔ (*Tarô, simbologia e ocultismo, volume 1*, editora Nova Era, BestSeller), que se encontra revista e atualizada até 2011.

nobres e plebeus, desde as primeiras cartas de que se tem notícia, por volta de 1367-1397 até os dias atuais. Qual a razão de não se importarem com essa imagem impressa nos baralhos? Por que a Igreja nunca condenou a fabricação ou seu uso fora dos círculos eclesiásticos?

2. Como as cartomantes passaram incólumes pela fogueira santa, se elas atendiam livremente predizendo o futuro? Mulheres eram facilmente condenadas por bruxaria, por que não temos notícias de uma cartomante nessa condição? Alguém soube de alguma que fora esfolada viva por este motivo: cartomancia?
3. Por que Gébelin disse desconhecer as cartas de tarô se havia alta produção por toda Europa e por séculos contínuos? O que motivou um protestante a elaborar conceitos sobre o tarô? Qual sua verdadeira intenção em se apropriar desses saberes?
4. Por que nenhum renomado ocultista sequer comentou sobre os baralhos ou a cartomancia em geral? Por exemplo, Basílio Valentin (1398-1450), Picco della Mirandola (1463-1494), Cornelius Agrippa (1486-1535), John Dee (1527-1608) e, principalmente, Robert Fludd (1574-1637) e Jacob Boehme (1575-1624), que catalogaram todos os oráculos de sua época. Se eles escreveram sobre magia e cabala, astrologia e hermetismo, qual a razão de nunca associarem nada ao tarô ou as cartas, em geral?
5. *O que mais me toca é*: os aspectos lúdicos e adivinhatórios andaram lado a lado desde 1540 (primeira menção ao tarô adivinhatório) e, estes, paralelos com a cabala, mitologia, alquimia, magia e astrologia até 1775 (primeiro volume da obra de Gébelin). Consideremos, então, mais de dois séculos de atos contíguos em uma sociedade pequena na qual todos se conheciam e nada foi publicado sobre o tarô esotérico ou cabalístico! Então, qual a verdadeira razão de o tarô nunca ser considerado místico ou oracular?

Para mim, o tarô deve ter sido o filho bastardo ou o patinho feio que ninguém queria conhecer, e que nunca esteve integrado ao ocultismo até as mágicas palavras de ÉLIPHAS LÉVI — nem Gébelin considero, em razão de não ser um ocultista, nem magista, tampouco cabalista. Minha sincera opinião é que a jogatina e a cartomancia eram, sim, consideradas unicamente lúdicas por toda a sociedade (incluindo a Igreja e os próprios ocultistas), que achava tão inofensivas e, ao mesmo tempo, tão burlescas as figuras estampadas nas cartas do Diabo, da Torre, do Louco, do Mago, que observava ser ridículo pensar o contrário. **Reflita:** Até os dias atuais temos certa resistência à palavra "cartomancia" e, não comum, muitos tarólogos desmerecem ou desqualificam uma cartomante — seria um vestígio do inconsciente coletivo?

É uma pena o século XIX ser desprovido de internet, pois não estaríamos dois séculos atrasados nos estudos do tarô, inventando histórias e distorcendo a potencialidade do uso dos arcanos! Confesso que ri muito quando comecei a ver os verdadeiros fatos saltarem diante de meus olhos ao reler e reler todas essas obras[44] e mais outros livros sobre a história do tarô. Finalmente, entendi: SOMENTE MULHERES JOGAVAM O TARÔ ADIVINHATÓRIO! E HOMENS NÃO PRATICAVAM A CARTOMANCIA, CLARO! Imediatamente, comecei a pensar sobre a sociedade até o final do século XIX — *era patriarcal e misógina*! Será que houve uma descrença no sistema de cartas por causa do contexto feminino, além do aspecto lúdico? Ou será que pelo fato de o tarô expressar símbolos comuns à época fez com que não tivesse qualquer valor ocultista? Nesse caso, acredito que foram todos estes fatores: **FEMININO + LÚDICO + IMAGEM BANAL** que desabonaram o tarô perante os ditos ocultistas.

- Lembra-se de como iniciei esta pesquisa? Voltemos ao interior do cavalo de Troia: Gébelin, Lévi e Papus, que me forneceram as peças de todo o quebra-cabeça. A partir da bizarra história egípcia criada por Gébelin e afamada por Etteilla,

[44] Reescrevendo este manifesto mais de 15 anos após sua concepção, reli esses livros novamente, mas agora com outro olhar — são obras históricas, devem ser material de pesquisa, não mais para o aprendizado de como "aprender ou lançar o tarô", há livros mais contemporâneos, mais bem elucidativos para a taromancia.

podemos dizer que os ocultistas viram a possibilidade de se apropriarem das técnicas da cartomancia, sem caírem no ridículo de usarem "uma arte feminina nos voos da imaginação", como escreveu Papus, ou de empregarem a arte das "loucas e coquetes", segundo Lévi. *Como?* Fizeram uma retórica metafísica impossível de elas compreenderem — ao reparar na história do ocultismo também se observará que não há uma única mulher envolvida (eram todas consideradas bruxas, ignorantes e maldosas!) que anteceda Helena Blavatsky (1831-1891). Assim, não foi difícil começarem a estudar uma arte feminina, que estava ao lado de todos eles por tantos séculos, mas que nunca ousaram estudar por puro preconceito.

Cartomancy (1842), Alexey Venetsianov.
Museu Russo, São Petersburgo, Rússia.

Os homens (ocultistas eruditos ou não) sempre observaram a mulher como burra e incapaz, um ser inferior. Como iriam admitir que o poder feminino poderia descobrir algo que julgavam pertencer a eles? Hoje entendemos que na intuição feminina repousa tanto *saber* quanto na lógica dos eruditos. Para mim ficou muito clara a RAZÃO da ausência do estudo do tarô entre os renomados ocultistas até o século XVIII e, principalmente, o porquê de tanto escárnio nas obras de Lévi e Papus sobre as cartomantes ou o próprio Etteilla — um homem que se atreveu a jogar cartas como as mulheres, denegrindo a imagem do "macho esotérico que conjura demônios!" —, foi tudo **FRUTO DE PURO PRECONCEITO** por uma arte tão simples que não necessita de nada a não ser seus próprios símbolos, nada mais. Hoje, homens e mulheres leem o tarô; no entanto, você já deve ter percebido que ainda temos certa resistência em aceitar o singelo simbolismo dos arcanos e tentamos sempre lucubrá-los com a mais alta metafísica — talvez ainda seja o ranço herdado das obras de Lévi, Papus, MacGregor e seus dissidentes. Precisamos mudar isso urgentemente.

- *Vamos falar a verdade?*
  Não conheço um só estudante de tarô, em qualquer lugar do mundo(!), que se intitule "cabalista da tradição em busca do sagrado" ou que diga "o tarô é uma ferramenta de autoconhecimento", que não esteja diariamente querendo saber dos acontecimentos e das causas presentes e futuras no amor, no sexo, na profissão e no dinheiro!
- *Vamos ser honestos?*
  No fundo, todos querem aprender a abrir o tarô como qualquer cartomante! Podem apregoar que é orientação, espiritualidade ou tradição — não importa! No fundo, terminamos nas obras de Etteilla;[45] aliás, aperfeiçoamos primorosamente suas cartilhas e as de todas as famosas sibilas francesas!

---

[45] Na última década, o nome de Etteilla foi resgatado como o PRIMEIRO TAROTISTA ⇨

- *Vamos pensar?*
  Não estaríamos nos enganando, complicando uma arte que poderia ser tão simples? Afinal, assim como os ocultistas do século XIX, também estamos nos escondendo atrás de estudos da psicologia, da cabala, da mitologia ou da astrologia para não sermos confundidos com videntes! Ora, o tarô é um jogo de cartas, logo, somos cartomantes. Qual o preconceito?
- *Vamos eleger?*
  Sinceramente, independente das pseudo-histórias ou da falta de um passado mais consistente, que tal indicarmos *Gébelin*, *Etteilla*, *Lévi*, *Papus* e *MacGregor*[46] como os verdadeiros patronos do tarô? Sim, foi graças a esses cinco personagens que o tarô é o que é atualmente. Eles lançaram as bases de toda a tarologia e taromancia. *Gébelin arou a terra*, *Etteilla plantou a semente*, *Lévi a adubou*, *Papus e MacGregor cuidaram da germinação*, *os tarólogos seguintes colheram e replantaram os doces frutos oraculares*. Nem mais, nem menos.

Por fim, com relação ao tarô em si, suas imagens e estruturas, talvez algum iluminado, um sábio ocultista, realmente o tenha criado, pois sua composição não deixa dúvidas de que há elementos bem significativos de toda ciência oculta; porém, acredito que não tenha

PROFISSIONAL e o primeiro professor de tarô que se tem notícias, também que teve uma vida ilibada, o inverso do que os ocultistas do século XIX apontaram. Editava seus próprios livros, teve mais de quinhentos alunos em Paris, abriu a primeira sociedade livre para o estudo do tarô (*Société des Interprète du Livre de Thot*), e não participava de qualquer fraternidade ou ordem secreta (por ser livre, fora duramente criticado). *Todas as informações básicas de cada arcano advêm de suas obras, inclusive o uso de cartas invertidas*. SE EXISTIU OUTRA OBRA ANTES, NINGUÉM TEM NOTÍCIAS, TAMPOUCO HÁ FRAGMENTOS, TUDO É IMAGINAÇÃO.

[46] Descarto incluir Arthur Waite muito embora seu trabalho tenha influenciado muitos tarólogos do século XX, inclusive donos de editoras comerciais; na verdade, ele apenas usou as informações da fraternidade *Golden Dawn* para orientar Pamela Smith na ilustração de um tarô e, ainda, desestruturou o tarô clássico, subvertendo a numeração (Volume 1, páginas 233 a 238).

sido inventado para a sua atual finalidade — por isso, considero sua história muito similar à do patinho feio (você conhece essa fábula de Hans Christian Andersen?). Coisas do destino. Ah! Esqueci-me de informar que, por séculos, somente homens podiam ser artesãos de tarô e Pamela Smith é considerada a *primeira mulher* a pintar um tarô (Rider-Waite, 1910). Hoje elas tomam seu lugar glorioso no pódio das sibilas e pitonisas brasileiras, italianas, espanholas, parisienses, inglesas, americanas, com o reconhecimento esotérico e oracular das cartas em geral (não necessariamente um tarô). Avante mulheres, tomem as rédeas do tarô: ELE PERTENCE A VOCÊS — agora podemos usar a palavra — **POR TRADIÇÃO!** Vamos ser práticos, as respostas do passado não existem, há somente perguntas para o futuro: COMO VAMOS ESTRUTURAR *DEFINITIVAMENTE* OS ARCANOS E, ASSIM, GARANTIR A CONTINUIDADE DO TARÔ? Então, pense com todo carinho:

PASSADO:

1. O tarô não veio do Egito, da Atlântida, tampouco foi concebido por Thot ou Moisés, nem trazido pelos ciganos à Europa; também nunca foi perseguido pela Igreja, carta alguma ficou escondida da sociedade, nenhuma pessoa foi condenada por usar o tarô.
2. Não há registro em lugar algum do mundo sobre baralho ou tarô que anteceda o final do século XIV em cujo período encontramos os primeiros apontamentos em solo europeu (Itália, Espanha, França, Suíça, Alemanha).
3. No limiar do século XVI, os governos portugueses e espanhóis exportaram as cartas para suas colônias (Índia, China, Brasil, Guatemala, Venezuela, México), então, finalmente, atingindo outros continentes.
4. O passado mais longínquo do tarô esotérico e adivinhatório (como usamos e conhecemos) se reporta ao século XVIII e

XIX, em solo parisiense, antes disso, era somente lúdico, pois todos brincavam com o baralho/tarô desde o seu surgimento, sem distinção de classe social.

5. Nunca existiu a propalada tradição oculta. A verdadeira *tradição* foi estabelecida nas literaturas do século XX com ideias transculturais, conceitos arquetípicos, estudos semióticos e, principalmente, com o estudo empírico da taromancia, na publicação de mais de quinhentos tipos de baralhos de tarôs e de mais de 3 mil títulos de livros sobre o assunto, em todo o mundo.

PRESENTE:

6. Sem algum estudo simbólico direcionado é impossível interpretar o tarô; não confunda o vidente com o tarotista, pois o tarô não é somente intuição, é conhecimento adquirido como qualquer ciência oculta.
7. Esqueça que existe um tarô melhor ou mais poderoso que outro. Desenhe o tarô que desejar, expresse sua criatividade, mas nunca fragmente a fonte original ou os atributos nucleares das 78 cartas, uma vez que dos tarôs clássicos surgiram os tarôs transculturais e destes, os surrealistas e os fantasias.
8. O tarô pode ser usado tanto para o autoconhecimento quanto para a adivinhação ou previsão, também para terapia, meditação, magia; no entanto, são estudos paralelos, independentes e abertos a todos, não havendo obrigação na profissionalização. O tarô pode tudo!
9. Tarô não é religião! O tarô não pertence a segmento esotérico-espiritual algum; não há necessidade de ser crédulo, médium ou intuitivo, até o mais cético dos seres poderia aprender a interpretá-lo. Tarô é para todos!

10. Entenda definitivamente: o tarô não é um subproduto de outra ciência oculta/mística/esotérica, ele é único, livre, ímpar, autônomo, sendo uma ferramenta espiritual de grande magnitude. Tarô é tarô!

POSFÁCIO

Eu já fui inflexível, repleto de dogmas. Vivia dentro de fraternidades, realizando todo tipo de ritual, sempre observava o mundo divino por intermédio dos olhos (e palavras) dos outros. Sabia pronunciar com esmero todas as frases em hebraico, todas as invocações em latim e, em um ritual, gesticular como um bom soldado em dia de parada militar. Segui com afinco, anos e anos, na mais profunda entrega ao conhecimento da AMORC, da maçonaria, do martinismo, do candomblecismo, de grupos místicos entusiasmados em mudar o mundo, entre tantos que o tempo e o destino deixaram que eu participasse. Para mim, todo ritual deveria ser rigorosamente planejado por intermédio de efemérides e apenas o faria se fosse com certas paramentas e, principalmente, com artigos místicos da mais fina procedência. Enfim, quem me via, notava-me perfeito. Bem, eu também achava que era. *Sim, tinha o conhecimento, mas hoje sei que não possuía a sabedoria*. Estava pronto para ensinar, ou melhor, repetir o que havia lido e decorado; contudo, não havia assimilado nada, somente repassava a instrução ou copiava a informação de um livro.

Estudar a história do tarô, incluindo a biografia de todas as pessoas envolvidas, visitar os grandes museus e bibliotecas que guardam a memória da humanidade, bem como a prática em sala de aula ao longo de dez anos, foi me despindo dia a dia de considerações deturpadas do que seja "a tradição hermética do tarô" e dos equívocos sobre a linguagem oracular oriunda do século XX que tanto bloqueiam um aprendizado rápido e seguro. Igualmente, estudar a terapia holística[47] contribuiu para que eu percebesse melhor o consulente, seus conflitos

---

[47] Registrei em três livros meu conhecimento e minha prática com a terapia holística, publicados pela editora Nova Era. (1) *Curso completo de terapia holística e complementar*. (2) *Florais do mundo*. (3) *Onde está a felicidade?*

e limites de livre-arbítrio; podendo, inclusive, auxiliá-lo após uma consulta de tarô ou de astrologia. E, à medida que praticava todos esses aprendizados, descobria o caminho da autocura, da autoestima e do autoconhecimento, entendendo o ser humano e a minha própria imperfeição. Não demorou muito para que até mesmo rompesse com vários grupos (reais e virtuais) que insistiam em dizer que estavam com a verdade (única e indiscutível) sobre as origens do tarô ou o modo (único e indiscutível) de uso dessas cartas. Anseio ver o mundo por intermédio de meus próprios olhos (não mais com os de outrem); construo apenas uma senda, em conjunto com meus sinceros amigos e leitores, pois aprendi que cada um deve edificar o próprio castelo, pelos próprios méritos.

Independente de construirmos um caminho ilibado, sempre haverá uma parte da sociedade que tende a nos observar como charlatões. Contudo, essa conduta repugnante existe em todas as profissões e tal desvirtuamento faz parte da índole do meliante, jamais do ofício. Sempre haverá advogados ou médicos, por exemplo, com boa ou má reputação. Ora, tarólogos e cartomantes não seriam imunes, pois estes são tão humanos quanto aqueles. Ainda, devemos entender que ser um profissional do tarô não denotaria estar mais próximo da divindade, nem possuir transcendência. Ser um sacerdote ou um discípulo não é sinônimo de estar no reino dos céus, tampouco conseguir o poder social. Atuar em uma fraternidade não indicaria evolução, nem superioridade. Títulos ou honrarias ofertadas de homens para homens em nada contribuem para o verdadeiro saber ou espiritualidade. A busca frenética de uma missão espiritual não deve se encontrar somente no esoterismo ou na religião — esse universo deve estar em paralelo a outros processos de colaboração com a sociedade.

Você já pensou na missão espiritual de um médico, professor, lixeiro, coveiro, advogado, escritor? Pondere: o mundo funcionaria se existissem somente religiosos e místicos? Ora, quem iria plantar verduras, construir casas, aplicar as leis e educar os filhos? Então, qual é a sua missão? Não digo daquelas "espirituais" sobre as quais todos querem versar, mas daquelas "materiais" que todos nós deveríamos ter. Agricultor, cozinheiro, pedreiro, pintor, jornalista, ator, enfermeiro, psicólogo, engenheiro, entre milhares? Como você poderia contribuir para um mundo melhor, uma família mais harmônica, uma vida mais próspera? Todos possuem **darma**[48] neste universo terreno, e saiba que a plenitude somente chegará quando você o encontrar em sua alma.

Por que sou esotérico, místico?

É muito comum perguntarem de que forma trilhei ou optei pelo universo espiritual, como se isso fosse uma escolha racional, atípica, incomum; interessante como o ser humano está sempre em busca de explicações. Porém, todos, de alguma forma, terminam em um dado momento de suas vidas escolhendo um sentido transcendental para a conturbada vida material. Em todo caso, eu não saberia responder com precisão como, quando ou onde me tornei esotérico, místico e universalista. Nunca vi um anjo revelando segredos, tampouco tive um chamado mediúnico, ouvindo vozes do além. Mas creio que esteja mais conectado aos meus sentimentos e ideias progressivas com a humanidade do que com uma visão surpreendente de uma entidade superior e imaterial.

As pessoas creem que ser esotérico ou místico possa ser algo religioso, sacerdotal, pastoral — não, nunca foi e jamais o será. Dança é arte, ioga é devoção, mitologia é erudição, terapia é ciência, tarô é espiritualidade, religião é transcendência e cada qual tem seu valor incalculável, mas conspícuo. As terapias alternativas, em particular, tangem

[48] **Darma** complementa o conceito de carma. O primeiro se refere a um *dom* natural que serve à coletividade e, o segundo, unicamente a uma *missão* individual. O carma deve ser suprimido, o darma necessita ser alimentado. Reflita sobre o darma da água e o do médico — ambos asseguram a vida e são importantes para a coletividade. Se a água não flui, ela apodrece, podendo matar. Se o médico é relapso em uma cirurgia, o paciente pode morrer. Enfatizo que me reporto a um dom, não a uma ocupação escolhida unicamente por seus ganhos. Ser filantrópico, por exemplo, também constitui um darma. Tudo o que transmitir satisfação, resultando em plenitude emocional ao ver as tarefas cumpridas em prol de outras pessoas, pode ser considerado um darma.

o universo espiritual por serem holísticas, no entanto, tratam dos distúrbios da vida moderna e fazem parte de estudos da Organização Mundial de Saúde (OMS). Por sua vez, as religiões estão mergulhadas em doutrinas e uma de suas funções é religar o ser humano (perdido e limitado) ao ser supremo, sendo que muitas são antagônicas entre as etnias. As pessoas esotéricas podem até se fazer valer dessas áreas por uma questão de gosto, mas não que necessitem ser místicas para entrar nesses universos tão diferentes. Ou seja, ser esotérico está muito além de qualquer explicação racional que se possa ter. Vejamos.

PRIMEIRO: O esoterismo é um caminho muito solitário de estudo, pesquisa e dedicação a si e ao próximo; comumente, frequentamos alguma fraternidade por certo tempo; depois, partimos em busca de nós mesmos. Podemos amar nossa família e amigos, bens e imóveis, dinheiro e profissão, mas partiremos sozinhos, sem levar nada que não seja a experiência agregada (boa ou má). Geralmente, não gostamos de intermediários (guru, pastor, sacerdote, xamã, pai-de-santo) para sempre em nossas vidas; pois todos nós somos iguais perante a divindade, ninguém é o único detentor da verdade espiritual, menos ainda nosso salvador.

SEGUNDO: A busca do autoconhecimento é primordial para a compreensão do mundo e essa sabedoria advém do aprendizado de nossos limites emocionais, mentais e sociais; pois somente amando e sofrendo poderemos entender as penúrias alheias. A clara consciência da vida elimina, automaticamente, toda espécie de vaidade, egoísmo, orgulho, preconceito e ignorância. *Amar a Deus sobre todas as coisas* não é uma frase esotérica — é religiosa. *Amar a si, aos seus e a Deus*, *aqui e agora*, *neste exato momento*, esta sim, é bem mais mística e esotérica. Todos os esotéricos e eu buscamos, acima de tudo, compreender nossa missão espiritual, mesmo que seja fazer nada, apenas observando (calados) os tempos caóticos. O esotérico ou místico não é religioso na acepção da palavra, mas um universalista que não se detém em nenhum conhecimento ou no limite de qualquer verdade, tampouco em dogmas.

Enfim, por que sou místico ou esotérico? Quero ter a liberdade de amar o mundo de forma ampla e irrestrita, conhecer todas as vertentes do saber humano, seja histórico, social ou científico, amar ao próximo sem me importar qual seja sua religião, ter amizades sem observar a classe social e, principalmente, sentir a divindade em minha alma sem ter de entrar em um recinto sagrado. A consulta oracular, o ensino do tarô ou a dedicação ao mundo transcendental talvez tenha sido a resolução de um carma, algo que eu devia cumprir em relação a minha sabedoria atávica, compartilhar o conhecimento espiritual. No entanto, se um dia esgotar tudo o que anseio publicar sobre esse universo, escreveria romance e ficção, pois não conseguiria ficar sem historiar, colocar no papel meus pensamentos ou viajar no imaginário. Por isso, confesso que descobri a natureza de meu darma: ser um escritor, servindo ao leitor em sua ânsia de saber ou de se entreter cada vez mais no mundo imaginário.

GANHADORES DO PRÊMIO RECORDISTA 2011
EDUARDO SPHOR (A batalha do apocalipse, ed. Verus)
NEI NAIFF (Curso completo de tarô, ed. BestSeller)
LUIS ANTONIO AGUIAR (Prometeu e Alcides, ed. Difel)
Veja detalhes na internet: www.neinaiff.com/premio

REFERÊNCIAS

Geometria sagrada

AROLA, Raimón. O *simbolismo do templo*. Rio de Janeiro: Objetiva, 1990.

BAYARD, Jean-Pierre. *Os talismãs*. São Paulo: Pensamento, 1985.

CHEVALIER, Jean; GHEERBRANT, Alain. *Dicionário dos símbolos*. Rio de Janeiro: José Olympio, 1990.

CIRLOT, Juan Eduardo. *Dicionário de símbolos*. São Paulo: Moraes, 1984.

D'ALVIELLA, conde Goblet. *A migração dos símbolos*. São Paulo: Pensamento, 1990.

DURAND, Gilbert. *A imaginação simbólica*. Lisboa, Portugal: Edições 70, 1993.

FELÍCIO, Vera Lúcia. *A imaginação simbólica*. São Paulo: EDUSP, 1994.

FRANZ, Marie von. *Adivinhação e sincronicidade*. São Paulo: Pensamento, 1985.

HEALTH, Richard. *Geometria sagrada e as origens da civilização*. São Paulo: Pensamento, 2010.

LAWLOR, Robert. *Geometria sagrada*. Madri, Espanha: Prado, 1996.

LEADBEATER, Charles W. O *Lado oculto das coisas*. São Paulo: Pensamento, 1987.

PENNICK, Nigel. *Geometria sagrada*. São Paulo: Pensamento, 1988.

SHESSO, Renna. *Matemática para místicos*. São Paulo: Pensamento, 2011.

ZONDAY, Karen Hamaker. *Simbolismo planetário*. Rio de Janeiro: Nova Fronteira, 1989.

Taromancia

BANZHAF, HAJO. *Manual do tarô*. São Paulo: Pensamento, 1992.

________. *As chaves do tarô*. São Paulo: Pensamento, 1995.

________. *Guia completo do tarô*. São Paulo: Pensamento, 1996.

________. *O tarô e a viagem do herói*. São Paulo: Pensamento, 2003.

BARRETT, Clive. *The Norse Tarot*. Londres: The Aquarian Press, 1989.

BARTLETT, Sarah. *A bíblia do tarô*. São Paulo: Pensamento, 2012.

COSTA RIBEIRO, Anna Maria. *Prática de tarô*. Rio de Janeiro: Independente, 1995.

DIVERSOS autores. *Guia da sorte*. São Paulo: edição especial da *Revista Nova* 29A, 1976.

_______. *Tarô adivinhatório*. São Paulo: Pensamento, 1978.

_______. *Tarô*. São Paulo: edição especial da *Revista Planeta*, 1982.

_______. *A sua sorte, tarô*. São Paulo: Nova Cultural, 1986.

ELLERSHAW, Josephine. *Tarô claro e simples*. São Paulo: Pensamento, 2013.

FIEBIG, Johannes; BÜRGER, Evelin. *Tarô, como prever o futuro*. Rio de Janeiro: Ediouro, 1988.

FIORAVANTI, Celina. O *Tarô da prosperidade*. São Paulo: Ground, 1995.

_______. *O Tarô da saúde*. São Paulo: Ground, 1996.

_______. *O Tarô do amor*. São Paulo: Ground, 1998.

_______. *O Tarô místico*. São Paulo: Pensamento, 2002.

FRANKLIN, Anna; MASON, Paul. *The Sacred Circle Tarot*. Woodbury, EUA: Llewellyn, 1998.

GIBSON, Litzka; GIBSON, Walter. *Manual completo de adivinhação*. São Paulo: Pensamento, 1986.

GREER, Mary K. *The Complete Book of Tarot Reversals*. Woodbury, EUA: Llewellyn, 2002.

_______. *21 Ways to Read a Tarot Card*. Woodbury, EUA: Llewellyn, 2010.

HADÉS. *Cartas e destino*. Lisboa, Portugal: Edições 70, 1976.

JAYANTI, Amber. *Tarot for Dummies*. Nova York, EUA: Hungry Minds, 2001.

KELLY, Dorothy. *Tarot Cards Combination*. Newburyport, EUA: Weiser Books, 1995.

KONRAAD, Sandor. *Classic Tarot Spreads*. Nova York, EUA: Schiffer, 1983.

LAURENCE, Theodor. O *significado sexual do tarô*. Rio de Janeiro: Livros do Mundo Inteiro, 1978.

LIND, Frank. *Como interpretar o tarô*. São Paulo: Hemus, 1983.

LYLE, Jane. *Tarô do amor*. São Paulo: Siciliano, 1994.

MACGREGOR, Trish; VEJA, Phyllis. *Power Tarot*. Nova York, EUA: Fireside Book, 1998.

MARCHETTI, Ciro. *Legacy of the Divine Tarot*. Woodbury, EUA: Llewellyn, 2009.

MARTINS, Vera. *O tarô de Marselha, espelho meu*. São Paulo: Madras, 2000.

MATTOS, Mariza. *O amor e o tarô*. Rio de Janeiro: Rosa dos Tempos, 1997.

MOORE, Barbara. *Tarot Spreads: Layouts & Techniques to Empower Your Readings*. Woodbury, EUA: Llewellyn, 2012.

MOSCARDÓ, Margarida Arnal. *El Gran Livro del Tarot*. Barcelona: Obelisco, 2004.

OLAFAJÉ, Ozâmpin; PADILHA, Maria. *Oráculos do tarô*. Rio de Janeiro: Independente, 1997.

RODÉS, Daniel; SÁNCHEZ, Encarna. *Tarot y Constelaciones Familiares*. Barcelona: Editorial Oceano, 2009.

SALAS, Emilio. *El Gran Libro del Tarot*. Barcelona, Espanha: Robinbook, 1992.

SPACASSASSI, Geraldo. *Tarô e os caminhos do crescimento pessoal*. São Paulo: AGBook, 2010.

STEINER-GERINGER, Mary. *O tarô e o autoconhecimento*. São Paulo: Pensamento, 1989.

ZIEGLER, Gerd. *O tarô e o amor*. Rio de Janeiro: Jorge Zahar Editor, 2002.

CRÉDITO

- Agradecemos à editora *Lo Scarabeo* (www.loscarabeo.com) pela autorização e cortesia na reprodução das imagens dos seguintes tarôs:

    - Ancient Italian Tarot (páginas 137, 185, 186)
    - Ancient Tarot of Lombardy (páginas 107, 170, 172, 174)
    - Bruegel Tarot (páginas 189, 207)
    - Cleopatra Tarot (página 204)
    - Contemplative Tarot (páginas 158, 258)
    - Crystal Tarot (página 295)
    - Etruscan Tarot (páginas 165, 286, 288)
    - Harmonious Tarot (páginas 125, 255)
    - Kamasutra Tarot (página 248)
    - Leonardo da Vinci Tarot (página 162)
    - Lo Scarabeo Tarot (página 291)
    - Medieval Tarot (páginas 110, 155)
    - Michelangelo Tarot (página 195)
    - Native American Tarot (página 192)
    - Tarot Dorado de Klimt (página 252)
    - Tarot of Casanova (página 243)
    - Tarot of Sexual Magic (página 240)
    - Tarot of the Masters (página 202)
    - Tarot of the Mystic Spiral (página 120)
    - The Tarot of Dürer (página 104, 299)
    - Wheel of the Year Tarot (páginas 115, 260)

- As imagens das páginas 215 a 236 e 271 a 281 foram ilustradas com o *Tarô Clássico Nei Naiff*, parte integrante do livro *Curso Completo de Tarô*, publicado pela Editora Alfabeto. Sob a orientação simbólica do autor, o tarô foi produzido digitalmente pela artista plástica Thaís Linhares, em 2002.

AUTOR

Claudinei dos Santos, residente no Rio de Janeiro, nasceu em 04/11/1958, em Jundiaí/SP, possui o nome espiritual Nei Naiff, que significa "o que vence pela verdade e pureza", e destaca-se entre os melhores instrutores na área holística. Conferencista internacional, tarólogo – membro da I.T.S. – International Tarot Society (Morton Grove, Illinois, EUA), astrólogo – membro do Sindicato dos Astrólogos – SINARJ (Rio de Janeiro, RJ, Brasil), escritor – membro do SEERJ – Sindicato dos Escritores (Rio de Janeiro, RJ). Sua ampla experiência com mais de dez mil alunos de tarô (regular e internet) e atendimento a mais oito mil clientes possibilitou uma visão ampla da vida e do universo espiritual que serve de base para suas obras.

Teve participaçao semanal no programa Rio Mulher, no quadro Sala Mís-tica, na Rede CNT/Rio (1993), foi comunicador na rádio AM540, no programa Momento Místico (1994). Também foi entrevistado em diversos programas: Globo Repórter, TV Globo/Rio (1992); Alternativa: Saúde, Canal GNT (1996, 2000, 2002 e 2008); Programa GABI, Rede TV! (2001); Sem Censura, TVE (2001, 2004, 2009); Entrevista com Gabi, SBT (2002); entre outros. Seus artigos e entrevistas já foram publicados em jornais – O Globo, Jornal do Brasil, O Dia, Zero Hora, Serramar, Diário de Petrópolis, Ind. e Comércio de Curitiba, Folha de Londrina, Correio da Bahia, Folha Popular de Garibaldi, O Imparcial; em periódicos ho-lísticos – Universus, Ganesha, Quíron, Mahavda; e em revistas – IstoÉ, Planeta, Sexto Sentido, Mulher de Hoje, Amaluz, Atrium, Portais. Administrou o Núcleo de Estudos do Inconsciente e o Instituto Ômega de Terapias Alternativas, no Rio de Janeiro (1991-1992). Produziu o Primeiro Simpósio Ecumênico e a Pri-meira Feira do Livro, Araruama (1994, 1995), o Primeiro Congresso Brasileiro de Tarô e o Simpósio de Tarô, em São Paulo (2002, 2007), o Fórum de Tarô e Simbologia, em São Paulo, Rio de Janeiro e Belo Horizonte (2009, 2011, 2013, 2015); o Encontro de Tarólogos, em Campina Grande/PB (2007, 2009, 2011, 2017), o Congresso de Tarólogos, em Setúbal-Portugal (2018), a Conferência Internacional On-line (2018),

Por suas ideias inova-doras e contemporâneas, Nei Naiff foi convidado a se apresentar no 3º Congresso Mundial de Tarô, Chicago-EUA (2001), no 7º Congresso Internacional de Tarô, Madri-Espanha (2018).

Siga Nei Naiff nas redes sociais:

E-mail: livro@neinaiff.com
Site Oficial: www.neinaiff.com
Escola de Tarô: www.tarotista.com.br
Facebook: www.facebook.com/escritor.nei.naiff
Instagram: www.instagram.com/neinaiff
Pinterest: www.pinterest.com/neinaiff
Youtube: www.youtube.com/neinaiff

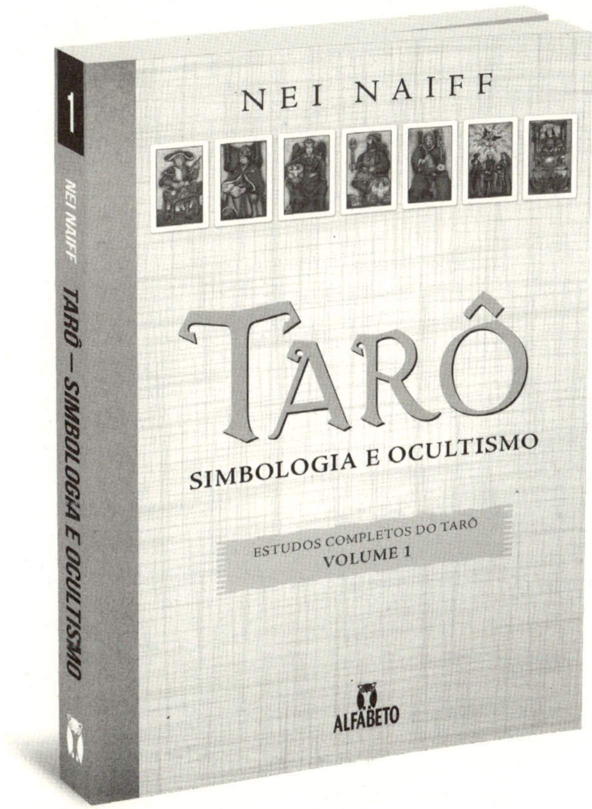

Nei Naiff inaugura com *Tarô, simbologia e ocultismo* uma série de três livros que passa a ser referência na ciência do tarô no Brasil. Em uma abordagem inédita, o autor pondera sobre a estrutura geral do tarô, sem recorrer a outros segmentos esotéricos que não as próprias cartas. A obra desvenda os limites de associação com a cabala, a astrologia, a numerologia e a mitologia, provendo um caminho seguro para o estudo comparativo. Ao incursionar pela história do tarô, o autor apresenta as principais correntes de pensamento sobre o assunto para revelar o lado oculto dos arcanos em relação à vida humana e fornecer novas diretrizes para um estudo eficaz ao autoconhecimento e à divinação.

Futuros lançamentos

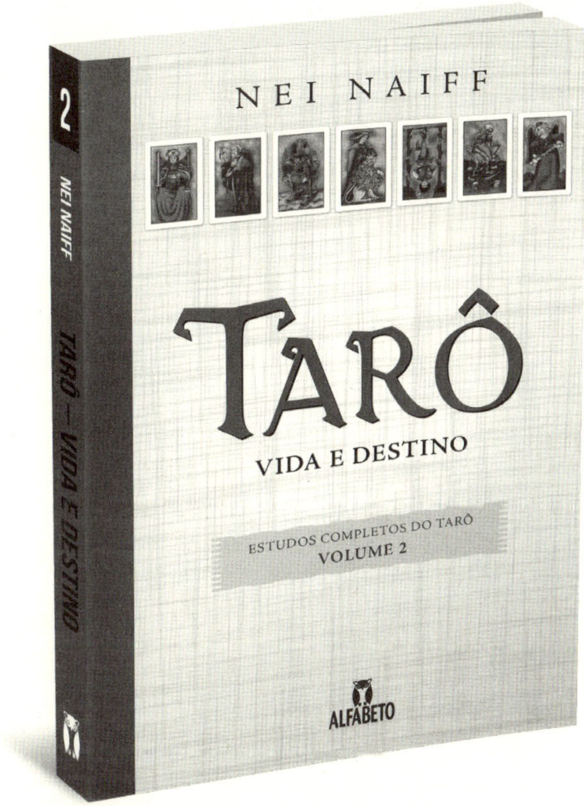

Como extrair uma linguagem segura durante uma consulta divinatória? Qual o verdadeiro significado dos 22 arcanos principais e dos 56 arcanos auxiliares? Que conhecimento se deve possuir para ler os arcanos do tarô com excelência? Nei Naiff esclarece tudo sobre cada uma das 78 cartas que compõem esse misterioso baralho, desde a análise simbólica (tarologia) até a divinatória (taromancia), seguindo um pensamento apartado das ciências herméticas. O ensino dos arcanos se processa em exemplos práticos do cotidiano, possibilitando fácil compreensão e uso em diversas tiragens existentes. O autor lança explicações de uma inovadora estrutura sintomática dos arcanos e a divisão dos quatro planos para uma leitura oracular segura.

Impresso por :

Graphium
gráfica e editora

Tel.:11 2769-9056